# JOURNAL
DE
# ROSALBA CARRIERA
PENDANT SON SÉJOUR A PARIS

EN 1720 ET 1721

IMPRIMERIE GÉNÉRALE DE CH. LAHURE
Rue de Fleurus, 9, à Paris

# JOURNAL

## DE

# ROSALBA CARRIERA

### PENDANT SON SÉJOUR A PARIS

#### EN 1720 ET 1721

#### PUBLIÉ EN ITALIEN PAR VIANELLI

TRADUIT, ANNOTÉ
ET AUGMENTÉ D'UNE BIOGRAPHIE ET DE DOCUMENTS INÉDITS
SUR LES ARTISTES ET LES AMATEURS DU TEMPS

### PAR ALFRED SENSIER

## PARIS
### J. TECHENER, LIBRAIRE
RUE DE L'ARBRE-SEC, 52
PRÈS LA COLONNADE DU LOUVRE

M DCCC LXV

1865

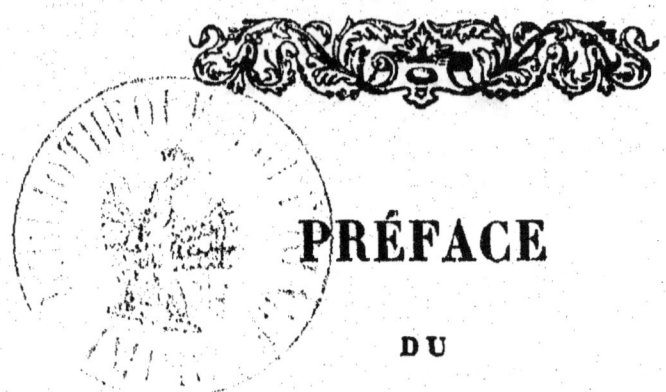

# PRÉFACE
## DU
## JOURNAL DE ROSALBA CARRIERA

# PRÉFACE

DU

## JOURNAL DE ROSALBA CARRIERA.

Rosalba Carriera ne fut pas une artiste de premier ordre, et cependant elle a laissé trace de ses pas; les cent cinquante années qui se sont écoulées depuis sa mort, n'ont rien ôté en France, ni à la renommée de son nom, ni à celle de ses œuvres.

Expliquons pourquoi il en a été ainsi :

Femme, et des plus séduisantes sous divers rapports, bien qu'elle manquât de jeunesse, et qu'elle n'eût jamais été belle, Rosalba avoit su se mettre à la tête d'une mode élégante, celle des portraits au pastel, dont le dix-huitième siècle s'étoit si vivement engoué ; elle eut, en outre, le talent de créer le bruit autour d'elle et de se faire rechercher par les personnages les plus illustres et les plus en vue sur la scène du temps.

Elle n'inventa pas le pastel : les anciens maîtres avoient connu et pratiqué ce procédé d'esquisses et d'études, mais plutôt comme travail préparatoire que pour exprimer leurs œuvres définitives.

En s'adonnant presque exclusivement au genre de peinture dont il s'agit, en reconnoissant tout le parti qu'elle en pouvoit tirer vis-à-vis du monde, Rosalba en popularisa le goût.

Son talent n'a ni les proportions, ni la naïveté puissante, ni le sens psychologique perdu à son époque des grands portraitistes des seizième et dix-septième siècles. Sa forme est affoiblie et représente comme un diminutif des artistes qui l'ont précédée, mais elle a une personnalité bien distincte ; ses peintures ont un charme tout féminin auquel on se laisse aller.

Au milieu de l'affadissement des types dont elle étoit entourée, il reste en elle comme un reflet amolli de la grâce corrégienne ou plutôt de son imitateur, Carle Maratte : de sa palette vénitienne, elle sut tirer les couleurs mêmes, qui charmoient le plus les grands seigneurs de son temps ; l'interprétation qu'elle donna, à son insu, de ce monde élégant et futile, qu'elle eut l'art de traiter suivant ses goûts, et, il faut le dire, avec une habileté dont il n'étoit peut-être pas digne, la fait encore remarquer au milieu de cette décadence de l'art qui se manifeste à la fin du dix-septième et au commencement du dix-huitième siècle.

On s'ingénioit alors à fuir la nature. Les artistes entrevoyoient la beauté dans un rapetissement général, dans un idéal de théâtres et de boudoirs : on jouoit à la peinture comme on jouoit à la comédie et à la politique, sans se douter que sur cette pente l'art devoit aboutir à un dénoûment fatal, à Fragonard enfin.

Lebrun, Largillière et Rigaud, avec une forte éducation, avec un mérite de détails qu'on ne peut contester, n'avoient reproduit qu'une fausse pompe et représenté que des faces officielles et glacées.

On diroit qu'é.. .rvés par les malheurs du temps le commun des artistes et même les plus renommés travaillèrent, non pas avec cette double vue qui osculte le modèle jusque dans ses foiblesses, mais avec un acquiescement, une complaisance qui les réduit à un rôle vulgaire.

Les races fortes avoient disparu.

Rosalba, il faut le dire, n'étoit pas de taille à réagir contre un mal devenu contagieux et universel ; elle n'avoit pas en elle les proportions d'un combattant et n'étoit que la servante assidue et sincère d'un art de décadence : mais pourtant, et tout en suivant le courant, elle éleva son idéal le plus qu'elle put, et elle conserva encore assez de qualités précieuses pour faire honneur à l'époque et au pays où elle vécut.

Pauvre ouvrière brodeuse, c'est par la volonté de son esprit, c'est par un courage incessant, par un travail d'ailleurs très-sérieux non moins que par la douceur et la modestie de son caractère et par la noblesse de ses sentiments, qu'elle s'éleva à une des premières situations de son temps, et, pour une femme, à une position exceptionnelle.

Ses pastels, d'une limpidité de ton, d'une fraîcheur éclatante, d'un velouté inimitable, s'ils n'ont pas la science et la vie de ceux de la Tour, sont purs au moins de ces expressions malsaines et corrompues dont le prince des pastellistes masquoit la face de ses modèles ; les œuvres de Rosalba ont traversé cent cinquante années, et si la fraîcheur en a été altérée, on peut encore, par ce qu'ils ont conservé de charme, juger le mérite et la probité de son talent.

L'enthousiasme qu'elle a inspiré à ses contemporains anime la publication que lui a consacrée l'abbé Vianelli son compatriote.

Giovanni Vianelli, chanoine de la cathédrale de Chioggia près Venise, étoit un bon juge en fait de talents, bien que l'admiration qu'il voue à la Rosalba le jette quelquefois dans l'exagération.

Amateur comme on l'étoit au dernier siècle, il occupe une place estimable parmi les collecteurs; son cabinet avoit une certaine célébrité à Venise, et le catalogue qu'il en avoit dressé et publié témoigne de son goût éclairé.

Nul n'étoit mieux placé que lui pour parler de la personne et des œuvres de la Rosalba; et c'est à l'affection et à l'espèce de culte qu'il professoit pour l'éminente artiste, que nous devons la publication d'un document touchant : le journal manuscrit de Rosalba pendant son séjour à Paris.

Rosalba avoit conservé en France, pendant sa courte résidence d'une année, une habitude qui témoigneroit à elle seule du sérieux de son caractère. Elle nota jour par jour, sans prétention, et pour elle seule, par quelques mots rapides, quelquefois même aussi au moyen d'une sorte de sténographie où elle se reconnoissoit, les incidents de sa vie, les visites qu'elle recevoit ou rendoit, les commandes qui lui étoient faites et en général toutes les impressions qu'elle ressentoit. Un indifférent eût dédaigné un document aussi naïf : nous devons au chanoine de l'avoir pieusement recueilli.

C'est en 1793, à Venise même, qu'il mit ce travail au jour, en y ajoutant une série de notes qui ne présentent pas toutes également le même intérêt, mais qui sont presque toutes précieuses, car il les a rehaussées d'un grand nombre de lettres inédites émanées soit de Rosalba elle-même, soit des personnages éminents avec lesquels elle entretenoit des relations assidues.

Nous avons traduit ce journal (diario) avec un respect scrupuleux, ainsi que tous les documents qu'y a joints Vianelli.

Dans ce simple *libro di Ricordo*, la Régence se laisse entrevoir sous la plume de l'auteur. Ces traits fugitifs ont un optimisme qui peut faire sourire l'historien, mais qui atteste la bonne foi et la constante fortune de la Rosalba.

Si l'auteur avoit écrit son *diario* avec le pressentiment que la postérité le lût, elle auroit conservé à ses notes la sincérité qui les distingue en leur donnant plus d'étendue. Elles restent encore précieuses telles qu'elles sont.

Rosalba ne séjourna qu'une année à Paris;

c'étoit en 1720, en pleine Régence, au milieu de la fièvre du *Système*.

Accueillie à la cour avec un empressement qui participoit de l'agitation générale, on peut dire que tous les seigneurs du temps se mirent à ses pieds. Ses pastels faisoient fureur. Le succès touchoit à l'engouement. La mode s'en étoit mêlée, et l'on sait avec quelle ardeur elle se traduisoit en 1720, soit qu'elle s'égarât rue Quincampoix surexcitée par l'appât du gain, soit qu'elle rendît hommage à une vaillante artiste.

Louis XV, alors enfant, posa des premiers pour elle; après le roi vinrent successivement le prince de Conti, Mlles de Charolois, de Clermont, de la Roche-sur-Yon, princesses de la famille royale; la duchesse de Villeroi, la comtesse d'Évreux, la marquise d'Alincourt et toutes les grandes dames à la mode. Le Régent lui-même ne dédaigna pas de la visiter à son atelier, et à sa suite Mme de Parabère et Mme de Prie figurent sur sa liste.

Rosalba étoit très-soigneuse de ses relations. Elle les entretenoit dans toute l'Europe; une foule de renseignements lui arrivoient, qu'on ne trouve que dans ses notes et dans sa correspondance, et principalement dans les lettres qu'elle échangea avec Crozat, ce Mécène des artistes de son époque; avec

Mariette, le plus sagace et le plus laborieux des écrivains; avec Crozat l'aîné, le vrai créateur de la colonie de la Louisiane.

Elle peignit John Law, ainsi que sa fille, devenue plus tard lady Waligforth. Les traits qu'elle consacre à l'Écossois offrent encore un intérêt après tout ce qui a été publié. Watteau, notre grand artiste, demanda aussi son portrait à la Vénitienne.

C'est ici le cas de dire que, malgré ses soins, Vianelli n'a exhumé qu'une très-foible partie de la correspondance de Rosalba : elle embrasseroit des volumes si nous avions pu la retrouver. Mais ce qui en a été restitué par le chanoine de Chioggia est d'un intérêt capital pour les lecteurs françois, aujourd'hui surtout qu'on a à cœur de reconstituer le passé avec des documents originaux.

Voici la méthode que nous avons suivie dans notre publication :

Nous avons traduit exactement les notes de Vianelli lorsqu'elles concernoient des personnages italiens, sans dédaigner les éclaircissements que nous rencontrions hors de Vianelli lui-même.

Pour tout ce qui est relatif aux hommes et aux choses de France, nous avons ajouté nos propres notes à celles du biographe en puisant dans les témoignages mêmes du temps.

Nous avons surtout mis à contribution les œuvres si spéciales de Mariette, qui fut un ami fidèle de la Rosalba, qui lui survécut et qui vient en aide à Bottari et à Vianelli.

Nous nous sommes, en passant, imposé le devoir de recueillir et d'offrir à nos lecteurs tout ce qui pouvoit concerner les artistes, les grandes dames et les seigneurs visitant Rosalba à l'hôtel Crozat, et où le riche financier, le généreux amateur, lui avoit ménagé une hospitalité presque princière digne de lui-même et de la pastelliste, âgée alors de quarante-cinq ans.

On trouvera, s'entremêlant avec les annotations originales de Vianelli, faciles à reconnoître au V majuscule qui les signe, nos propres notes (signées d'un S), dans lesquelles nous nous sommes efforcé de résumer nos recherches soit pour compléter le sens des sténographies quotidiennes de Rosalba, soit pour éclairer les remarques de son éditeur italien.

Nous avons dû en plusieurs circonstances annoter les annotations mêmes de Vianelli, et y supprimer également ce qu'elles pouvoient avoir de puéril ou d'insignifiant pour des François.

En effet, il arrive fréquemment à notre chanoine de parler de la France comme s'il s'agissoit d'un pays inconnu : on s'y aperçoit trop qu'il écrivoit pour des Vénitiens : c'est absolument comme si on prétendoit apprendre aux habitants des lagunes où se trouvent le Grand-Canal et le lion de Saint-Marc.

Vianelli dans sa dernière note, assurément la plus importante et la plus compendieuse de toutes, s'étoit proposé d'écrire sinon une biographie complète, du moins les principales circonstances de la vie de son héroïne.

Malheureusement cette note ne répond pas à ses efforts : il y règne un désordre regrettable; les faits et les dates s'y confondent constamment.

Nous avons tenté de mettre de l'ordre dans ce récit, et sans nous priver d'aucune des lumières dues au respectable biographe.

Nous avons ajouté à son travail :

1° Toutes les lettres de la Rosalba enfouies jusqu'à ce jour dans la *Raccolta di Lettere sulla Pittura* de Bottari;

2° Divers documents qu'ont pu nous fournir les traditions locales et les chroniques du siècle dernier;

3° Une notice biographique de l'artiste vénitienne;

4° Le testament même de la Rosalba, qui n'avoit encore été publié ni en Italie, ni en France, et où se manifeste malgré l'extrême vieillesse de la testatrice, qu'on croyoit atteinte de démence, la noblesse de ses sentiments et de son caractère.

Nous osons espérer que notre œuvre ne sera pas tout à fait inutile aux amateurs sérieux et aux artistes eux-mêmes.

Puissent-ils y trouver autre chose que le panégyrique d'une femme dont la fortune fut constante, et qui eut en partage ce qui a manqué à tant de grands artistes et à de sublimes ouvriers.... le succès.

A. S.

# INTRODUCTION
## DE VIANELLI.

Illustrer la peinture, est un devoir juste et beau qu'il faut suivre de tous ses efforts et de tout son courage. Plus la peinture est anoblie, estimée et aimée, plus notre siècle est digne de l'antiquité.

*Carlo Dati, préface de son ouvrage : Vite de Pitt. Antichi.*

# INTRODUCTION

### DE VIANELLI.

Rosalba écrivit ce journal pour son plaisir et son seul usage, comme on fait un livre de souvenirs qui n'est destiné à être lu que par soi-même. Les abréviations qui se rencontrent parfois dans l'original en sont la preuve. Aussi avons-nous eu beaucoup de peine à faire le relevé de ce dernier et à le reproduire fidèlement (*a*). On y rencontrera des noms et des titres de personnes ou qu'elle n'a pas bien compris, ou qu'elle a mal exprimés : le lecteur les expliquera comme il l'entendra. Nous n'avons pas voulu nous risquer à le faire. Dans les notes que nous avons répandues çà et là, et comme elles tomboient de notre plume, nous avons recherché l'histoire de ce qui se passoit à Paris pendant le séjour de la Rosalba, sans nous préoccuper de l'état présent (*b*). Nous sommes remonté aux sources où nous pouvions puiser les meilleures indications. Quelques faits racontés par notre artiste, se retrouvent dans les *Annales modernes* ou dans le *Mercure de France*. Désireux d'être plus concis, nous éviterons de trop occuper le lecteur de toutes les personnes qu'elle désigne et de l'entretenir de leurs noms et de leurs charges (*c*). Cependant, en ce qui touche les professeurs des beaux-arts, certains amateurs et plusieurs hommes célèbres, nous sommes entré, avec plaisir, dans des détails plus étendus.

Rosalba avoit quarante-cinq ans lorsqu'elle vint à Paris. Son père étoit mort peu de temps auparavant (*d*). Il falloit à son esprit de la distraction et du soulagement : le reste ne lui manquoit pas (*e*). Elle disoit souvent : « Je n'envie la condition des hommes que sur un seul point, c'est qu'ils peuvent voyager à leur gré (*f*). »

Elle partit donc avec sa mère, ses sœurs et Antonio Pellegrini son beau-frère. Ils quittèrent Venise au commencement de mars 1720 et arrivèrent à Paris par la voie de Lyon vers la fin d'avril (*g*). Rosalba, sa mère et sa sœur Giovanna, furent reçues chez M. Pierre Crozat, écuyer, grand ami de Rosalba et grand admirateur de ses ouvrages (*h*). Il lui offrit l'hospitalité à son hôtel (*i*); elle y trouva non-seulement un appartement, mais aussi la table et un carrosse. Angela, son autre sœur, et Pellegrini, mari de celle-ci, vinrent loger près de l'hôtel Crozat dans une auberge. Pellegrini avoit alors à peindre le plafond de la galerie de la Banque royale que, dès le mois de novembre 1719, il s'étoit engagé d'exécuter pour M. Law, alors ministre et contrôleur général des finances.

Tous ces faits résultent des propres lettres de Crozat, que nous avons retrouvées parmi celles de Rosalba et parmi d'autres qui lui étoient adressées et que nous publierons peut-être un jour (*j*). Nous aurons occasion de les citer souvent (*k*). On est frappé de la haute opinion qui précéda Rosalba à Paris, et de voir avec quel plaisir elle fut reçue non-seulement par les professeurs des beaux-arts, mais encore par M. le Régent de France lui-même. Ce prince réunissoit à ses belles qualités celle de grand connoisseur en peinture; et, comme un autre Fabius, il pouvoit se dire avec raison : *le Peintre* (*l*). Mais qu'il me suffise d'avoir touché légèrement ce sujet, car j'ai hâte d'introduire le lecteur dans les récits de Rosalba et de finir mon préliminaire.

VIANELLI.

# NOTES.

(*a*) L'ignorance dans laquelle étoit Vianelli sur les événements et les noms des familles de la France lui a fait commettre un grand nombre d'erreurs, que nous avons tenté de redresser. S.

(*b*) C'est en plein 1793 que Vianelli publioit ce journal. Il porte le titre : Diario degli anni MDCCXX, MDCCXXI, *Scritto di propria mano in Parigi da Rosalba Carriera Dipintrice famosa : Posseduto, illustrato, e publicato dal signor D<sup>n</sup> Giovanni D<sup>r</sup> Vianelli Canonico della cattedrale di Chioggia — in Venezia nella stamperia Coleti* MDCCXCIII. S.

(*c*) A l'époque où écrivoit Vianelli, le souvenir des événements et des hommes de la Régence pouvoit encore être présent; mais aujourd'hui, après un siècle et demi, il seroit impossible de citer des noms qui appartiennent plus ou moins à l'histoire, sans s'y arrêter quelque peu. S.

(*d*) Le père de Rosalba, Andrea Carriera de Costantino, né à Chioggia le 15 mars 1645, mourut à Venise le 1ᵉʳ avril 1719. Il étoit fils d'Andrea Pasqualino, peintre. Il avoit épousé Alba di Angelo Foresti de la paroisse de San Bazilio, à Venise, le 25 octobre 1671. Ces faits sont constatés par les registres de S. Andrea de la même ville, que le chanoine don Antonio Rodomonte m'a communiqués.

Dans la vie de la Rosalba, qui fait partie de la *Série des portraits des peintres de la galerie impériale de Florence*, t. IV, p. 239, on lit que Andrea Carriera fut admis à la (*cittadinanza*) bourgeoisie de Venise. Mais Giuseppe Boërio, dans la raccolta di Parti (Venise, 1791), contredit cette allégation.

On m'a affirmé que les Carriera étoient originaires de la commune de Loreo.

C'étoit une famille peu riche et de bonne bourgeoisie, dit Zanetti, l'auteur de *la Peinture Vénitienne*. Elle étoit employée dans les chancelleries des représentants publics (*Veneti Rappresentanti*) de Venise et dans les vicariats des jurisconsultes (*Vicariati de' Giurisdicenti*).

Je possède deux lettres d'Andrea Carriera à sa fille, dans lesquelles il lui marque une affection très-tendre, et où se révèle une grande probité : elles sont d'une bonne écriture, assez semblable à celle de Rosalba. Voir p. 57.   V.

(*e*) Nicolas Wleughels lui écrivoit à ce propos :

« Je ne puis vous souhaiter autre chose que la continuation de vos perfections. Elles sont si grandes qu'il ne faut pas espérer de les voir s'augmenter. Une bonne santé unie à un excellent caractère est le point de perfection le plus élevé de la vie. » V.

(*f*) Lettres à Pierre Crozat et à Giorgio Rapparini mentionnées plus haut. V.

(*g*)  CROZAT A ROSALBA, A VENISE.

« Paris, ce 3 février 1720.

« Je reçois en ce moment votre lettre datée du 15 du mois dernier, avec la très-agréable nouvelle que vous vous êtes déterminée à entreprendre le voyage de France avec M. et Mme Pellegrini. Je ne puis vous exprimer la joie que j'en ressens, etc., etc. »

Vianelli nous donne le billet des postes pour le voyage de la famille Carriera.

« Nous, intéressés dans l'administration des diligences et postes royales, permettons au sieur Pellegrini d'occuper quatre places destinées aux voyageurs, pour aller de cette ville à celle de Paris le 8 du courant. En conséquence, il ne sera fait audit sieur Pellegrini aucune opposition par les directeurs, les commis et les maîtres de postes. La présente ne sera plus valable passés quinze jours. Lyon, 8 avril 1720. » V.

La diligence de Lyon à Paris descendoit à l'hôtel de Sens, près l'Ave Maria. En été, on passoit par Saulieu en Bourgogne, en hiver par Moulins. On partoit de Paris tous les dimanches à quatre heures du matin. Il y avoit aussi les coches d'eau pour Lyon et la Franche-Comté; ils partoient tous les mercredis et samedis et arrivoient à Paris les mêmes jours. Le prix étoit de trente-six livres par personne et pour le port de hardes quinze livres du cent pesant. S.

(*h*) CROZAT A ROSALBA, A VENISE.

« Paris, le 20 janvier 1720.

« En vérité, je ne saurois trop vous dire combien est grande l'estime que je porte à votre talent et à votre rare mérite. Soit dit sans me fâcher avec nos braves peintres, même les plus distingués, vous leur êtes supérieure; et si vous vous étiez appliquée à exécuter en grand, vous auriez marché de pair avec les premiers des temps passés. Combien je serai heureux de vous avoir pour hôte. C'est ce dont je veux vous convaincre malgré toute votre modestie. » V.

(i) « Hôtel de M. Crozat. »

L'hôtel Crozat étoit situé rue de Richelieu, au coin du boulevard où se trouvent maintenant toutes les maisons qui entourent l'hôtel des Princes. Il couvroit tout un côté de cette rue, depuis la rue Saint-Marc jusqu'au boulevard, alors le rempart. Par sa profondeur il alloit toucher aux terrains où s'ouvre aujourd'hui la rue de Grammont, et où commençoient alors les jardins de l'hôtel de Tresme; venoient ensuite, sur le boulevard, le petit hôtel de Conti, qui disparut en 1777 pour faire place à la rue de la Michodière, et l'hôtel Richelieu, qui ne prenoit place sur le boulevard que par le pavillon de Hanovre.

Pierre Crozat avoit fait construire son hôtel en 1704, dans un terrain qui n'avoit pas moins de neuf arpents. Cartaut en avoit été l'architecte. En 1730, un corps de logis sur la rue y fut ajouté sous la direction d'Oppenor.

Dans cette résidence, placée à l'extrémité d'un superbe jardin dont la vue s'étendoit sur la campagne, qui avoit pour horizon Montmartre, son groupe de moulins et ses deux églises, Crozat avoit rangé ses immenses richesses artistiques, auxquelles nulle collection particulière ne peut être comparée de nos jours. Ses bronzes, ses marbres, ses tableaux, ses pierres gravées, ses dessins, ses estampes y étoient disposés avec la méthode et le soin qui caractérisoient l'esprit de Mariette, son ami.

L'endroit où il conservoit ce qu'il avoit de plus capital, étoit un cabinet octogone, éclairé à l'italienne, dans la même disposition que la Tribune de Florence. Il l'avoit fait décorer de sculptures en stuc par Pierre Legros. Le jardin bordoit le nouveau Cours, aujourd'hui boulevard des Italiens, sur lequel on avoit vue par une longue terrasse. Un potager ou fruitier, vaste et régulier, étoit au delà du Cours, et l'on y arrivoit par un souterrain percé dans le terre-plein du rempart. Il tenoit la place qui commence à la rue Drouot (ci-devant Grange-Batelière), et s'étendoit jusqu'à la rue Laffitte (autrefois d'Artois). Les éditeurs de l'*Abecedario*, de Mariette, ont eu la bonne idée, à l'article Crozat, de réimprimer la description de sa maison, que Germain Brice avoit fait paroître dans la *Description de Paris*, édition de 1752. Tout près de là logeoit Regnard. Ce dernier, dans une épître en vers, adressée à l'un de ses amis, nous a laissé une charmante description, non-seulement de sa maison, mais encore du quartier où elle étoit située. C'étoit vis-à-vis de l'hôtel Grancey, que Crozat avoit privé de sa belle vue en venant se placer entre ce vieil hôtel et les jolies perspectives des collines de Montmartre. (Consulter le *Paris dé-*

*moli* de M. Fournier, Germain Brice, et les anciens plans de Paris.)

Le marquis du Châtel, Louis-François Crozat, fils d'Antoine et neveu de Pierre, hérita, à la mort de ce dernier, de l'hôtel et de ses dépendances. A leur tour, Mmes de Gontaut-Biron et de Choiseul, filles du marquis du Châtel, se partagèrent cette propriété lors de la succession de leur père. Ce bien fut ainsi divisé : à Mme de Choiseul, l'hôtel et une partie du jardin ; à Mme de Gontaut-Biron, la plus grande partie du terrain, sur lequel M. de Gontaut-Biron fit construire l'hôtel de ce nom dont on voit encore des vestiges. L'hôtel Crozat fut alors nommé hôtel Choiseul ; le jardin subit divers changements : on ménagea entre autres, à son extrémité nord, une pente douce aboutissant à une fort belle terrasse ayant vue sur le boulevard (aujourd'hui des Italiens) et se terminant par une magnifique grille en fer. L'existence princière que menoit à Paris M. de Choiseul, ministre de Louis XV, le fit endetter de plusieurs millions. Il vendit, avant son départ pour Chanteloup, sa galerie de tableaux, galerie qui avoit été en partie celle de son beau-père le marquis du Châtel, et dont une bonne moitié provenoit de la collection de Pierre Crozat. Cette vente ne suffisant pas, le fermier général Laborde, qui devoit sa fortune à M. de Choiseul, lui proposa (en 1770) une entreprise industrielle basée sur le patrimoine immobilier de Mme de Choiseul. L'idée fut acceptée, on rasa alors l'hôtel Crozat, on traça sur son emplacement et à travers les vieux jardins, la rue d'Amboise, les rues de Choiseul et de Grammont, en souvenir des titres du duc et de sa sœur bien-aimée, puis la place et le théâtre Favart. Dans ce dernier, M. de Choiseul se réserva une loge à perpétuité et un appartement qu'il habita souvent au commencement du règne de Louis XVI, et dans lequel M. le comte d'Artois et M. le duc d'Orléans vinrent quelquefois passer la soirée. Il fut question aussi de percer une rue Tournante ou Terrasse, mais ce plan fut abandonné. M. de Choiseul vint s'établir au bel hôtel de la rue Grange-Batelière, qu'il avoit fait élever au temps de sa splendeur. Il y vint « avec la duchesse sa femme, cette aimable et douce personne, dit Walpoole, si correcte dans ses expressions, dans ses pensées, et d'un caractère si attentif et si bon. » Il y ressaisit quelques restes de sa fortune par la vente des terrains de ce nouveau quartier. La petite-nièce de Crozat ne quitta plus son hôtel qu'après le 10 août, époque où elle alla se réfugier dans un petit logement de la rue de Lille qu'elle habita jusqu'à sa mort. La Révolution, dans les personnes de Bouchotte et de Pache, ministres de la guerre, prit place dans cette curieuse habitation, devenue au moment où nous écrivons le local de l'administration de l'Opéra.

Quant au beau jardin potager et fruitier de Crozat, une grande partie fut vendue à un prix excessif à l'une des célébrités du temps, à Lenormand d'Étioles, fermier général, mari de la fameuse marquise de Pompadour. Il fit bâtir sur les terrains une maison digne de recevoir toutes les beautés de l'Opéra dont il étoit friand amateur. Voir les notes sur les Crozat, pages 39, 44, 45, 46, 47, 83, 109, 126, 130, 194, 302, 360.

(*j*) Malheureusement Vianelli n'a pas mis ce projet à exécution. C'étoit un ensemble très-intéressant. Il se composoit de cinq cent cinquante lettres adressées à Rosalba par les personnages remarquables de l'Europe. Ce recueil existoit encore, il y a vingt ans, dans la bibliothèque Tomitana de Trieste, en cinq volumes in-folio, ainsi que l'a annoncé M. Eugène Piot dans un catalogue qu'il a publié en 1856. S.

(*k*) Dans le catalogue des tableaux de Vianelli (*Catalogo di quadri esistenti in casa del sig. D$^n$ Giovanni D$^r$ Vianelli canonico*, etc., *Vene-*

*zia, nella stamperia di Carlo Palese*, 1790, in-4°) il a été fait mention, page 34, de ces lettres. Nous répéterons, nous l'auteur de ce catalogue, que nous avons eu entre les mains les lettres dont il s'agit, ainsi que le présent journal et d'autres pièces encore écrites de la main de la Rosalba. Tous ces documents nous avoient été communiqués, avec la plus gracieuse bienveillance, par les dames Pedrotti de Chioggia, parentes de la défunte Rosalba Carriera. Ils étoient écrits en langue françoise; nous les avons fait traduire pour son profit et pour son plaisir en langue italienne par notre bien-aimé neveu, Andrea Vianelli, versé dans ces deux langues, et jeune homme plein de talent. V.

C'est à l'article de Federigo Bencovich que Vianelli, dans le catalogue de sa collection, annonce pour la première fois qu'il a en sa possession cinq cent cinquante lettres de peintres, de professeurs, d'amateurs célèbres, de princes, de seigneurs de diverses nations adressées à Rosalba Carriera, pièces qui lui ont été communiquées par les dames Giovanna et Angela Pedrotti de Chioggia, parentes de Rosalba. S.

(*l*) *Fabius*, peintre de la famille patricienne *Fabia*, exerçoit son art à Rome et peignoit dans cette ville, l'an 450 de R. (304 avant

J. C.), le Temple de la *Salute*. Ces peintures encore conservées du temps de Claude, étoient très-remarquables par le dessin, par une très-douce couleur et par une fraîcheur admirable. Niebuhr présume qu'elles représentoient la bataille livrée par Caïus Bubulcus contre les Samnites. S.

# JOURNAL
## DE
# ROSALBA CARRIERA

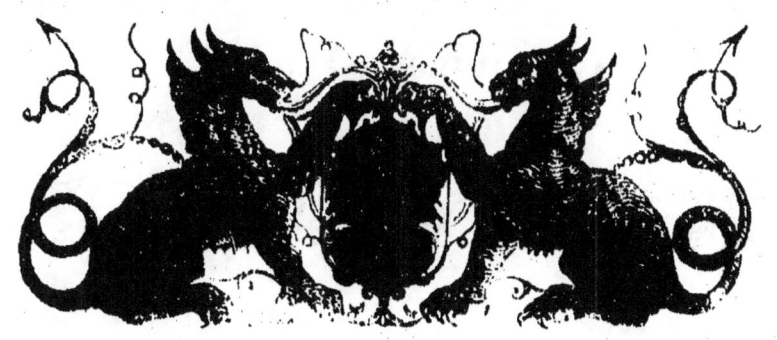

# JOURNAL
### DE
# ROSALBA CARRIERA
#### PENDANT SON SÉJOUR A PARIS.

### AVRIL 1720[1].

Le portrait de Mme d'Argenon[2].

Celui du fils de Law[3].

Deux petites têtes pour M. Crozat[4].

Les trois évêques.

L'abbé Crozat frère de M. Crozat[5].

La Comtesse, la Religieuse, Princ....[6]

# NOTES.

1. Rosalba, en écrivant son journal, n'avoit point indiqué à quelle année il se rapportoit. Vianelli, peu au fait des chroniques de Paris et trompé par plusieurs biographes qui fixoient à 1719 le voyage de notre artiste dans cette ville, cherche à établir et établit, en effet, par la correspondance de Crozat, que cette année ne peut être que celle de 1720.

Cette opinion ne sauroit plus être mise en doute : tous les faits signalés par Rosalba appartiennent à l'année 1720 et au commencement de celle de 1721. Les catastrophes de la banque de Law, la réception de Rosalba à l'Académie de peinture, les articles du *Mercure*, sont autant de témoignages contemporains qui fixent l'époque du journal. S.

2. Mme d'Argenon, dont il est question dans les mémoires du temps et dans la note 3 de la lettre 127 du tome IV de la *Raccolta di Lettere sulla Pictura* de Paliarini, demeuroit chez Crozat ; elle s'exerçoit à chanter et chan-

toit très-bien. Parmi les nombreuses lettres que nous possédons des amis de la Rosalba, il s'en trouve une de Mme d'Argenon. Crozat, dans les siennes, s'en entretient souvent avec notre artiste. V.

Un *Essai sur la Vie de Lafosse*, publié dans les *Mémoires de l'Académie royale de peinture*, d'après un manuscrit provenant de la famille, dit : que *Mlle d'Argeneu* et non *Mme d'Argenon*, étoit la petite-nièce de Charles de Lafosse, peintre, mort sans enfants en 1716, à l'âge de 79 ans. « Il avoit élevé cette demoiselle dès sa plus tendre jeunesse et avoit eu la satisfaction de lui trouver, avec toutes les vertus désirables, une très-belle voix, et des talents admirables pour la musique que M. Lafosse aimoit beaucoup. »

Lafosse logeoit avec toute sa famille à l'hôtel Crozat. Après sa mort, Mme Lafosse et Mlle d'Argeneu y restèrent jusqu'à celle de Crozat (23 mars 1740).

Le portrait de Mlle d'Argeneu ou d'Argenon, a été dessiné par Watteau. Il est au Louvre dans une des salles des dessins. (Voir la note, page 194, sur le concert de Crozat.)

Voici ce que Caylus écrit à l'abbé Conti à Venise : « Vous me manderez, je vous prie, des nouvelles des décorations de vos opéras : s'il y a quelques jolis airs qui puissent être chantés par Mlle d'Argenon, je vous les demande. »

Puisque nous parlons de Mme d'Argenon, disons un mot de Lafosse. Il avoit peint dans l'hôtel Crozat une *galerie* où étoit représentée la *Naissance de Minerve*. « Quand on démolit, dit Bachaumont (correspondance du 24 décembre 1786), l'hôtel Choiseul, rue de Richelieu, ancien hôtel de Crozat, on transporta sur toile, par parties, une peinture à l'huile de Lafosse : *Minerve sortant tout armée du cerveau de Jupiter*, qui couvroit le plafond d'une galerie de 65 pieds et demi de long sur 21 pieds de large. On assure que ces parties pourroient se réunir avec plus de facilités qu'on ne les a détachées, c'est ce qui fait aujourd'hui la curiosité des amateurs. » Depuis on n'a plus entendu parler du plafond de Lafosse. (Voir la note relative à la maison de campagne des Crozat à Montmorency, page 231.)

3. C'étoit le fils du fameux John Law, l'auteur du *Système*. John Law étoit né à Édimbourg en avril 1671, d'une ancienne famille noble d'Écosse dont on a cependant contesté l'origine. Son père, orfèvre et banquier, lui laissa une belle fortune et le titre de baron de Lauriston, nom d'une terre qu'il avoit achetée sur

les bords de la Clide dans le Mid-Lothian. Grand, bien fait, d'une très-belle figure, John eut plusieurs aventures galantes, dont l'une qui se passa à Londres, lui attira une querelle avec un M. Wilson qu'il tua en duel. Échappé de prison, il se réfugia sur le continent. Il eut à l'étranger une assez belle existence, grâce à ses manières aisées et à la banque de Pharaon. Il passa à Genève, à Venise, à Gênes, jouant toujours avec le même succès. Il erra ensuite en Allemagne et en France, proposant un système de papier-monnoie, qu'il tenta de faire accepter à Victor Amédée, duc de Savoie et roi de Sardaigne. Après la mort de Louis XIV, il fut présenté au Régent, dont il gagna la confiance. Il proposa à ce prince une combinaison financière connue sous le nom de *Système de Law*, qui consistoit à créer des valeurs fictives et à rembourser ainsi les dettes de l'État. Autorisé en 1716, à ouvrir une banque d'escompte, érigée en banque royale en 1718, il fut nommé, en 1720, contrôleur général des finances.

On connoît deux portraits de Law ; l'un, copié par de Balthasar sur un original appartenant à la famille, est exposé dans les galeries de Versailles. Law y est représenté tenant une lettre à la main sur laquelle on lit : *A Monsieur Law Londres*. L'autre a été peint par

Rigaud en 1720 et gravé par Schmidt en 1728.

Nous aurons occasion de revenir souvent sur John Law à propos du Journal de la Rosalba qui avoit fait sa connoissance à Venise; il fut avec Crozat un des amis qu'elle fréquenta le plus à Paris. Au moment où elle y arriva, Law avoit fait réussir son Système, il étoit devenu marquis d'Effiat, de Charleval, de Toucy, comte de Valençay et de Tancarville, seigneur de Saint-Supplix, de Roissy, et de Guermandes. C'étoient les noms des terres qu'il avoit achetées. Sa noblesse étoit contestable ainsi que sa loyauté dans le duel qu'il eut avec Wilson et qui fut officiellement considéré comme un assassinat. En somme, Law étoit un aventurier. Il mourut à Venise en 1729.

Quant à son fils, il ne joua pas un rôle marquant dans les opérations du *Système*. Jeune encore en 1720, il étoit en butte à toutes les coquetteries des dames. « Il n'y a rien de si curieux et de si plaisant, dit la princesse Palatine, que de voir les gens se coudoyer, se presser, s'écraser, s'entretuer pour être seulement aperçus de Law ou du fils de Law, comme si un de leurs regards pouvoit enrichir ceux sur qui il tombe. » Il provenoit non de Mme Law, mais de l'union illégitime de son père avec la comtesse d'Hérold.

On l'auroit vu danser au ballet du Roi, avec le Roi lui-même, et les jeunes princes et seigneurs de la Cour, s'il n'en eût été empêché par la rougeole (Princesse Palatine).

Lors de la déconfiture du *Système*, il s'enfuit en Hollande et à Venise avec son père, après la mort duquel il accompagna sa belle-mère et sa sœur en Allemagne et en Hollande où elles se fixèrent. Pour lui, il prit du service dans le régiment du prince d'Orange-Frise; il en avoit la Cornette, à l'époque de sa mort, en 1734. Voir pages 74, 78, 138, 174, 273, 274, 282, 317. S.

4. Toutes les fois que Rosalba écrit dans son journal : M. *Crozat*, sans autre désignation, il est entendu qu'elle parle de *Pierre Crozat*, écuyer, son ami et son admirateur; qu'il ne faut pas confondre avec l'abbé Crozat, lequel n'habitoit pas dans le même hôtel que Pierre son frère.

Il étoit tout naturel que Rosalba commençât par le portrait de son hôte et par ceux des membres de la famille de Law, protecteur de son beau-frère Pellegrini. La réputation de Crozat est depuis longtemps connue. Les trente-deux lettres à Rosalba de 1716 à 1738 qu'il lui écrivit, celles de la *Raccolta de Bottari*, publiées par *Paliarini*, sont une preuve suffisante de l'estime et de l'affection qu'il avoit pour elle. Avant son voyage à Paris, Rosalba avoit peint au pastel un remarquable portrait de Crozat, d'après un dessin ou une esquisse qui lui avoit été apporté de Paris par *Sébastien Ricci*. V.

Sébastien Ricci, peintre vénitien, mort en 1734, à 75 ans « étoit grand ami de la maison Zanetti, » dit Mariette, et par conséquent de la Rosalba. Il voyagea en Angleterre et en France vers 1712 à 1715.

*Pierre Crozat* étoit né à Toulouse en mars 1665. On l'appeloit *Crozat le jeune*, ou *Crozat le pauvre*, parce que, quoiqu'associé aux opérations de son frère *Antoine*, il étoit moins immensément riche que lui.

Dès l'année 1683, il avoit commencé, dit Mariette, à acquérir des dessins de *la Fage*; mais quand il fut à Paris et qu'il eut vu les dessins des grands maîtres d'Italie, il n'épargna ni peine ni dépenses pour se procurer des ouvrages de ces maîtres.

Il acheta, des héritiers de *Jabach*, tous les dessins que cet amateur s'étoit réservés en vendant sa collection au Roi. Il eut encore ceux de *la Noue*; ceux de *Stella*, les débris de la collection de *Vasari* que l'abbé *Quesnel* tenoit de *Dacquin*, évêque de Séez, celle de *Pierre Mignard*, celles de *Montarsis*, de *de Piles*, de *Girardon*, de lord *Sommers*, à Londres, et *Van der Schelling*, à Amsterdam. Tout alloit à lui, il ne laissoit rien échapper. *Corneille Vermeulen*, graveur à Anvers, son pourvoyeur des pays du Nord, ne manquoit jamais de lui apporter tous les ans à Paris des dessins de l'Allemagne, de la Hollande ou de l'Angleterre. C'est ainsi qu'il en eut plusieurs de Raphaël et une suite magnifique de Rubens, qui sortoient du cabinet d'*Antoine Triest*, évêque de Gand.

Dans le voyage qu'il fit en 1714 en Italie, il rapporta des trésors de ce pays. Les collections *Malvasia*, *Carle degli Occhiali*, *Agostino Scilla*, *Vittoria*, celles du cardinal de *Santa Croce*, les dessins des *Mozelli* de Vérone, de *Pio* de Rome, de *Lazari* de Venise, d'*Ascanio della Penna* de Pérouse, de *Lorenzo Passinelli* de Bologne, vinrent encore accroître son cabinet.

A Urbin, il découvrit une partie considérable de dessins de Raphaël, qui se trouvoient entre les mains d'un descendant de *Timoléon Viti*, élève de ce peintre.

Ce n'est pas tout, M. *de la Chausse*, en mourant, le pria de donner asile aux magnifiques gravures qu'il avoit rassemblées toute sa vie.

Crozat possédoit enfin cette célèbre réunion de pierres gravées de camées antiques et de la Renaissance, que Mariette a décrite dans son *Traité des pierres gravées, publié à Paris en*

1750. Son admiration fut toujours constante pour cette belle suite de monuments antiques ; il l'avoit renfermée dans deux coffrets de Boule qui ne quittoient point sa chambre.

Il ne se borna pas à un culte tout personnel, mais il voulut encore populariser les chefs-d'œuvre de l'art. Il entreprit un travail colossal de faire graver tout ce que les collections éminentes renfermoient de beau et de précieux. C'est en 1729 que parut le premier volume du *Recueil d'estampes d'après les tableaux et les dessins du cabinet du Roi et celui du duc d'Orléans et d'autres cabinets*. Divisé en deux tomes, l'ouvrage contient 137 planches parmi lesquelles on en compte 65 d'après les tableaux et les dessins appartenant à Crozat. Cette entreprise fut continuée par Robert, peintre du cardinal de Rohan, et à la mort de Crozat, les planches furent vendues à une compagnie de libraires qui, sous la direction de Mariette, transformèrent en *deux* volumes cette publication. Basan racheta le fonds en 1776 et tira de nouvelles épreuves.

Pierre Crozat mourut en son hôtel de la rue de Richelieu, dans la nuit du 23 au 24 mars 1740, âgé de 75 ans. Son testament, dont nous aurons à nous occuper dans une autre note, page 109, prescrivoit la vente de plusieurs de ses collections au profit des pauvres. Les pierres gravées, au nombre de 1383, furent achetées en bloc par le duc d'Orléans. Les dessins, au nombre de 19 102, produisirent plus de 400 000 livres et furent achetés principalement par *Mariette*, *Nourry*, *Gouvernet*, *de Julienne*, les marchands d'Estampes *Hucquier*, *Joullain* et *Gersaint*. La plupart des dessins, après avoir été achetés par Mariette, figurent au Musée du Louvre. Les estampes et les planches furent aussi vendues.

Les tableaux et les statues avoient été légués à Louis-François Crozat, marquis du Châtel, neveu de *Pierre*. Ils furent dispersés à la mort du légataire en 1750. Divisés alors en trois lots, le premier fut vendu en 1751, sur le catalogue rédigé par Latour. Le second fut légué par le marquis à son frère *Louis-Antoine Crozat*, baron de Thiers, dont la vente eut lieu en 1772, et le troisième revint à la plus jeune fille du marquis du Châtel, *Louise-Honorine Crozat*, mariée, le 22 décembre 1750, au duc de Choiseul, qui fit graver la collection et la vendit vingt-deux ans après, à la sortie de son ministère.

Telles furent les destinées des splendides collections de Crozat. Elles ont été se fondre dans tous les cabinets de l'Europe, laissant à celui qui les avoit formées la renommée d'un homme généreux, bon, aimant les belles choses non pour ce qu'elles paroissent, mais pour ce qu'elles sont, et cherchant à être utile aux artistes, en les secourant sans en tirer vanité. Voir les *Amateurs d'autrefois* de M. *Clément de Ris.*

La famille de Crozat a laissé une descendance qu'il ne faut pas oublier. Toutes les femmes qui portèrent ce nom furent des modèles de distinction et des exemples de foi conjugale, à commencer par la comtesse d'Évreux ; puis Mme la duchesse de Choiseul, dont les *Lettres* ont fait connoître le caractère et le cœur; Mme de Broglie, épouse du maréchal, et enfin Mme de Gontaut-Biron, qui mourut en donnant le jour à *Lauzun*, assez et peut-être trop connu par ses folies, son patriotisme, ses mémoires, sa fin tragique, et sa fatale liaison avec Louis-Philippe-Joseph d'Orléans-Égalité.

La *Biographie universelle de Michaud* ayant accrédité de nombreuses erreurs sur les Crozat, leur naissance et leur famille, nous croyons utile de produire ici une notice généalogique exacte relevée en partie sur l'ouvrage du *Père Anselme*, qui est une autorité en cette matière :

*Antoine, Pierre* et l'*abbé Crozat* avoient eu pour père *Antoine Crozat I*[er], capitoul de Toulouse et pour mère *Jeanne Cardon.* Antoine *II*, l'aîné, avoit épousé *Marguerite Legendre*. De ce mariage étoient nés :

1° *Marie-Anne Crozat*, mariée au *comte d'Evreux* et délaissée par lui aussitôt après le mariage ;

2° *Louis-François Crozat, marquis du Châtel*, colonel puis lieutenant général des armées du Roi, mort en 1750 ;

3° *Louis-Antoine Crozat, baron de Thiers*, seigneur du Marquisat de Moy ou Mouy en Picardie, maître des requêtes au conseil du Roi, mort en 1770 ;

4° *Joseph-Antoine Crozat*, conseiller au parlement. Les biographes omettent toujours ce dernier, que citent cependant le Père Anselme et l'Almanach royal, comme conseiller à la première Chambre du Parlement de Paris, en 1720.

Le marquis du Châtel épousa, en septembre 1722, *Marie-Thérèse-Catherine Gouffier*, fille du marquis de Heilly, de l'ancienne famille Gouffier-Boisy et dont la mère étoit *Luynes*.

De ce mariage naquirent deux filles : l'une *Antoinette-Eustache Crozat*, née en 1728 et mariée, en 1744, à *Charles-Antoine, marquis* puis *duc de Gontaut-Biron*, morte en avril 1747, laissant un fils qui fut le célèbre duc de Lauzun devenu le général *Biron* sous la République, exécuté par le tribunal révolutionnaire et qui auroit hérité des grands biens amassés par les Crozat, s'ils n'eussent pas servi aux prodigalités de M. de Choiseul : l'autre, *Louise-Honorine Crozat*, mariée le 22 décembre 1750 à *Étienne-François, duc de Choiseul-Stainville*, le célèbre ministre de Louis XV. Après avoir traversé toute la révolution, elle mourut en 1803 dans un petit logement de la rue de Lille. Ses charmantes Lettres ont été publiées en 1862 par M. de Saint-Aulaire.

La branche cadette d'*Antoine Crozat* étoit représentée, ainsi que nous venons de le dire, par Louis-Antoine, baron de Thiers, maître des requêtes au conseil du Roi.

Il épousa *Marie-Louise-Augustine de Montmorency*, morte en 1770, et mourut lui-même la même année âgé de 71 ans.

De ce mariage naquirent trois filles :

1° *Louise-Thérèse Crozat*. Elle épousa, le 22 avril 1755 *Armand-Louis, marquis de Béthune*, colonel général de la cavalerie.

2° *Louise-Augustine Salbigothon Crozat*, née le 25 octobre 1733. Elle épousa *Victor-François de Broglie*, qui devint maréchal de France et un des chefs de l'armée émigrée de Condé.

3° *Antoinette-Louise-Marie Crozat*, née le 18 avril 1731. Elle épousa, le 19 mars 1749, *Joachim-Casimir-Léon, comte de Béthune, seigneur de Bordes*, mestre de camp du régiment de Royal-Pologne.

Joseph-Antoine Crozat, troisième fils d'Antoine IIe, fut conseiller au parlement ; il ne se maria pas et ne laissa pas de descendants. Il est souvent question de lui dans la correspondance de Madame de Choiseul, sous le nom de *Petit-oncle*.

Quant à *Pierre Crozat* le cadet, il ne se maria pas non plus ; du moins aucun acte public arrivé jusqu'à nous, n'a constaté d'une manière authentique son mariage. On verra pages 109 à 121 dans la note relative au testament de Crozat, une explication plus étendue sur ce point. Voir pages 24, 83, 109, 126, 130, 183, 194, 300, 334, 360. S.

5. Nous avons une lettre de cet abbé. V.

C'est le Journal de Rosalba qui nous révèle l'existence de ce deuxième frère d'Antoine Crozat IIe. Les chroniqueurs ne font pas mention de lui ; non plus que les généalogistes. Nous n'avons trouvé son nom cité que dans la Table des Portraits joints au *Dictionnaire Historique de la France* par le Père Lelong ; cette table constate qu'un abbé Crozat a été peint par Mme *Doublet*, et a été gravé par Mariette (Voir page 83). Les papiers de la famille Crozat, que nous avons découverts, nous permettront plus tard de publier une notice sur cet abbé et sur ses deux frères. Disons pour le moment que Mme Doublet de Persan, sœur de Mme Antoine Crozat, étoit née *Legendre;* on la connoissoit à Paris par son goût pour les nouvelles et par ses liaisons avec beaucoup de gens de lettres. A la mort de son mari, M. Doublet de Persan, intendant du commerce, elle se retira dans un appartement intérieur du couvent des Filles Saint-Thomas, d'où elle ne sortit pas une seule fois dans l'espace de quarante années. L'abbé Legendre, frère de la maîtresse de la maison, Piron, les abbés Chauvelin et Xaupi, d'Argental, Falconet, Voisenon et Bachaumont le plus ancien et le plus fidèle de ses amis qui partageoit son appartement, composoient sa société habituelle et cette réunion qu'on appeloit la *Paroisse.* Elle mourut après la plupart de ses amis, en 1771, âgée alors de plus de quatre-vingt-quatorze ans, elle avoit vu sa sixième génération. Elle peignoit et écrivoit. S.

6. Rosalba veut peut-être dire au sujet de ces portraits, qu'elle promit de les exécuter, ou qu'elle se borna à les ébaucher. Arrivée à Paris vers la fin du mois d'avril, il paroît impossible qu'elle ait pu faire autre chose que les préparer. V.

## MAI[1].

Le 31 mai je vis le Roi à l'église des Filles Saint-Thomas[2].

# NOTES.

1. A l'exception du 31 mai, tous les autres jours de ce mois manquent au *Journal* ainsi que les notes qui pourroient s'y rattacher. V.

Cette lacune est d'autant plus regrettable que ce mois est fécond en événements curieux. Nous constatons dans les chroniques du temps, que c'est vers le 20 mai que Louis XV accorda, sur les demandes de l'abbé Bignon, 630 000 livres pour la décoration de la Bibliothèque du Roi, qui devoit être placée partie dans la grande galerie du Louvre où se trouvoient les plans du roi, et partie dans les salles où se tenoient les assemblées de peinture. « Les tablettes seront superbes pour la sculpture, dit *le Mercure*. Il y aura des logements pour toutes les personnes employées à cette bibliothèque, ainsi que pour les étrangers que l'on fait venir de toutes parts pour l'intelligence de toutes sortes de langues. » Ce projet, à vrai dire, ne s'exécuta pas, et la bibliothèque fut transportée un peu plus tard au palais Mazarin après que la Banque eut cessé ses opérations.

C'est aussi à compter de ce mois que Law vit pâlir son étoile par l'arrêt du conseil qui portoit réglementation et réduction du prix des actions et billets de banque. C'est pareillement en mai 1720 que la Banque fut transférée de la rue Sainte-Avoye, *hôtel de Mesme*, à l'hôtel de Nevers, partie du palais Mazarin, aujourd'hui *Bibliothèque Impériale*. Néanmoins le Régent tenoit encore Law en grande considération, car il le nomma, le 30 mai, conseiller d'État d'épée, intendant général du commerce et directeur général de la Banque de la compagnie des Indes. S.

2. Louis XV, roi de France, né à Versailles, le 15 février 1710, alors âgé de dix ans, alloit souvent entendre la messe dans les diverses églises de Paris. Celle des Filles Saint-Thomas se voyoit à l'endroit même où s'étend aujourd'hui la place de la Bourse. C'étoit un couvent de religieuses de l'ordre de saint Dominique de Sienne, fondé à Paris rue des Postes, en 1630. En 1642, les Filles Saint-Thomas vinrent habiter la maison et l'église qu'elles avoient fait construire dans la rue qui porte encore le nom de leur communauté. S.

# JUIN.

1ᵉʳ Juin, samedi. M. l'abbé Crozat[1].

4. Mardi. Nous déjeunâmes chez les Roland[2] et ma mère[3] fut aux Tuileries.

6. Octave de la fête Dieu[4]. Je visitai la galerie du Roi[5] et l'Académie Royale[6].

9. J'allai chez M. Coypel, peintre du Régent[7], où je vis deux tableaux en détrempe de Raphaël, une Madeleine du Titien, deux madones du même, la Bohémienne du Corège, semblable à celle de Giustiniani[8], le portrait du Corège lui-même, un Christ du Guide et quelques tableaux des Caraches.

10. Je vis les appartements de M. le Régent et ses plus beaux tableaux[9]. Je suis allée ensuite à la banque[10], je la visitai ainsi que le modèle[11].

11 (mardi). Je commence le portrait de la fille de M. Law [12].

12. Je vis le Roi pendant qu'il déjeunoit [13].

13. J'allai déjeuner chez M. Baucon.

Le 14. Je commençai le portrait en petit du Roi [14].

Le 15. J'écrivis à Gabrielli [15], et je reçus la visite du fils Coypel [16].

Le 16. J'allai chez la Donini [17] et à la comédie italienne [18]. Je vis les caricatures des François [19] et l'opérette de Coypel.

Le 17. Je pris parole avec M. Aran [20] et je lui promis de finir pour lui Apollon et Daphné.

Le 18. Je priai la petite Law de changer pour moi un billet.

Le 19. Terminé le portrait de l'abbé Crozat [21].

Le 20 jeudi. Par une grande pluie je me rendis chez le Roi et je commençai son portrait en grand [22].

Le 21. J'allai chez le Roi, avec un grand mal de tête; je passai ensuite à la table du duc gouverneur[23] qui me prit par la main et me dit : « Il doit vous être agréable que le Roi ait tant de patience[24]. » Je reçus la visite du Flamin[25].

Le 22. J'écrivis à Pomer[26] et à Gabrielli. J'allai avec les autres chez le Roi. Ma mère et Giovanna[27] retournèrent à la maison où Pomer arriva.

Le 23. J'allai chez la duchesse de Ventadour[28] et chez M. Massé[29] qui me dit avoir copié la Bacchanale.

Le 24. Je donnai la petite Flore à M. C.... (probablement Crozat).

Le 25. J'allai avec mon beau-frère[30] pour finir le portrait du Roi à qui survinrent trois petits accidents : son fusil tomba, son perroquet mourut, et il vint mal à sa petite chienne.

Le 26. Je vis la duchesse veuve de Louvois[31] avec sa belle-mère[32], et Madame de Pompone[33].

Le 27. J'allai chez M. Rang[34], chez M. Rigaud[35] et je reçus la visite de l'envoyé de Florence[36], de deux autres envoyés et celle d'un médecin et que sais-je[37].

Le 28. Visite aux *Petits Pères*[38]. Écrit à Récanati[39] et à Gabrielli.

Le 29 samedi. Jour de saint Pierre. Écrit à Pomer.

Le 30. Je reçus la visite de M. Rigaud. Donné trois dessins[40] à M. Aran (Audran); deux petites Vénus, une Armide et un autre dessin de Giovanna[41] à M. Crozat dont je vis le neveu[42] peu après.

## NOTES.

1. Elle veut dire qu'elle a commencé à travailler au portrait de l'abbé Crozat. V.

2. Les messieurs Roland connurent Rosalba à Venise où elle leur avoit offert ses bons offices. De Venise ils allèrent à Rome, puis à Naples : elle parle d'eux dans une de ses lettres adressée le 26 août 1718, à N. U. Giov. Batista Recanati. Ils se nommoient Roland d'*Aubrevil*, comme l'écrit Crozat dans ses lettres. Ils étoient grands amateurs d'antiquités et de belles choses. V.

Leur père M. Roland, président de la première Chambre des requêtes au Parlement, demeuroit rue des Fossés-Montmartre. Il en est souvent question dans les chroniques. S.

3. Alba Carriera di Angelo Foresti, mère de Rosalba, s'occupoit à broder. J'ai vu autrefois chez les dames *Pedrotti* sœurs, plusieurs fauteuils bien conservés, couverts de camelot rehaussé de fruits, de fleurs et de figures chi-

noises brodées, et qui passoient pour être l'ouvrage de sa main. Je puis donc dire qu'elle étoit brodeuse (ricamatrice), d'autant plus que j'ai trouvé dans ses papiers une lettre que sa fille Giovanna lui écrivoit de Vienne, le 29 avril 1730, et qui contenoit ce passage : « Chère mère, j'ai très-bien fait de vous aver- « tir que j'avois trouvé des fleurs dessinées. « Nous vous prions donc de ne plus vous oc- « cuper de celles que vous deviez faire; dans « l'état de convalescence où vous êtes, nous « ne craignons pas que vous fassiez un écart « de régime, mais nous redoutons que vous « ne soyez vaincue par la tentation de broder. »

Rosalba fit avec beaucoup de soin le portrait de sa mère. M. Walter l'aîné, lui écrivoit à ce sujet : « Le portrait de madame votre mère a « été vu par S. A. R. le grand duc de Toscane. « Il a excité toute son admiration, ainsi que « celle de tout Florence. Il sera conservé avec « le plus grand soin dans la galerie de S. A. R. »

Alba Carriera parvint à un âge avancé. Elle mourut en 1738. Ses filles Angela et Rosalba reçurent à cette occasion diverses lettres de condoléance que nous avons pu lire. Voir page 21. V.

4. Cette fête tomboit effectivement le 6 juin 1720. V.

L'octave de la Fête-Dieu attiroit tous les ans à Saint-Sulpice un grand concours de curieux. Le Roi et les princes assistoient à la procession; six communautés religieuses, quatre cents hommes de la congrégation, six confréries, cent jeunes enfants vêtus en anges, le clergé composé de quatre cents ecclésiastiques de la paroisse et du séminaire, y figuroient en grande pompe. Le principal reposoir se trouvoit dans la cour du palais du Luxembourg qu'on tendoit avec des tapisseries des Gobelins d'après Raphaël, Jules Romain et Lebrun. Le salon du dôme étoit préparé pour recevoir le Roi, M. le duc de Bourbon et leur suite. Après la cérémonie, on portoit au Roi la couronne du Saint-Sacrement. M. le duc de Bourbon tenoit, après le Roi, la place d'honneur à cette procession, parce que l'hôtel de Condé qu'il habitoit, situé où est maintenant l'Odéon, dépendoit de la paroisse de Saint-Sulpice.

A l'occasion de la Fête dont il s'agit, les peintres exposoient leurs œuvres sur le Pont-Neuf, vis-à-vis de la statue de Henri IV et dans l'intérieur de la place Dauphine. Cette coutume se continua jusqu'à la Révolution. S.

5. Mariette écrivoit la lettre suivante à Bottari : « Paris, 10 février 1759.

« Le Catalogue raisonné de la galerie du Roi

« nous a fait le plus grand plaisir. M. Lépicié,
« auteur des deux premiers volumes, est mort,
« et c'est M. Cochin, secrétaire-suppléant
« de l'Académie de peinture, qui a été chargé
« de continuer ce travail, que j'ai hâte de voir
« achever. » (Lettre 211, tome 4.)

Plus loin, on lit encore au sujet de la collection du Roi : « Les dessins sont au nombre de
« cinq mille cinq cent quatre-vingt-treize,
« parmi lesquels il y en a un certain nombre
« qui ne sont pas de choix. »

Mariette, au tome 2, parle aussi de la *Description des tableaux du Palais-Royal*, 1727, in-12 (par Dubois de Saint-Gelais). V.

A cette époque, les collections royales qu'on appeloit le *Cabinet du Roi*, étoient riches de *deux mille* tableaux disposés dans divers appartements du Louvre. L'accès en étoit très-difficile et on ne pouvoit apprécier les richesses qu'elles contenoient qu'au moyen de quelques gravures publiées par ordre de Louis XIV et de Colbert, et dont les planches ont formé, sous la République, le fond de la chalcographie du Louvre. C'est encore Pierre Crozat qui entreprit de faire graver une suite de ces tableaux accompagnée de notices à l'appui. Voir la note relative à Pierre Crozat, pages 39 à 44.

Le *Mercure galant* du mois de décembre 1681, donne sur le *Cabinet des tableaux du Roi*, des détails fort curieux à propos d'une visite que Louis XIV fit au Louvre.

Formée des vieux fonds provenant de Louis XII, François 1er, Henri II et ses successeurs par les acquisitions faites chez Jabach et chez les héritiers de Mazarin, provenant aussi des choix de Colbert, la collection fut disposée dans un appartement neuf (1681), à côté de la galerie d'Apollon. Elle remplissoit sept salles fort hautes et dont quelques-unes avoient plus de cinquante pieds de longueur. On lui affecta en outre quatre pièces dans le vieil hôtel de Grammont, qui joignoit le Louvre. Lebrun, premier peintre du Roi, en devint le directeur. Avant cette visite, le Roi avoit fait transporter vingt-six tableaux à Versailles. Il en choisit encore quinze pour orner ses appartements; ils étoient de Paul Véronèse, du Guide, du Poussin et de Lebrun.

Le premier inventaire connu du cabinet du Roi, est celui de Bailly, garde des tableaux, dressé de 1709 à 1710. Il décrit très-sommairement deux mille quatre cent trois toiles, dont quatorze cent soixante-dix-huit seulement sont des écoles italienne et flamande, et le reste de l'école françoise.

Lorsque Louis XV alla se fixer à Versailles, en 1722 (15 juin), il emporta toute la collection pour servir à ses ameublements. Une partie décora les appartements du palais, l'autre fut abandonnée et resta dans les greniers de la surintendance livrée à la poussière et l'oubli.

En 1750, par suite des plaintes et des demandes qui surgissoient, le Roi permit que quelques-uns des tableaux de son cabinet fussent transportés à Paris. M. de Marigny, frère de Mme de Pompadour, les fit placer au Luxembourg, dans l'appartement qu'occupoit la reine d'Espagne. Le 14 octobre 1750, *Bailly*, garde des tableaux, admit le public à les visiter. On comptoit cent dix peintures des maîtres italiens, flamands et françois, choisies parmi les plus belles de la couronne. Le reste fut laissé à Versailles pour renouveler la décoration des appartements. En 1775, M. d'Angiviller, directeur des bâtiments sous Louis XVI, conçut le projet de rassembler tout ce que le Roi possédoit de beau en peinture et en sculpture, dans la grande galerie du Louvre, sous le nom de *Muséum*. Mais ce projet n'eut point de suite, et en 1785, on voit toute la collection des tableaux du Luxembourg, y compris la galerie de Rubens, partir pour Versailles, où elle fut encore réunie à la surintendance. *Durameau*, peintre du Roi, en dressa le dernier inventaire.

Les décrets rendus le 26 mai et 26 août 1791 par l'Assemblée nationale, firent du Louvre le palais des sciences et des arts. Barrère fut le promoteur de cette idée déjà conçue par Lafont de Saint-Yenne, La Condamine et d'Angiviller. Les objets d'art du cabinet du Roi transportés à Paris seulement après le 3 prairial an II, ceux des couvents, des émigrés, des églises, vinrent former le *Muséum* qui fut placé sous les attributions du ministre de l'intérieur Roland. Le décret du 18 octobre 1792 fonda ce grand centre qui prit le nom de *Musée central des Arts.* Diverses commissions desquelles David étoit l'âme et l'ordonnateur, en réglèrent la formation et déterminèrent les rapports avec le public. Ce ne fut pas sans difficultés que le musée central des Arts se constitua. La ville de Versailles avoit été pendant plus d'un siècle le milieu privilégié où les objets d'art du cabinet du Roi avoient été rassemblés. C'étoit à la surintendance et dans ses magasins et ses greniers que s'engouffroient presque tous les tableaux de la collection royale. Versailles se défendit vigoureusement contre la commission qui avoit déjà commencé à lui enlever une partie de ses richesses au profit de Paris. Mais un décret de la Convention décida définitivement du sort de la surintendance, qui remit aux mains de la commission tous les dépôts. La galerie du Louvre fut ouverte en 1793.

Depuis cette époque, le centre des collections ne cessa plus d'être au palais du Louvre. Lorsque nos conquêtes en Italie vinrent accroître le nombre de tous les chefs-d'œuvre, l'administration fut contrainte, faute de place, d'envoyer au palais de Versailles (an V), les toiles de nos artistes nationaux, depuis Jean Cousin jusqu'aux peintres alors vivants. Cette suite de trois cent cinquante-trois tableaux composa le musée spécial de l'école françoise. En l'an X, l'administration se dessaisit encore de la galerie de Rubens, des tableaux de la vie de saint Bruno par Lesueur, de ceux de Philippe de Champagne, des ports de mer de J. Vernet, extraits du musée de Versailles et du ministère de la marine, pour créer la galerie du Sénat au Luxembourg. Par suite de nos revers et de la reprise de possession des tableaux conquis par nos armes à l'étranger, la collection du Louvre subit une atteinte que vint accroître encore la distribution faite par le roi Louis XVIII de trois cents tableaux et cent vingt objets d'art aux églises de Paris et des départements et aux musées de province. Le fonds se reforma par la réintégration des tableaux envoyés au Luxembourg. Sous le règne du roi Louis-Philippe, les musées espagnols et Standish furent placés au Louvre, mais firent retour au domaine privé de la famille d'Orléans, en 1848. Depuis, d'immenses travaux d'appropriation et de décoration ont été exécutés ; les tableaux ont été rangés par ordre d'école et de chronologie, la plupart et les plus beaux d'entre eux ont été vigoureusement restaurés et rajeunis ; le *Musée des Souverains* égaye l'esprit et les yeux ; les constructions anciennes ont été restaurées comme les tableaux ; un Louvre nouveau s'est élevé qui écrase l'ancien ; carrière a été donnée au génie des constructeurs contemporains ; ils refont en ce moment à leur manière et sur un plan qui leur appartient, la grande galerie, œuvre de Ducerceau, qui unissoit le Louvre aux Tuileries. Tout est en progrès, et bien habile seroit celui qui indiqueroit le terme où s'arrêteront les embellissements du Louvre, et l'accumulation des objets d'art qu'il est destiné à enserrer. (Consulter le *livret de M. F. Villot.*) S.

6. C'est l'*Académie de peinture et de sculpture*, fondée en 1648 par Louis XIV, et qui, comme les autres académies royales, siégeoit au Louvre. Le *Dictionnaire portatif de Lacombe* renferme de bons détails sur cette académie. Busch, pages 92, 93, dit « qu'elle y fonctionnoit dans trois salles où figuroient les ouvrages des meilleurs peintres et sculpteurs qui en étoient membres ; on y voyoit aussi des

copies d'après les maîtres, des moulages sur l'antique et les portraits des plus illustres peintres. » Lorsque Rosalba quitta la France, on ne manqua pas d'y placer son portrait. V.

Faisons observer à notre tour que l'*Académie* ou l'*École*, ne siégea pas toujours au Louvre. Fondée le 20 janvier 1648, sur la demande de *Lebrun*, elle tint ses premières séances chez *Martin de Charmois* sieur *de Lauré*, puis à l'*hôtel de Clisson*, rue des Deux-Écus. Après les nombreux procès qui surgirent entre elle et la *Maîtrise* ou corporation des maîtres peintres, poussée par *Mignard*, elle fonctionna à *Sainte-Catherine*, rue des *Déchargeurs* (mars 1653). Elle fut ensuite installée aux *Galeries du Louvre* dans les appartements de *Sarrazin* et du tapissier *du Bourg* (1656). Transportée au *Palais Brion*, près du Palais-Royal, où se trouve maintenant le théâtre François (1661), elle revint au vieux Louvre (1692), où elle resta jusqu'à la Révolution, époque à laquelle elle succomba, sous les coups de David, et du décret qui supprimoit les maîtrises et les académies. Elle tenta néanmoins de continuer son école, mais la *Société révolutionnaire des Arts*, les attaques et les pétitions des artistes dissidents ne lui en laissèrent pas les moyens. Elle s'étoit déjà vue prise d'assaut aux cris de : *à bas la bastille acadé mique* (1791); un décret de la Convention nationale, du 8 août 1793, la supprima directement et nominativement, et ce fut la *Commune des Arts*, déjà constituée par décret du 4 juillet 1793, qui lui succéda. C'étoit une institution républicaine d'instruction publique pour les arts Un autre décret, du 28 septembre 1793, maintint provisoirement les cours de dessin, de peinture et de sculpture de la ci-devant académie.

Les tableaux, les statues de réception et les portraits vinrent accroître les collections nationales. On les retrouve presque tous au Louvre et à Versailles.

M. de Montaiglon a publié, en 1853, un manuscrit de la Bibliothèque de l'Arsenal sur l'histoire de l'Académie royale de peinture et de sculpture depuis 1648 jusqu'en 1664.

Voir la réception de Rosalba à l'Académie, aux 17 et 26 octobre et 9 novembre, pages 211, 234, 236. S.

7. Antoine Coypel, peintre du Régent, directeur de l'Académie royale et écuyer. Son nom est mentionné assez souvent dans ce journal, c'est par lui que Rosalba fut présentée à l'Académie de peinture. « Je vous suis bien reconnoissante, écrit Rosalba à M. Coypel, gardien des dessins du Roi, de m'avoir encouragée en voulant bien faire acheter au prix de

200 francs un de mes dessins pour la Collection royale. » V.

Coypel, né à Paris le 11 avril 1661, est mort dans la même ville, le 7 janvier 1722. Élève de Noël Coypel, son père, il fut reçu à l'Académie, le 25 octobre 1681. Nommé premier peintre de *Monsieur*, frère du Roi, il peignit, en 1709, la chapelle de Versailles. En 1710, le Roi lui donna la place de directeur des tableaux et des dessins de la Couronne vacante par la mort de Houasse; après la mort de Monsieur, le duc de Chartres, devenu duc d'Orléans Régent, le nomma premier peintre du Roi et le chargea de décorer la nouvelle galerie du Palais-Royal, où il peignit 14 sujets tirés de l'*Énéide*. Comme marque de satisfaction, le duc d'Orléans lui fit présent, en 1719, d'un carrosse et de 1 500 livres pour l'entretenir. Coypel a produit un nombre considérable d'ouvrages pour les églises et les palais royaux. Le musée du Louvre possède de lui cinq tableaux dont les sujets sont tirés de l'histoire d'Athalie, d'Esther, de Suzanne et de Rebecca. Il fit les dessins des médailles de Louis XIV, dont l'Académie des inscriptions étoit chargée. Coypel est l'auteur d'un ouvrage sur la peinture, en forme de conférences, avec une épître en vers. Il logeoit sous la grande galerie du Louvre et y cumuloit deux logements comme premier peintre du Roi et comme directeur et garde des tableaux et dessins; il occupoit le 26º logement entre Fontenay, le peintre de fleurs et l'Imprimerie royale. C'est le jour même de la présentation de Rosalba à l'Académie de peinture, le 9 novembre 1720, qu'il commença la lecture de ses : *Discours prononcés dans les Conférences de l'Académie de peinture par Antoine Coypel, premier peintre du Roi*. Paris, 1721, in-4º.

Antoine Coypel donna au Régent des leçons de peinture. Dubois de Saint-Gelais, dans sa *Description des tableaux du Palais-Royal*, nous l'apprend en ces termes pompeux : « Un homme habile fut son guide, et lui révéla les mystères de l'art enchanteur. Après lui avoir fait comprendre que toute la pénétration et tout le goût ne suffisoient pas pour connoître la peinture, sans l'avoir exercée, M. Coypel lui mit le crayon à la main, lui fit manier le pinceau, et le conduisit à un degré de connoissance, qui a égalé celui des plus grands maîtres. De quoi ce prince eut une si grande satisfaction que, lorsque sa qualité de Régent l'eut rendu le dispensateur des grâces, il honora son maître du titre de premier peintre du Roi. »

Antoine Coypel étoit un amateur très-éclairé d'objets d'arts. Sa collection, riche en peintures, en sculptures, en antiques, fut recueillie par son fils, et à la mort de ce dernier elle fut vendue publiquement. Le catalogue, revu par Mariette, et dont il a rédigé la préface ou avertissement, a été publié en 1753. Voir page 207. S.

8. Vianelli nous indique qu'il possédoit une copie de cette Bohémienne de Corrège ; c'étoit un dessin ou une esquisse de la main de Rosalba. Le catalogue de la collection du chanoine la désignoit sous le titre de *Riposo di Maria Vergine*. Voir à l'œuvre de Rosalba.

La mention que le journal de la Rosalba nous fournit, ajoute Vianelli, à propos de cette Bohémienne, semblable à celui de *Giustiniani*, ne doit pas échapper à ceux qui ont fait des recherches sur les œuvres du Corrège ; « car aucun écrivain, que je sache, ne fait mention de ce tableau dans la galerie *Giustiniani*. Je ne sais ni où il est ni s'il existe. » V.

La galerie Giustiniani a été vendue, il y a plus de trente ans. On pense que ses plus importantes toiles font partie de la galerie de l'Ermitage, à Saint-Pétersbourg. S.

On la voyoit dans le palais Giustiniani, situé sur le grand canal à côté du palais Foscari. Aujourd'hui le palais Giustiniani dont il s'agit est occupé par M. Schiavone, fils d'un peintre distingué de Venise et collecteur lui-même d'anciens tableaux.

9. Le talent de ce prince pour la peinture s'est surtout manifesté dans une suite de trente tableaux qu'il peignit avant d'être Régent. Ils représentent les amours de Daphnis et Chloé. Ces compositions ont été exécutées en tapisserie et gravées par le prince lui-même. (*Abecedario* d'Orlandi, article *Coypel*.)

Il faut ajouter que le duc possédoit une magnifique galerie de tableaux dont une partie provenoit du duc de Braciano; celui-ci en avoit hérité de don Livio Odelscalchi (Innocent XI), qui lui-même la tenoit des héritiers de ce trop fameux cardinal Azolin à qui la reine de Suède, Christine, en avoit fait don. Cette collection avoit originairement été conquise au sac de Prague par Gustave-Adolphe, roi de Suède, après avoir été enlevée de Mantoue par les Allemands. (Raccolta di Roma, tome 2.) Voici ce que *Crozat* écrivoit le 16 octobre 1721, de Paris à *Rosalba* alors à Venise, au sujet de cette collection : « Les tableaux du cabinet de « la reine de Suède sont arrivés. Plusieurs « sont superbes, principalement ceux de Paul « Véronèse, qu'on peut comparer aux plus « beaux de ce maître qui sont à Venise. Ils « sont tous d'une parfaite conservation et d'une « fraîcheur de coloris remarquable. »

Busching dit qu'ils furent achetés par le Régent 34 848 sequins de Venise. Ils n'arrivèrent à Paris qu'en 1721, Rosalba ne les vit donc pas lors de son séjour dans cette ville. Mais elle put visiter alors la collection primitive du Régent. V.

Le cabinet du duc d'Orléans, avant l'acquisition dont il vient d'être parlé, comprenoit déjà un grand nombre de tableaux illustres rassemblés par son père et par lui-même, et qui provenoient du *chevalier de Lorraine*, du *cardinal Mazarin*, du *président de Harlay*, du duc de *Vendosme*, du duc de *Modène*, du cardinal *de Richelieu*, de MM. *de Chantelou, de Seignelay, de Nancré* et du cardinal *Dubois*.

Cette collection célèbre comptoit, au dire du catalogue, dont les attributions sont assez hasardées : quatre *Albert Durer*, trois *Léonard de Vinci*, quatre *Holbein*, dont le portrait de Thomas Morus; quatre prétendus *Michel-Ange*, dont la peinture du fameux Ganimède; seize *Raphaël*, dont la vision d'Ezéchiel; un *Francia;* vingt-neuf *Titien;* treize *Corrège*, dont une *Léda* et une *Madeleine*, peut-être cette fameuse Madeleine au désert, si connue par la gravure et dont on n'a plus revu l'original; dix-neuf *Paul Véronèse;* seize *Jules Romain;* deux *André del Sarte;* six *Rembrandt;* un *Claude Lorrain;* vingt-huit *Carrache* et douze *Poussin*, dont les *sacrements*, magnifique ensemble, vendu dans la suite à M. Laborde-Méréville, et passé depuis presque entièrement en Angleterre. Un certain nombre figure aujourd'hui à la *National Gallery*.

Les Sept-Sacrements du Poussin notèrent comme un accident curieux dans la carrière politique du cardinal Dubois. Lorsque ce ministre forma le projet de la triple alliance entre la France, l'Angleterre et l'Autriche, il se rendit à la Haye pour acheter quelques livres rares et retirer les fameux tableaux dont il s'agit, que des marchands juifs avoient enlevés de Paris. Il les rapporta en France avec la promesse d'un traité qui devoit changer pendant trente ans la face politique de l'Europe. Il les envoya au Régent avec ce billet laconique sur le résultat de sa mission : « J'ai « signé à minuit, vous voilà hors de pages et « moi hors de peur. »

Lemontey nous fournit des détails piquants sur l'achat de la collection de la reine de Suède : « Pierre Crozat avoit été le manda-« taire du Régent dans cette importante acqui-« sition passée à Rome en vente publique. « Le Pape en empêcha la délivrance par une « série de chicanes ridicules. Il objectoit, « entr'autres, que plusieurs de ces peintures « blessoient la décence. Crozat fit demander à « Sa Sainteté si c'étoit pour cela qu'il vouloit

« les garder à Rome. Pendant ce débat, une
« Sainte-Famille, de Raphaël, qui fut d'abord
« soustraite à l'inquisition papale, passa en
« France à côté d'une marmotte sur le dos
« d'un savoyard. La destinée de ce fameux ca-
« binet de tableaux étoit assez singulière.
« Gustave-Adolphe l'avoit enlevé pour sa part
« de pillage à Prague. Sa fille l'emporta ensuite
« à Rome où elle en fit mutiler plusieurs chefs-
« d'œuvre, pour les adapter à la boiserie de
« sa chambre. Cette folle barbare traitoit ses
« tableaux comme ses amants. » A Stockholm,
elle en avoit déjà coupé un certain nombre et
les avoit placés en guise de stalles dans ses écu-
ries. Ce fut Sébastien Bourdon qui demanda
leur grâce à la reine. Elle y tenoit si peu,
qu'elle voulut les faire accepter au peintre
françois qui ne consentit jamais à se les approprier. Il se contenta de les faire nettoyer
et de les remettre à la reine en la priant de
leur porter un peu plus de respect.

Le duc d'Orléans acheta, avec les tableaux
de Christine et par les soins de Crozat, une suite
nombreuse de dessins dont Livio Odescalchi
avoit hérité de la reine. Le prince, pour reconnoître les bons offices de son mandataire, en fit
présent à Pierre Crozat. Voir pages 207, 254. S.

10. La *Banque générale* étoit une institu-

tion particulière fondée par Jean Law, pourvue d'un capital recueilli par souscriptions et dirigée par les principaux actionnaires. Elle fut la base des grandes opérations financières auxquelles Law attacha son nom. Des lettres patentes du 2 mai 1716, enregistrées par le Parlement le 23 du même mois, autorisèrent son organisation. Plus tard, en 1717, la *compagnie d'Occident*, fondée par Crozat, destinée à exploiter les possessions françoises arrosées par le *Mississipi*, vint se fondre avec la Banque générale. Le 4 décembre 1718, une déclaration du Roi la convertit en *Banque royale* à partir du 1er janvier 1719. Quatre mois plus tard, les compagnies de *Guinée*, du *Commerce oriental* et de la *Chine*, se réunirent à la Banque royale, de telle sorte que Law engloba et réunit dans sa main l'ensemble du commerce extérieur. La fusion de toutes ces sociétés composa la nouvelle *Compagnie des Indes*, dont les opérations immenses furent exploitées à la Banque royale. Celle-ci avoit son siége social dans la portion du *palais Mazarin* qui renferme à présent les estampes et les manuscrits de la Bibliothèque impériale. Elle s'étendit des deux côtés de la rue Vivienne, par l'acquisition de deux grandes maisons. Elle avoit été primitivement établie rue Sainte-Avoie. L'hôtel et les bureaux de la Compagnie des Indes, adossée à la Banque, eurent entrée par la rue Richelieu. Law étoit un des trente directeurs du conseil d'administration. Il y figuroit sans distinction apparente. (Cochut.) S.

Au moment où Rosalba étoit à Paris, son beau-frère, Antonio Pellegrini, avoit été chargé de peindre un plafond dans une des salles de la Banque. Nous aurons occasion de revenir sur ce grand travail. La visite de la Rosalba à cet établissement étoit donc motivée par les occupations de son beau-frère.

C'est ici le cas de dire que le palais Mazarin, commencé par *Charles Duret de Chevri*, président de la Chambre des comptes, passa ensuite à *Jacques Tubeuf*, aussi président en la même Chambre, qui le vendit au *cardinal Mazarin*. Ce dernier en fit « un des plus grands « palais qu'il y eût à Paris et le plus riche- « ment meublé qu'il y eût au monde. Il s'é- « tendoit depuis la rue Vivienne jusqu'à la rue « Richelieu. On y comptoit plus de quatre « cents têtes, bustes et statues antiques, et « cinq cents tableaux, » parmi lesquels il y en avoit sept de Raphaël, trois du Corrège, huit du Titien, trois de Giorgion, deux d'André del Sarte, plusieurs de Mantegna, de Paul de Véronèse, Perrin del Vaga, du Guide et de Van Dyck. La bibliothèque, amassée par *Gabriel Naudé*, se composoit de plus de quarante mille volumes. A la mort du cardinal, le palais Mazarin fut partagé entre son neveu *Philippe-Jules, marquis de Mancini* et *Armand-Charles de la Porte de la Meilleraye*, duc de Mazarin, mari d'*Hortense Mancini*. La plus grande partie demeura à ce dernier et continua de porter le nom de *Palais-Mazarin* jusqu'en 1719 que le roi en fit l'acquisition et le donna à la Compagnie des Indes pour y tenir ses bureaux. La *Bourse*, établie plus tard par arrêt du conseil d'État du 24 septembre 1724, où se négocièrent les actions et les valeurs commerciales, où se firent toutes les transactions et affaires du commerce, eut son entrée principale par la rue Vivienne.

L'autre partie du palais Mazarin échut en partage au *marquis de Mancini, duc de Nevers*, et on le nomma l'*hôtel de Nevers*, nom qu'il a toujours porté jusqu'à ce que le roi en fit l'acquisition et y établit la Banque royale. A la suppression de cette dernière, on y plaça la Bibliothèque royale qui, depuis plus de soixante années, se trouvoit dans deux maisons appartenant aux héritiers de feu M. le marquis de Seignelay, et pour lesquelles le roi payoit 4500 livres de loyer par an. Elle étoit précédemment dans le voisinage de Saint-Cosme, à la rue de la Harpe. S.

11. Le mot *Modèle* me semble un peu obscur, dit Vianelli, on peut l'entendre ainsi : « Je suis allée à la Banque que j'ai visitée et où j'ai vu le modèle, ou le projet de Pellegrini. » V.

12. C'étoit la fille de John Law. Elle étoit belle, aimable, et avoit reçu une éducation très-soignée. Lors de la vogue de son père, elle ne comptoit que parmi les toutes jeunes filles. Ses talents et sa distinction la faisoient remarquer. Tout ce qui cherchoit à bénéficier du système, faisoit la cour à Mlle Law; le cardinal Bentivoglio, nonce du Pape, jouoit avec elle à la poupée. Dans ce temps de corruption du grand monde, elle ne donna jamais prise à la médisance. Nous la verrons plus tard à la foire de Bezons, poursuivie par le peuple qui vouloit venger sur la fille les fautes du père; la malheureuse y fut blessée d'un coup de pierre. Après la mort de Law, elle vécut obscurément à Utrech avec sa mère et son frère. En 1722, on n'étoit point encore revenu des projets qu'on prêtoit à John Law, et l'on disoit que sa fille alloit épouser le prince de Vendôme qui recevroit en dot dix-sept millions. Le fiancé avoit fait des vœux religieux, comme grand-prieur de Malte, mais Law suppléoit à tout et avec trois millions qu'il donnoit au neveu du Pape, il relevoit son gendre de son serment,

« en sorte, dit Barbier, que voilà le spirituel
« et le temporel en bonnes mains. » Ce n'étoit
qu'un des mille contes qui se débitoient sur
Law; pendant ce temps, il se déroboit à Venise, sous le nom du chevalier Des Jardins.
Mlle Law, après la mort de son père, finit enfin par se marier à lord Walingfort. Voyez
pages 36, 138, 174, 282, 317 et l'*OEuvre de
Rosalba*. S.

13. Louis XV avoit alors dix ans; au déjeuner
il étoit permis à quelques visiteurs privilégiés de
le voir. Cet usage a été longtemps conservé. S.

14. Ce portrait étoit une miniature dont
nous parlerons plus tard. S.

15. Son prénom étoit Gabriello, fils de Carlo.
Ces Gabrielli dont parlera souvent Rosalba,
n'étoient pas, je crois, de la famille patricienne
de ce nom, mais des Gabrielli, citoyens de
Venise, dont S. Exc. Giovanni Antonio avoit
dignement illustré le nom, comme grand chancelier de notre sérénissime République. V.

On verra plus tard que le notaire de Rosalba
qui reçut son testament fut un Lodovico Gabrielli. C'étoit aussi à la campagne de Carlo
Gabrielli que Rosalba se retiroit souvent pour
faire des études d'après nature. (Voir la notice biographique de Rosalba et page 135.) S.

16. Charles-Antoine Coypel, peintre, fils et élève d'Antoine Coypel, étoit né à Paris en 1694; il y mourut en 1752. « Les qualités du cœur et de l'esprit le rendirent infiniment agréable à ses amis. Il en avoit beaucoup qui tous étoient des personnes distinguées, soit par leur naissance, soit par leurs talents; on se réunissoit chez lui et l'on y trouvoit la meilleure compagnie. Il écrivoit fort bien, et faisoit joliment les vers. Il a laissé un nombre de comédies dont les sujets sont à lui, et pourroient figurer avec nos meilleures pièces, s'il y avoit plus d'intérêt, et si les caractères étoient moins chargés. Ce défaut avoit passé jusque dans ses tableaux; il alla chercher des modèles d'attitude et d'expression sur le théâtre et n'y trouva que des grimaces, des airs forcés, des traits arrangés avec art, et où les sentiments de l'âme n'ont jamais aucune part.

« Ses tableaux de Don Quichotte, mis en tapisserie, eurent du succès. Il étoit davantage à sa place en les faisant.

« Il a peint les portraits, tant à l'huile qu'au pastel, de beaucoup de ses amis. M. le duc d'Orléans, fils du Régent, lui avoit accordé la place de son premier peintre et il s'étoit fait son disciple. Il est mort premier peintre du Roi et directeur de l'Académie. » (Mariette, Abecedario.)

Il possédoit une collection remarquable d'objets d'art rassemblée par son père Antoine et par lui-même. Dans le catalogue imprimé en 1753, *l'Avertissement*, plein d'intéressants détails, a été rédigé par Mariette.

On voit encore au palais de Compiègne la suite des tableaux de l'histoire de Don Quichotte que la tapisserie reproduisit si souvent. Il peignit encore la cérémonie de réception de l'ambassade turque à Paris, et toute une chapelle à Saint-Merry.

Il a été académicien le 31 août 1715, peintre du Roi en 1747, et directeur la même année, puis garde des tableaux et dessins du Roi. C'est lui qui a peint le portrait si connu d'Adrienne Lecouvreur, pleurant sur une urne. Il demeuroit avec son père au Louvre.

Charles Coypel est auteur des pièces suivantes : les *Amours à la Chasse*, comédie, jouée au Théâtre-Italien en 1718 ; *La ceinture de Vénus*, comédie autographe, vendue en octobre 1844, à l'Alliance des arts. *Le triomphe de la Raison*, comédie allégorique en 3 actes, jouée devant la Reine à Versailles, le 17 juillet 1730. *Les Folies de Cardenio*, sujet tiré de Don Quichotte, comédie en 3 actes avec intermèdes, représentée sur le Théâtre de la salle des Machines aux Tuileries en décembre 1720 et janvier 1721. Il fit paroître un dialogue sur l'exposition de peinture dans le salon du Louvre en 1747, sans titre ni date. Le *Mercure* a publié, en novembre 1751, cet opuscule de 16 pages, où les interlocuteurs s'appellent Dorsicour et Celigny. M. de Montaiglon croit qu'il est aussi l'auteur d'un *Jugement* sur les principaux ouvrages exposés au Louvre, le 27 août 1751, Amsterdam, 1751, 40 pages in-12. S.

17. Elle lui donne plus tard le titre d'Excellence. La famille Donini, patricienne de Venise, est maintenant éteinte. Page 142. V.

18. La Comédie italienne, reconstituée en 1716, jouoit à l'hôtel de Bourgogne. Les acteurs avoient pris le titre de *Comédiens italiens de Monseigneur le duc d'Orléans*. A la majorité de Louis XV, ils placèrent cette inscription sur l'hôtel de Bourgogne : *Hôtel des Comédiens italiens ordinaires du Roi, entretenus par Sa Majesté, établis à Paris en l'année* 1716. Cette salle de théâtre étoit située rue Pavée et rue Mauconseil, et construite sur l'ancien emplacement de l'hôtel d'Artois, propriété de la maison de Bourgogne. La troupe de Molière y joua longtemps. S.

19. Rosalba entend par *caricatures* les scènes burlesques, les intermèdes comme on

en représentoit alors entre les actes ou les pièces de théâtre et non pas des imitations grotesques, ou *Charges* dessinées d'après les personnes qu'on veut ridiculiser. V.

20. Rosalba écrit *Aran* dans son journal. C'est *Audran* qu'elle veut dire.

Claude Audran le jeune, neveu de Gérard et de Claude, disciple de Germain Audran son père, et de son oncle, devint peintre et mourut à Paris, en 1734. Il avoit un talent remarquable pour les ornements, les arabesques et les grotesques renouvelés de Raphaël, ouvrages fort en vogue à cette époque. Audran, dans les châteaux de Meudon, d'Anet, de la Muette et dans la ménagerie de Versailles, peignit des arabesques sur fonds d'or avec des fables de la Fontaine. Il a été le maître de Watteau dans ces sortes de compositions et est mort au Luxembourg, dont il avoit été nommé *Concierge* en 1704.   S.

21. Pierre Crozat étoit si satisfait du portrait de son frère, qu'il en entretenoit souvent Rosalba dans les lettres qu'il lui adressoit. Ce portrait, disoit-il, frappoit d'étonnement tous ceux qui visitoient sa maison. C'étoit pour lui un plaisir de l'admirer et de le comparer à un autre portrait de son frère peint par la

noble et virtuose Mme Doublet (page 287 du tome II de la Raccolta di Roma). Quant à moi, je puis dire en secret à Rosalba : « *Toi seule me plaît,* » et répétant le sonnet du comte Petrina, qui lui est adressé et que nous possédons manuscrit, je dis encore :

« Chaque image que tu peins est parlante, De ses beaux yeux jaillit une flamme amoureuse. Tous ceux qui la contemplent l'admirent et en sont subjugués. » V.

Cette intensité d'enthousiasme dépasse un peu la mesure des amateurs de notre temps. Mais nous avons voulu conserver intacte la note du chanoine, afin de constater le degré d'admiration que Rosalba avoit inspirée à ses contemporains et à ses compatriotes. Voir pages 47, 140. S.

22. Nous n'avons jamais pu retrouver la trace de ce portrait qui aura sans doute été détruit ou perdu dans les magasins de l'intendance à Versailles. Aucun inventaire royal, aucune notice du cabinet du Roi n'en conserve vestige. S.

23. Le duc gouverneur étoit le maréchal de Villeroi, François de Neuville, né vers 1643. Il avoit été élevé avec Louis XIV et lui devoit son extraordinaire fortune. Devenu maréchal

en 1693, il fut battu à Chiari et fait prisonnier à Crémone. Il perdit la bataille de Ramillies, obtint le gouvernement de Lyon et fut nommé par le testament du Roi gouverneur de Louis XV enfant. Il mourut en 1730.

La famille des Villeroi n'étoit pas d'antique noblesse. Leur ancêtre *Nicolas* tout court, bourgeois flamand, avoit fait le commerce de poisson à Paris. Un de ces Nicolas, trésorier de la chambre des Comptes sous François I$^{er}$, adjoignit à son nom celui de NEUVILLE. Ses descendants, sous Charles IX et Henri III, devinrent secrétaires d'État des affaires étrangères et fondèrent ainsi la grande fortune de leur famille.

L'illustration des Villeroi, toute grande qu'elle devint, ne put jamais faire oublier la première origine de leur maison issue du commerce de la poissonnerie. On voit encore en 1720 la corporation des marchandes de poissons de Paris adresser au vieux maréchal un compliment en vers pour le rétablissement de sa santé ; cette pièce est : *La joie des marchandes de poissons de la Halle, sur le bruit qui s'étoit répandu de la mort du gouverneur du Roi.*

Les Villeroi ont encore une célébrité historique. Ils étoient seigneurs et propriétaires des Tuileries, qu'ils vendirent à Catherine de Médicis avec les bois y attenant, pour y construire un château.

Le portrait du maréchal de Villeroi est à Versailles, dans un tableau peint vers 1720, qui représente le conseil de Régence dont il faisoit partie. Malheureusement, il est difficile de saisir une personnalité quelconque au milieu de têtes qui se ressemblent toutes. Il faut se contenter de savoir que le vieux maréchal est là. Voir page 268. S.

24. Dans son excès d'admiration, Vianelli s'écrie, à propos de la patience du jeune Roi : « Ce n'étoit pas en effet petite chose qu'un grand monarque âgé de dix ans eût assez de patience pour rester, si je peux le dire, tranquille de corps et d'esprit, comme le plus simple de ses sujets, pendant tout le temps indispensable pour son portrait. » V.

25. Vianelli se demande si Rosalba a voulu dire *Flaman* en écrivant *Flamin*. Deux artistes de ce nom, le père et le fils, furent professeurs à l'Académie royale de Paris. Nous devons faire observer qu'il y eut plusieurs artistes du nom ou du surnom de *Flamand*. François Flamand, dont le nom est *Duquesnoy*, né à Bruxelles, fut le plus célèbre de tous. Il exécuta de grands travaux dans les

jardins de Versailles : une *Cyparisse*, et un *Faune* d'après l'antique. Il restaura avec une grande habileté un *Bacchus* chez Crozat, qui recueillit les modèles de ses ouvrages. Le jardin des Tuileries possédoit de lui un *Enlèvement d'Oritie*. C'est François Flamand qui a modelé cette suite de petits enfants que le moulage a reproduits si souvent et dont se sont tant servi nos artistes modernes.

Il y a eu deux sculpteurs du nom de *Flamen*, père et fils, se nommant *Anselme*. L'un avoit été reçu à l'Académie le 26 avril 1681, l'autre le 27 octobre 1708, sur une figure en marbre, de *Plutus*, qui est encore au Musée du Louvre. C'est de ce dernier dont sans doute veut parler Rosalba. Il demeuroit rue des Fossés-Saint-Germain-l'Auxerrois. S.

26. Pomer étoit un changeur connu à Venise et ailleurs. Il étoit souvent chargé de solder à Rosalba les œuvres qu'elle exécutoit pour les grands seigneurs étrangers. V.

27. Peu de personnes ne savent autre chose que le nom de cette mémorable artiste, dit Vianelli. Nous en dirons plus long un jour. Elle étoit la plus jeune des sœurs Carriera, et faisoit aussi de la peinture. Bien qu'habituée à composer elle-même des dessins au

crayon rouge ou noir, elle copioit très-vivement les ouvrages de sa sœur, et les lui préparoit. Elle la suivit à la cour de Modène et de Vienne où elle l'aida beaucoup à ébaucher et à esquisser ses ouvrages. Très-habile à encadrer les pastels et à les mettre sous verre, d'un esprit distingué, studieux, aimant la lecture, Giovanna savoit un peu le latin; sa mise étoit pleine de réserve et son caractère aussi aimable que celui d'une Françoise. Elle écrivoit peu, et chantoit avec goût. J'ai retrouvé bien des lettres de Giovanna et de Rosalba qui expriment leur mutuelle affection; ainsi que d'autres écrites par divers amis de la famille qui témoignent de la douleur que Rosalba ressentit lorsqu'elle perdit cette sœur bien-aimée, le 9 mai 1737, à Venise. Luisa Bergalli voulut composer, en souvenir de Giovanna, un sonnet qu'elle adressa à Rosalba, sonnet que je conserve en manuscrit :

« *A l'illustre Rosalba Carriera,*

« Luisa Bergalli,

« Si mes chants pouvoient vous faire oublier l'horreur de ce triste jour, où une âme ornée des dons les plus précieux vous a quittée, vous laissant seule à porter le poids de vos douleurs;

« Vous me verriez peindre des rayons brûlants dont le soleil seroit jaloux pour en couronner cette belle âme qui revêtiroit dans le ciel une splendeur nouvelle.

« Puis, je vous la montrerois, et ses lèvres souriantes sembleroient vous dire : « Chère sœur, « pourquoi me regretter sur la terre? Dans le ciel, « auprès de mon Dieu, tout est pour moi paix et « lumière ; sur la terre je n'ai trouvé que guerre « et ténèbres. » V.

Mariette donne en quelques lignes des détails touchants sur Giovanna Carriera :

« Sa sœur cadette Giovannina, qui peignoit comme elle en miniature et qui lui aidoit à préparer des fonds, des draperies, etc., est morte le 9 may 1737. C'étoit la meilleure fille du monde, qui étoit la meilleure amie de la Rosalba, et qu'elle n'a pas encore oubliée. Elle est morte à Venise, le 15 avril 1757 (*sic*), et elle est enterrée dans l'église de Saint-Vitto sa paroisse. Elle avoit pour amie la signora Luisa Bergalli, qui s'est distinguée dans la poésie. M. Apostolo Zeno, excellent juge en cette matière, fait, en plusieurs endroits de ses lettres, l'éloge des pièces de poésie italienne de cette savante fille. Apparemment que Mlle Rosalba lui avoit appris à peindre, car M. Apostolo Zeno, lui demandant son portrait au nom du comte Collalto, lui dit qu'il le souhaiteroit peint par la Rosalba ou par le vieux Bellucci; mais au cas, ajoute-t-il, que vous le vouliez faire vous-même, il le recevra avec encore plus de plaisir. » (Lett. de Zeno, t. II, n° 168.) Mariette semble donner deux dates pour la mort de Giovanna, celle du 15 avril 1757 se rapporte à la mort de Rosalba.

Dans son testament, Rosalba parle encore de Giovanna et de son désir d'être inhumée auprès d'elle. Voir page 168. S.

28. Charlotte-Éléonore-Madeleine de la Mothe-Houdancourt, fille du maréchal de la Mothe, demoiselle d'honneur de la reine, femme de Louis XIV, avoit été mariée au duc de Levis Ventadour, « homme affreux et sans mœurs qui la quitta bientôt. » Louis XIV en fut très-amoureux, mais il rompit avec elle lorsqu'il sut que les lettres qu'il en recevoit étoient composées par Mesdemoiselles du Fouilloux et d'Alluye ses compagnes. Elle étoit grande, belle et imposante. Saint-Simon ne la ménage guère. « La maréchale de Ventadour avoit été, en 1704, adjointe à la maréchale de la Mothe-Houdancourt, sa belle-mère, pour survivancière à la charge des enfants de France. Le protecteur et le plus que très-intime ami de sa jeunesse avoit été le maréchal de Villeroi.... Elle fut aussi très-protégée de Mme de Maintenon, qui, par raison de ressemblance, aimoit bien

mieux les repenties que celles qui n'avoient pas fait de quoi se repentir. Mme de Ventadour, dont l'âge avoit dépassé de beaucoup celui de la galanterie, s'étoit faite dévote, et quoiqu'elle alliât à ses anciens plus qu'amis un gros jeu continuel; et bien d'autres choses avec sa dévotion, la coiffe, la paroisse, la chapelle, l'assiduité aux offices et des jargons de dévotion à propos, l'avoient lavée de toute tache, et les maux que ces taches lui avoient causés ne parurent pas même un obstacle à la place de gouvernante. C'est elle qui plaça, près de Madame, Mlle de Sery comme fille d'honneur, qui bientôt eut un fils de M. le duc de Chartres. » S.

29. Jean-Baptiste Massé, né à Paris, le 29 décembre 1687, et mort le 26 septembre 1767, fut élève de Jouvenet, puis ensuite de Chatillon, peintre en émail. Il s'adonna presque exclusivement à cette peinture. La réputation qu'il y acquit en peu de temps, lui procura des ouvrages considérables. Il n'y eut personne qui ne voulût avoir quelque morceau de sa main. Il peignit les portraits d'une infinité de gens de distinction et particulièrement celui du Roi, ce qui le fit admettre dans l'Académie royale de peinture en 1717. Il a été garde des tableaux du Roi en 1760, après

la mort de Portail. En 1740, il passa au grade de conseiller de l'Académie. Il a fait graver les peintures exécutées par Lebrun dans le plafond de Versailles, entreprise qui épuisa tout ce qu'il gagnoit et lui prit une grande partie de son existence d'artiste. Massé grava lui-même, en 1708, une des planches de la galerie du Luxembourg de Rubens, celle où est représentée la reine Marie de Médicis sous la figure de Minerve, et une planche pour servir de frontispice aux mémoires de l'Académie des sciences.

Mariette dit de Massé « qu'on ne lui disputera pas d'avoir eu un pinceau soigné ni même de n'avoir pas été assez correct dans son dessin. Mais tout ce qu'il a fait est froid et manque de verve. On ne trouve pas dans ses teintes ni dans sa touche cette fraîcheur et cette facilité qui brillent dans les ouvrages de la *Rosalba*, quoique, de son propre aveu, il ait pris cette habile fille pour modèle. Son travail est peiné ; c'est celui d'un homme qui ne connoît pas assez la grande manière, qui ne la sent point, et qui, n'osant prendre un plus haut vol, se renferme dans le cercle étroit de la propreté. Et c'est bien là à quoi il faut s'attacher quand on veut plaire à la multitude et surtout aux gens du monde. »

Massé demeuroit rue Saint-Thomas-du-Louvre. Son portrait a été peint par Tocqué en

1731 et gravé par Wille. Il fait partie du fond de la calcographie du Louvre, n° 1795. S.

30. Les travaux d'Antonio Pellegrini ont été décrits et longuement commentés par plusieurs écrivains. Je me bornerai donc, dit Vianelli, à ne parler ici que de la correspondance établie entre lui et sa femme, Angela Carriera, soit avec la Rosalba, correspondance qui leur fait à tous trois le plus grand honneur.

Pellegrini se rendit d'abord à la cour de Dusseldorf, puis à Londres où il lui fut proposé de peindre la grande coupole de Saint-Paul. Mais il lui répugnoit de rester trop longtemps éloigné de son pays, et, quoique sa femme l'accompagnât dans ce voyage et qu'il fût très-prompt et très-habile dans l'exécution de sa peinture, il refusa cette lourde tâche. « Les travaux, disoit-il, ne me manqueront pas à Venise. »

Zanetti dit, à propos de Pellegrini : « Outre ses peintures de la Banque et d'autres encore, il peignit à Paris, en 1720, une grande fresque dans la fameuse salle du *Mississipi*. Il passa quatre-vingts journées à faire ce travail qui lui fut payé 10 000 ducats vénitiens, comme il me l'a dit lui-même. »

Une lettre écrite de Paris, le 22 octobre 1722, par Nicolas Vleughels à la Rosalba, est une preuve du désir qu'éprouvoit l'Académie de Paris de le recevoir parmi ses membres. « Il m'a été impossible de voir M. Pellegrini qui est ici.... Il présentera prochainement son tableau à l'Académie. Elle recevra donc de lui un honneur semblable à celui que vous lui avez accordé. » Il ne fut reçu qu'en 1733.

Le Père Félix Ramelli écrivoit, le 12 janvier 1704, la lettre suivante à Rosalba à propos de Pellegrini et d'Angela : « Je suis bien heureux d'apprendre la bonne nouvelle dont vous me faites part : le mariage de notre Angioletta avec M. Pellegrini. Je remercie Dieu de toutes mes forces, de ce qu'il m'a permis de voir accomplir l'union d'une si digne jeune fille avec un si brave jeune homme. »

Je conserve d'Antonio Pellegrini une vingtaine de lettres qui parlent de ses voyages et de faits nombreux que les livres ne relatent pas. V.

Telle est la note que Vianelli consacre à Pellegrini, il faut la rectifier sur un point ; Pellegrini ne peignit pas deux fresques à Paris : savoir, celle de la Banque et celle de la salle du Mississipi. Vianelli trompé par le témoignage de Zanetti, ne savoit pas que la salle du Mississipi étoit située dans le palais de la Banque, et qu'en réalité Pellegrini ne peignit qu'une fresque dont nous signalerons tout à l'heure les dispositions.

Le document biographique qu'on doit, il nous semble, considérer comme incontestable, est celui qu'Angela Carriera, sa veuve, envoya, sous forme de Mémoire, à Mariette et que nous transcrivons :

« Pellegrini Giovanni Antonio étoit fils d'Antonio Pellegrini, marchand de laines. Il naquit à Venise, dans la paroisse de San Paolo, où il fut baptisé, le 29 avril 1675.

« Ses inclinations le portèrent à la peinture. Son maître fut Paolo Pagnano (Pagano) de Milan, avec lequel il partit tout jeune pour Vienne ; de là, Pagnano l'envoya en Moravie où, entre autres choses, il peignit seul l'intérieur d'une église.

« Il resta six ans avec son maître en Allemagne, après lesquels il retourna à Venise. Il reconnut alors qu'il lui étoit indispensable de faire de plus sérieuses études, et il fut conduit à Rome par un de ses oncles, en 1700. Pellegrini resta deux ans dans cette ville. Revenu à Venise, il fut employé par plusieurs patriciens et quelques particuliers.

« En 1708, le duc de Manchester étant alors ambassadeur de la reine Anne d'Angleterre, près la Sérénissime République, l'emmena à Londres et lui fit peindre tout l'intérieur de son palais situé en cette ville.

« Lorsqu'il eut exécuté de nombreux ouvrages pour les pairs d'Angleterre et les grands seigneurs de cette nation, il se rendit en Écosse, et là il peignit le château de milord Carlisle.

« Après quatre années de séjour en Angleterre, Pellegrini fut forcé de se mettre au service de l'électeur palatin Georges-Guillaume, auprès duquel il resta jusqu'à la mort de ce prince.

« Il se rendit ensuite en Flandre, et y obtint de grands travaux. La renommée de son talent lui fit commander, par les États de Hollande, les fresques du Palais public (hôtel de ville) d'Amsterdam, ainsi que d'autres fresques pour le prince de Hesse-Cassel qui demeuroit alors en Hollande. C'est là que lord Cadogan le trouva et le décida à retourner en Angleterre pour y décorer sa maison de campagne.

« En quittant l'Angleterre pour retourner à Venise, il revint en France par Calais, et c'est à son passage à Paris que le duc d'Orléans, alors régent, lui commanda la fresque de la grande salle du Mississipi (peu après détruite).

« En 1721, revenu à Venise (ainsi que l'écrivait à Mariette la *Rosalba*, sa belle-sœur (décembre 1722), il exécuta des ouvrages importants pour les grandes familles de Venise et reçut des commandes éminentes d'Allemagne. Après 1722, il se rendit près de l'évêque de Virzbourg, à son palais de Schœnbrunn, où il travailla fort peu. De là, il alla à la cour du roi de Pologne Auguste III, pour lequel il peignit une grande salle et plusieurs fresques, entre autres un grand retable (*palla*) à sa chapelle royale. Rappelé à Vienne, en 1725 (Lettre de Zeno, n° 194, t. II), par l'impératrice Amélie, il peignit la coupole et les tableaux d'autel de l'église *delle Salesiane* (Religieuses de la Visitation), et un grand nombre de tableaux dans la bibliothèque que cette princesse possédoit à ce monastère. Il peignit ensuite toute l'église des Bénédictins, appelés les *Espagnols noirs de Vienne*, et il exécuta un grand tableau à Saint-Charles, sur la commande de l'empereur Charles VI. Passé à la cour de l'électeur palatin Charles VI, il y peignit diverses *stanze*, après quoi il retourna à Venise où il mourut peu de temps après, le 5 novembre 1741, à l'âge de soixante-cinq ans. Il fut inhumé dans l'église de San Vitale de Venise, sa paroisse. »

Il n'est peut-être pas sans intérêt de donner la *Description de la peinture de la galerie de la Banque*.

Elle se trouve en manuscrit à la Bibliothèque du Roi, dans les papiers de Lancelot, avec la date : mardi, 10 juin 1721, en marge, et a été imprimée par Lepicié dans ses *Vies des premiers peintres du Roi*, t. II, p. 122-7;

nous la redonnons ici à la suite du Mémoire de la veuve de Pellegrini. En y ajoutant les détails qui le concernent et que contient le *Journal de la Rosalba*, on aura une véritable Biographie de cet autre *Fa presto*.

« Les peintures du plafond de la galerie de la Banque royale ont été faites par le sieur Pellegrini, peintre vénitien qui s'est acquis beaucoup de réputation par les différents ouvrages qu'il a faits en Italie, en Allemagne et en Angleterre. Il est beau-frère de la fameuse Rosalba.

« L'idée principale de cette peinture est d'exprimer les différents avantages de la Banque, et de les rapporter à la gloire du Roi et de Mgr le Régent.

« En entrant dans la galerie à main gauche, vis-à-vis des fenêtres, on voit d'abord au milieu le portrait du Roi ; il est soutenu d'un côté par la Religion, et de l'autre par un Héros qui représente Mgr le Régent ; aux pieds de la Religion, on voit un enfant qui tient un livre, symbole d'instruction et de doctrine. Ce groupe est environné de nuées.

« Au-dessous de la Religion, on a représenté le Génie avec des ailes et un casque ; il conduit par la main le Commerce suivi de la Richesse, de la Sûreté et du Crédit ; au pied du Génie, un enfant tient un arc à la main, symbole de l'invention.

« A la droite, et un peu au-dessous du Génie, on voit l'Arithmétique tenant dans ses mains un papier de compte; elle est accompagnée de l'Industrie que l'on a caractérisée avec un casque et une épée à la main.

« A la droite du Héros, et un peu au-dessous, on a peint la France à côté d'Hercule, qui tient d'une main un gouvernail, et de l'autre une massue pour marquer la force de la France, tant par terre que par mer.

« Ensuite on a mis une figure assise qui tient de la main droite un palladium ou petite Pallas. Cette figure représente la Munificence; elle est accompagnée de la Magnanimité, dont le sceptre et l'épée sont portés par deux enfants aux pieds desquels est une corne d'abondance, de laquelle il sort des trésors qui se répandent sur la France; et, pour encore mieux caractériser la Magnificence, on a peint à sa droite une colonne.

« Au-dessus de toutes ces figures, et au plus haut du plafond, Jupiter est assis dans les nuées; Junon est un peu plus loin; ils envoient l'Abondance pour verser ses richesses.

« A la gauche de la Richesse, est la rivière de Seine qui embrasse le fleuve du Mississipi; l'Amitié est entre deux qui les unit; deux enfants badinent auprès d'eux, l'un tient deux petits chiens, symboles de l'amitié et de la fidélité, l'autre une fleur de lys qui caractérise la Seine et marque la sincérité et la candeur.

« La Félicité, avec des ailes, est au-dessus de ces rivières à travers des nuées, tenant dans ses mains des flammes de feu. La Tranquillité est à côté d'elle dans un plein repos, avec des épis de blé à sa main.

« Sur le bord de la Seine, on découvre un chariot attelé de deux chevaux, sur lequel des hommes chargent des marchandises qu'on débarque des vaisseaux arrivés de la Louisiane.

« Il y a d'autres espèces de bâtiments sur un desquels on voit deux princes mississipiens.

« Sur la muraille du fond de la galerie est représentée la porte d'une ville de France qui conduit au quai de la même ville, où l'on voit plusieurs personnes et des portefaix qui emballent diverses marchandises. Il suit un grand bâtiment qui est renfermé d'écluses ou formes. On voit à côté la Science de la navigation représentée par une femme qui tient une boussole dans ses mains; il y a un gouvernail auprès d'elle et trois enfants qui jouent ensemble.

« Sur le haut de ces différents bâtiments, Éole paraît se reposer après les avoir conduits heureusement dans le port. Au-dessus des fenêtres qui sont vis-à-vis du portrait du Roi dont on a parlé, on voit l'Histoire qui écrit sur les ailes du Temps après avoir trempé sa plume dans un cornet que la Vérité tient dans ses mains.

« La Sculpture suit et fait dresser une pyramide en l'honneur du Régent; divers ouvriers travaillent aux ornements qui doivent embellir cette pyramide.

« A la droite de l'Histoire, après la Vérité, suivent diverses Sciences, parmi lesquelles est la Poésie. On voit Pallas sur des nuées qui envoie Mercure et l'Éloquence pour louer le Héros qui est vis-à-vis. A la droite de la Poésie, l'Attention est représentée par deux femmes qui écoutent avec surprise.

« Il y a un enfant près de Pallas qui porte son égide, et, à la gauche de Pallas, deux Renommées publient la gloire du Héros.

« A la gauche de la pyramide, la Justice est assise sur des nuées, et c'est par ses ordres que le Châtiment chasse la Médisance, l'Ignorance et l'Envie. On voit à part la Jalousie, avec des ailes, qui regarde avec dépit ce qui se passe.

« La Paresse est représentée sous la figure d'une femme qui dort; la Vigilance et l'Utilité, couronnées d'épis de blé, la réveillent.

« Au-dessus de la porte par où l'on entre, la Bourse est représentée par un portique autour duquel on voit diverses nations, avec leurs différents habillements, qui négocient ensemble.

« Au milieu du plafond est le Soleil à l'entour duquel on voit des enfants qui s'échappent avec des rayons du soleil, et vont chasser la misère et les malheurs, représentés par trois figures qui se précipitent.

« Au-dessus du Soleil, sont les Provinces sous la figure de femme, qui jouissent tranquillement d'un si beau jour, c'est-à-dire d'un gouvernement qui leur procure tous les avantages du commerce et de la paix par le conseil du ministre rempli de lumière et de sagesse. »

Mariette (Abecedario) nous donne son appréciation sur cette grande fresque et sur les vicissitudes qu'elle a subies comme tant d'œuvres d'art soumises au caprice des démolisseurs.

« On a remarqué, dit-il, que le défaut de
« Pellegrini étoit de vouloir expédier trop de
« besogne et de ne point étudier assez ce qu'il
« faisoit. Rien n'est plus vrai. C'étoit un pra-
« ticien qui entreprenoit de peindre un vaste
« plafond comme un autre auroit fait un petit
« tableau de chevalet. Il ne sçavoit pas ce que
« c'étoit que de consulter la nature, tant pour
« les formes que pour les couleurs. Il avoit
« quelquefois des moments heureux; mais ils
« sont rares. Le temps effacera bientost tout
« ce qu'il a produit et il ne restera de sa mé-
« moire que d'avoir été le beau-frère de la

« Rosalba. Je lui ai vu peindre le plafond de
« la salle où devoient se tenir les assemblées
« de la Banque; l'invention en étoit heureuse.
« Il y avoit du fracas et des groupes agréables,
« mais il n'auroit pas fallu examiner de près
« les ensembles des figures; on n'y auroit pas
« trouvé son compte. Avec cela, je trouve
« qu'on a fait très-mal de la supprimer lors-
« qu'on a changé la destination de cette salle,
« et qu'on en a fait une des pièces de la biblio-
« thèque du Roi. On a prétendu dans le temps
« que cela auroit fait disparate avec les autres
« pièces de la même bibliothèque dont les pla-
« fonds n'étoient pas peints; mauvaise raison
« qui n'a pu entrer que dans la tête d'archi-
« tectes ignorants et ennemis de l'art et de la
« peinture. On en fera sans doute quelque
« jour autant de la galerie peinte au même
« lieu par le Romanelle, et l'on alléguera la
« même excuse. N'étoit-il pas plus raisonnable
« de conserver l'ouvrage de Pellegrini et de
« ménager à nos peintres de pareils ouvrages
« dans les autres plafonds. » S.

31. Il n'y avoit pas de *duchesse* de Louvois,
mais bien une *marquise*. Vianelli a encore confondu le mot *dama* écrit en abrégé, avec celui
de *duchessa*. La personne dont il s'agit étoit
Anne-Louise de Noailles, née le 26 août 1695,

mariée le 11 mars 1716, à Jean-François Macé le Tellier, marquis de Louvois, capitaine des Cent-Suisses de la garde du Roi, mestre de camp du régiment d'Anjou, fils de Michel-François le Tellier, marquis de Courtanvaux, aussi capitaine des Cent-Suisses. Elle devint veuve le 24 septembre 1719 et se remaria à Jacques-Hippolite de Mancini. S.

32. Sa belle-mère étoit Mme de Noailles, Anne-Claude-Françoise d'Aubigné, fille unique de Charles, comte d'Aubigné, gouverneur du Berri, mariée en avril 1698, morte le 6 octobre 1739. S.

33. Constance de Harville, fille de François de Harville des Ursins, avoit épousé Nicolas-Simon-Arnauld, marquis de Pompone, brigadier des armées du Roi, lieutenant-général au gouvernement de l'Ile-de-France, mort à Paris le 9 avril 1737, à l'âge de soixante-quatorze ans. S.

Une lettre de 1704, écrite de Paris à Rosalba, dit que « M. l'abbé de Pompone étoit nommé ambassadeur à Venise. » V.

34. Jean Ranc, peintre de portraits, né à Montpellier en 1674, disciple d'Hyacinthe Rigaud, dont il avoit épousé une nièce, membre

de l'Académie royale de peinture. Rigaud avoit lui-même étudié sous Ranc, le père. Jean Ranc fut appelé à Madrid par le roi d'Espagne qui le nomma son peintre de portraits. Il y mourut en 1735. Louis-Michel Vanloo, fils de Jean-Baptiste le remplaça. C'est à ce Ranc qu'est arrivée une histoire assez plaisante que Lamothe prit pour texte d'une de ses fables intitulée : *le Portrait*. S.

35. Le comte Antonio-Maria Zanetti avoit entendu dire à Rigaud : « Qu'il estimoit pro-« fondément la personne de Rosalba et qu'il « préféroit une tête ébauchée par elle à une « œuvre finie de tout autre peintre. »
Rigaud fut justement nommé par Lacombe le Van Dick françois. Voir pages 261-283. V.
Nous laissons à Zanetti la responsabilité de ses paroles. Peut-être seroit-il plus rationnel de penser que Rigaud n'a voulu faire là au compatriote et à l'ami de Rosalba qu'un compliment bien naturel de la part d'un peintre de cour, pour une femme artiste dont il estimoit avant tout le caractère et la vie privée.
C'étoit à cette époque la mode d'appliquer à nos peintres les noms des anciens maîtres. Ainsi Rigaud se trouvoit le Van Dick de la France; Verdier en étoit le Poussin; Lesueur, le Raphaël. On vouloit à toute force que Ro-

salba fût un Corrège féminin. C'étoit de beaucoup dépasser la mesure de l'admiration. S.

36. L'envoyé de Florence étoit pour le roi de France le bailli de Lorenzi, et pour le grand-duc à la cour de Louis XV, le marquis Corsini, qui avoit le titre d'envoyé extraordinaire. S.

37. Elle veut dire : « et tant d'autres dont je ne puis me rappeler, » car elle étoit sans cesse assaillie par les artistes, les seigneurs et les dames qui dans l'impatience de faire faire leurs portraits, cherchoient toutes les occasions de la connoître.

Zanetti, à propos de l'accueil que les Parisiens firent à Rosalba, s'écrie : « Jamais
« femme ne remporta plus de victoires sur les
« cœurs, par la seule puissance de ses talents;
« n'ayant pour guide que la vérité, pour dé-
« lassements que les plaisirs tranquilles; elle
« fut honorée du roi, des princes et des grands
« seigneurs, dans sa patrie et à l'étranger. » V.

38. Du couvent des Augustins-Déchaussés appelés *Petits-Pères*, dépendoit une église qui prit le nom de Notre-Dame-des-Victoires, à cause du vœu que Louis XIV avoit fait à *Notre-Dame-de-Lorette*, en actions de grâces de la paix des Pyrénées, en 1670.

Le tombeau de Lully et de sa femme y est encore.

L'église a été reconstruite en 1737.

Le couvent des Petits-Pères avoit une bibliothèque très-nombreuse, un cabinet de médailles, d'antiques et d'estampes, fondé par le père Eugène de Sainte-Eugénie, dans lequel on remarquoit aussi des toiles de *Titien*, du *Caravage*, de l'*Espagnolet*, de *Bourdon*, de *Lefèvre*, de *Lafosse* et de *Pellegrini*. La suite de médailles grecques et romaines étoit très-précieuse. *Louis Boullongne*, *Lafosse*, *d'Olivet*, *Parocel*, *Galoche* et *Alexandre* y avoient peint, dans le réfectoire, dix sujets de la vie de saint Augustin.

Le *Dépôt de la Marine*, composé de cartes, de plans, de journaux de navigation, de mémoires, collection unique et la plus belle de toutes les nations, avoit été placé dans un bâtiment dépendant du couvent.

Le tableau de Pellegrini que Piganiol de la Force mentionne dans sa description de Paris, étoit sans doute un don fait par l'artiste à l'époque de son séjour à Paris, en 1720-21. Il ne faut pas oublier que l'église des Petits-Pères étoit sa paroisse ainsi que celle de Rosalba.  S.

39. Giorgio Batista Recanati, patricien de

Venise, homme de lettres estimé, d'un caractère aimable, étoit l'ami et le confident de Rosalba et de sa sœur Angela. Nous avons de Recanati neuf lettres auxquelles Rosalba ne répondit que quatre fois. Il a été l'auteur d'une biographie du Poge qui précède l'*Histoire de Florence* de cet écrivain. Dans les *Observations* de l'édition de 1721, in-8°, il relève quantité d'erreurs répandues dans *Le Poggiana* que Jacques Lenfant, hérétique, publia à Amsterdam en 1720. Recanati vint à Paris en 1718, lorsqu'il écrivit *La Défense de plusieurs de nos poëtes italiens : Difesa di alcuni nostri Poëti italiani*. Il étoit de la Société royale de Londres. Apostolo Zeno lui adressa sa 454° lettre, p. 6, t. III, 2° édition, et le chanoine Co: Gio: Batista Casotti son *Introduction à la fondation du monastère de San Francisco delli Scarioni de Naples*; Florence, 1722, in-4°. Le doge Marco Foscarini, dans son livre III de la *Littérature vénitienne*, 1752, in-f°, lui fait l'honneur de l'appeler *érudit*. Les Recanati étoient donc aussi nobles que qui que ce soit.  V.

Le Recanati dont il est ici question a publié, en effet une *Historia Florentina, nunc prim. in lucem edita notisque illustrata a Jo. Bapt. Recanato. Venetiis 1715, in-4°*. — Un abrégé de ce livre, en françois, se trouve à la suite du

*Poggiana* (par Lenfant, Amsterdam, 1720), 2 vol. in-8°; ouvrage qui a donné lieu aux *Osservazioni critiche* ed apolog. sopra il libro del S. Jac. Lenfant, intitolato Poggiana, fatto da Giov. Recanati. S.

40. Elle veut dire trois dessins à la plume ou à la pierre. V.

41. Voilà une preuve que la sœur de Rosalba (Giovanna) s'occupoit de travaux d'art et faisoit plus que lui préparer ses tableaux. V.

Voir la notice qui la concerne à la page 89. S.

42. C'étoit *Louis-François Crozat, marquis du Chatel*, fils d'*Antoine Crozat l'aîné*. Il a été l'héritier ou plutôt le légataire de Pierre Crozat, son oncle.

A l'exception des pierres gravées, des dessins et gravures, tous les tableaux et curiosités passèrent, sans changer de place, entre les mains du marquis du Chatel le 24 mars 1740, date de la mort de Pierre Crozat.

Comme on l'a vu à la page 45, le marquis du Chatel, lieutenant général des armées du Roi, épousa Marie-Thérèse-Catherine Gouffier, fille du marquis de Heilly. Elle étoit boiteuse et ne lui apporta que sa qualité. Crozat lui reconnut 200 000 livres et donna en dot à son fils 30 000 livres de rente, d'autres disent 300 000 francs. Le marquis du Chatel a été un homme généreux, bon militaire et très-estimé.

Son frère, le baron de Thiers, maître des requêtes au conseil du Roi, étoit aussi héritier de son oncle Pierre Crozat, mais à défaut seulement du marquis du Chatel.

Ce furent les pauvres qui héritèrent des pierres gravées, des dessins et gravures. Le testament de Crozat en ordonnoit la vente à leur profit. En outre, il leur légua 70 405 livres en rentes perpétuelles, et 25 000 livres en argent. L'état récapitulatif annexé aux extraits de son testament, les énonce ainsi :

1383 pierres gravées, estimées 56 679 livres par M. Crozat, 146 000 fr., au vrai 90 000. 19 102 dessins, estimés 67 782 livres par M. Crozat, 246 000 fr., au vrai 100 000 fr. Planches estampes, estimées 20 000 livres par M. Crozat, 100 000 fr., au vrai 25 000 fr.

C'est donc un capital de *deux cent quinze mille francs*, sans compter les rentes perpétuelles et le legs en argent dont il fit don aux pauvres.

Le dossier du testament et de la succession de Crozat, qui se trouve à la bibliothèque de l'Arsenal, révèle une particularité curieuse que M. Clément de Ris n'a pas manqué de signaler. On pouvoit croire que Crozat ne fut jamais marié, le legs en faveur de son neveu étant une prévention favorable à cette opinion. Cependant voici ce qu'on trouve dans une espèce de tableau de la fortune présente et à venir du marquis du Chatel : « à revenir..... *de madame Crozat pour la terre de Mouy affermée* 45 000 *livres, pour une somme de* 100 000 *fr.?* » Qui étoit cette madame Crozat se demande M. Clément de Ris? quand son mari l'avoit-il épousée? quand mourut-elle? Les papiers de l'Arsenal se taisent à cet égard.

Cette madame Crozat ne seroit-elle pas plutôt la femme de Louis-Antoine Crozat, baron de Thiers, seigneur de Moy ou Mouy en Picardie (Marie-Louise-Augustine de Laval Montmorency), qui pouvoit avoir sur cette terre, dont son mari étoit seigneur, un douaire devant s'éteindre à la mort de cette dame au profit du marquis du Chatel? Malheureusement nous n'avons que des extraits de ce testament. Mais il nous paroîtroit bien étrange que Pierre Crozat, qui avoit une existence à peu près publique, n'eût laissé aucun document qui éclairât la question. Rosalba n'en parle nullement. Et elle ne manque cependant pas de citer Mme Crozat l'aînée. Tous les chroniqueurs sont muets à cet égard. Jusqu'à preuve contraire, nous admettrons plutôt notre version. Voir pages 39, 44, 83, 126, 130, 302. S.

# JUILLET[1].

## NOTES.

1. Il manque là un mois entier. Une feuille qui devoit contenir les notes de juillet au livre manuscrit in-octavo relié, qui forme le journal de Rosalba, a été détachée et perdue. V.

La chronique de ce mois, conservée par Rosalba auroit pu nous fournir quelques détails inédits, les événements du jour y étant fort intéressants. Pour rester dans le cadre du *Diario* de notre artiste, nous nous bornerons à rapporter les faits qui se rattachent à Rosalba et à ses amis. Ainsi nous reproduisons une curieuse nouvelle extraite du *Mercure* sur l'arrivée même de la Rosalba à Paris. « *M. Crozat, dit ce journal, a fait venir à ses frais, la signora* ROSA-ALBA, *Vénitienne, qui s'est acquis une grande réputation, par des ouvrages excellents de peinture en mignature et en émail. Elle travaille maintenant à faire le portrait du Roi.* »

Law, pendant le cours du mois de juillet, eut encore à subir de cruelles épreuves de la part du peuple irrité. Le 17 juillet 1720, sa voiture et son cocher furent assaillis de pierres. Le président de Mesme, que nous verrons plus tard à l'atelier de Rosalba, témoin de cet événement, rentra chez le Régent et devant le conseil assemblé, débita d'un ton tragique cet hémistiche conservé par la princesse palatine :

> Messieurs, je vous apporte une grande nouvelle,
> Le carrosse de Law est réduit en cannelle.

Ces voies de faits étoient provoquées par une mesure récente prise par Law, qui en établissant des comptes en banque ou virements de parties ruinoit encore un peu plus les porteurs de billets et les dépositaires de fonds.

Quant au Régent, « il n'avoit cessé de rire de ce brouhaha; il fit ouvrir comme à l'ordinaire le Palais-Royal, et sans gardes, donna ses audiences. Il offrit à Law un asile dans ce palais, jusqu'au mois de décembre qu'il le congédia. » Le duc de Bourbon, scandaleusement enrichi dans le jeu des Mississipiens, conduisit Mme Law et ses enfants à son domaine de Saint-Maur et les y logea pendant plusieurs jours.

C'est aussi le 20 juillet que le Parlement, refusant d'enregistrer des projets de déclarations proposés par le Régent pour le soutien du *Système*, fut exilé à Pontoise. S.

## AOUT.

1ᵉʳ août jeudi. Je reçus l'ordre de la part du Roi de faire son portrait en petit[1] pour la duchesse de Ventadour et, le jour même, je commençai un autre petit portrait[2] de Sa Majesté.

Le 2. J'allai avec mes sœurs et mon beau-frère Pellegrini voir la galerie de Rubens au Luxembourg[3], trois tableaux du Guide, le jardin du Luxembourg : Je fis une visite à Mme Boit[4] et au Flamin[5]. Je reçus une lettre de Marcello[6].

Le 3. Travaillé au portrait de M. Crozat l'aîné[7] et commandé l'ivoire pour la mignature du Roi[8].

Le 4. J'allai aux *Petits-Pères*, et je vis Mme Crozat[9] et M. Vleughels[10].

Le 5. J'allai avec ma mère à Charenton[11] où le Roi passoit la revue des troupes. Il étoit accompagné de six bataillons, chacun de six cents hommes. Reçu une lettre de Santolo[12] datée du 20 juillet.

Le 6 août. Je vis M. Miramons[13], le peintre Giustina[14] et M. Oppenor[15], qui a compté huit francs pour moi. Je vis aussi le fils aîné de M. Crozat[16], et je commençai le portrait de Mme Boit.

Le 9. Je suis allée à Versailles[17], et Mme Law[18] m'envoya les cadres[19].

Le 10. Nous allâmes à Trianon[20].

Le 11, dimanche. Nous sommes allés à Versailles où nous sommes restés le 12. Le 13, nous retournions à Paris.

Le 14. Je vis l'envoyé de..., et M. Brun[21]. Commencé un profil, et reçu les huit pistoles de l'abbé[22].

Le 15. J'allai à Saint-Roch[23]; vu la procession du pain, chacun de ces pains grands comme une table étoit porté comme une châsse avec six cierges de cire plantés autour. Je vis là Son Excellence Donini[24], et je donnai à Baucusin un peu de gance pour deux coiffes.

Le 16. Reçu la visite d'un musicien qui partoit pour la Bavière.

Le 17. J'allai avec ma mère et mon beau-frère, chez M. Crozat l'aîné.

Le 18. Le père Jacques[25] est venu me voir et j'ai travaillé au portrait de M. Rousseau[26].

Le 19. Commencé le portrait du Roi en petit et vu M. Pomer.

Le 20. Vu M. l'abbé Péroz[27].

Le 21. Écrit aux dames Giustiniani[28] à Recanati et à Gabrielli. Vu M. Vateau[29], et un Anglois; remis à M. Rousseau son portrait terminé.

Le 22. J'allai avec ma mère et mon beau-frère, déjeuner chez M. Crozat[30] qui me donna des billets pour voir le feu d'artifice sur la terrasse où devoit se rendre le Roi[31].

Le 25, dimanche. Je trouvai dans ma chambre une C....[32]. J'allai avec mes sœurs aux Augustins[33], à Saint-Merry[34], église tendue de tapisseries assez belles, à Saint-Gervais[35] dont le portique est très-élevé et magnifique, aux Jésuites[36] et aux Minimes[37]. J'ai entendu dire que d'après des lettres de Marseille, datées du 14, le mal augmentoit[38]. Je vis l'*hôtel de Soissons*, rendez-vous des joueurs[39].

Le 26. Lundi. J'allai voir avec ma mère et mes sœurs les feux d'artifice sur la terrasse de la chapelle du Roi[40].

Le 27. J'ai commencé le portrait du fils de la marquise de la Carte[41].

Le 28. Je reçus la visite de Fl...[42], sculpteur et de l'orfèvre M...[43]. Je travaillai au portrait du fils de la marquise de la Carte. Je donnai à Marie une pezzadura[44].

Le 29, jeudi. J'allai avec ma mère et Giovanna chez M. de Troy[45], chez Mme Arlot, chez M. Mariette[46] et à la galerie du Luxembourg. Chez Mme Boit, j'ai parlé du violon[47].

Le 30, vendredi. Écrit à M. Giorgio[48], à Gabrielli, à Recanati, à Foresti[49]. J'ai vu M. Arlot [49 bis].

Le 31. J'ai reçu de M. Rousseau trois

billets de cent francs et des lettres de Santolo (*Gabrielli*) datées du 17 août. Je reçus la visite de la femme de M. Law le cadet[50], celle du médecin du Roi[51], de Mme de Louvois[52], de la Cutts[53] et d'une autre dont je me suis engagée à faire le portrait. Allé chez la Dervest[54], et vu la Donini.

# NOTES.

1. Ce petit portrait étoit une miniature pour fixer sur une tabatière qui devoit être offerte à la gouvernante du Roi. S.

2. Elle ne dit pas pour qui. V.

3. J'allai avec mes sœurs et mon beau-frère voir la galerie de Rubens.

Vianelli cite Busching et Baldinucci, à propos de la galerie du Luxembourg peinte par Rubens. Baldinucci auroit écrit que dans ce gigantesque travail, le peintre se seroit surpassé lui-même.

On sait que les tableaux de la *Galerie de Médicis* sont maintenant placés dans le musée du Louvre, où ils ont été nettoyés et frottés de main de maître.

Rubens, suivant les ordres de la Reine mère, devoit représenter l'histoire allégorique de Henri IV, en pendant à celle de Marie de Médicis, qu'il avoit peinte au palais du Luxembourg. Il composa même six grands dessins pour la galerie de *Henry le Grand*, qui ont figuré sous le n° 316 du catalogue de la vente après décès de Rubens, sous ce signalement : « six grandes pièces imparfaites, les siéges de villes, batailles et triomphes d'Henry IV, Roi de France, destinées pour la galerie de la Reine mère à Paris. » Mais le cardinal de Richelieu vouloit que cette seconde suite fût exécutée par Le Josepin (le cavalier d'Arpino Giuseppe Cesari). On trouve dans les manuscrits de Bethune de la Bibliothèque Impériale, une lettre citée dans la notice de M. Villot, adressée à la Reine mère par le cardinal-ministre, qui « estime qu'il seroit à propos qu'elle fît peindre la galerie de son palais par Josepin.... pour le prix que *Rebens* (*sic*) a eu de l'autre galerie qu'il a peinte. » Rubens, averti par l'ambassadeur de Flandres que l'on songeoit à commander les peintures de la seconde galerie de la Reine à un peintre italien, nonobstant les engagements pris avec lui, se refusoit à croire à cette duplicité du cardinal qui, à ce moment même, vouloit avoir deux tableaux de sa main. » (Lettres publiées par M. Em. Gachet).

La Reine mère ne laissa pas infliger cet affront à son peintre; cependant elle ne put faire terminer la *Galerie de Henry le Grand*.

Il faut dire à la défense de Richelieu, que Marie de Médicis étoit une puissante ennemie de la personne et de la politique du cardinal, que son peintre Rubens s'étoit peut-être trop fait le confident des embûches qu'elle tendoit au premier ministre. Ce n'est pas la seule fois que Rubens, pour se croire diplomate, reçut une dure leçon des politiques de son tems.

La galerie des offices à Florence possède la grande ébauche de la *Bataille d'Ivry* et celle du *Triomphe de Henry IV*, qui devoient occuper les principales places de la galerie projetée. M. Van Hasselt, auteur d'une vie de Rubens (Bruxelles, 1840), indique encore deux autres esquisses qui ont appartenu à cette série (Archives de l'art). Nous en avons constaté encore une troisième à Paris. Elle représente la reddition de cette ville. S.

4. Femme de Charles Boit, né à Stockholm, premier peintre du Roi d'Angleterre, agréé à l'Académie Royale de peinture, sur un ordre du Régent, du 27 janvier 1717, comme étranger et quoique protestant, mort à soixante-quatre ans, le 6 février 1727. Boit peignoit aussi sur émail.

Les registres de l'Académie de peinture contiennent cette mention :

« Boit (Charles), peintre en émail, reçu le six août 1718. — Sur le portrait en émail de Mgr le duc d'Orléans Régent, et sur un tableau en émail d'une *Charité*. » Ces deux ouvrages sont encore au Musée du Louvre, section des dessins. S.

5. Voir page 86 la note sur les Flamen.

6. J'ai de lui une lettre écrite de Venise à Rosalba, 8 juin 1720. Ce qui confirme encore l'année du voyage de notre artiste à Paris et la date de ce journal. Il lui parle de son propre portrait qu'elle avoit peint, et il se console avec elle de son voyage à Paris, en lui disant qu'elle et sa patrie en retireront un grand honneur.

Zeno, t. 2, p. 41-42, a écrit qu'Alessandro Marcello étoit gentilhomme vénitien de sang noble et de race ancienne qui avoit fait grande figure dans l'histoire de la République. C'étoit un homme très-savant et grand mathématicien. Il a composé quelques poésies en vers latins et italiens. Il savoit plusieurs langues et étoit assez adroit de ses mains pour exécuter toutes espèces d'instruments de mathématique. Il étoit aussi fort habile à dessiner et à peindre. Il jouoit de plusieurs instruments et avoit composé douze cantates publiées et dédiées à la princesse Borghèse. La musique de Marcello a été hautement appréciée par les amateurs. V.

Il étoit le frère de Benedetto que ses contemporains surnommèrent le *Pindare* et le *Michel-Ange* de la musique. Les compositions d'Alessandro dont parle Vianelli, ont pour titre : l'*Eterio Stinfalico*, douze petites cantates à une voix, avec basse continue, publiées à Venise en 1708. Elles se distinguent par la noblesse de leur chant. On a aussi gravé à Augsbourg, en 1737 douze solos de sa composition pour violon. Alessandro mourut en 1750. Un ancêtre de sa famille a été doge de la république de Venise. S.

7. C'étoit Antoine Crozat; il demeuroit sur la nouvelle place Vendôme, qu'on a longtems appelée place *Louis-le-Grand*. Il y fit bâtir la première maison en 1702, alors que la ville de Paris s'empressoit, pour la créer, de détruire l'hôtel de Vendôme.

On a beaucoup écrit sur Antoine Crozat et ses opérations de banque; ce n'est pas dans une publication du genre de celle qui nous occupe, qu'il convient de s'étendre sur les faits de sa vie financière. Saint-Simon le maltraita assez de ses boutades de grand seigneur, tout en constatant que Louis XIV le choisit comme le plus honnête homme pour administrer et liquider la fortune du duc de Vendôme. Barbier et Marais ne l'épargnent pas non plus.

Mais il n'en est pas moins vrai que Crozat rendit de réels services à l'État et à l'art. Sans compter ses vastes Compagnies des Indes, qu'il sut organiser dans un sens plus pratique que celle de Law, il vint au secours du nouveau gouvernement de la Régence, dès la mort de Louis XIV, en prêtant plusieurs millions au trésor, alors que la noblesse se refusoit à aider l'État en détresse. Le Régent reconnut ce service en le nommant trésorier de l'ordre du Saint-Esprit. Cette distinction donnée à un plébéien fit encore crier la cour.

L'origine de la fortune d'Antoine Crozat étoit due à son association avec Penautier, trésorier du clergé de France, qui avoit la main dans toutes les maltotes du cardinal de Bonzi.

Devenu plus tard aussi receveur général du clergé et trésorier des états du Languedoc, Crozat avoit obtenu, en 1712, le privilége exclusif de la Louisiane pour quinze ans. Il peut être regardé comme le fondateur de cette colonie pour laquelle il fit des embarquements considérables. En 1717, il céda l'établissement du Mississipi à la compagnie dont Law étoit l'inspirateur; plus tard, elle devint la fameuse Compagnie des Indes, et le prétexte de combinaisons gigantesques du financier écossois. Antoine Crozat moins brillant, mais plus solide, n'accepta pas les projets du *Système*. Il se tint à l'écart pendant toute la fièvre des agioteurs mississipiens. Il fit même à Law, avec les Pâris, une opposition sourde.

Crozat étoit né à Toulouse en 1655, il mourut à Paris, le 7 juin 1738, âgé de quatre-vingt-trois ans, laissant une fortune immense à partager entre ses trois fils; sa fille, la comtesse d'Évreux, étoit morte en 1727. Le portrait de Crozat n'a plus été retrouvé. Il s'est perdu, comme ses immenses richesses, dans les successions des Biron, des Choiseul, des Broglie, ses petits-gendres.

La maison de Crozat, sur la place Vendôme est devenue, de nos jours, l'hôtel de l'état-major de la place de Paris; elle étoit fastueuse comme toutes les habitations des Traitans. Bulet en avoit été l'architecte. La galerie, qu'on n'oublioit point dans toute maison importante, avoit été peinte par *Paolo Mattei*, artiste napolitain. En 1707, Crozat fit élever à côté de cette maison pour le comte d'Évreux, son gendre, un grand hôtel que celui-ci n'habita pas. Le descendant des Bouillon répudia bien vite la famille du financier, et préféra construire cet hôtel, qui devint plus tard celui de Mme de Pompadour, et ensuite l'Élysée-Bourbon; là il se ruinoit à recevoir à grand fracas les officiers de la cavalerie dont il étoit colonel général.

La place Vendôme avoit d'abord reçu le nom

de *Place des Conquêtes*, puis de *Louis-le-Grand*; elle reprit son nom primitif jusqu'à ce que la Révolution décrétât qu'elle s'appelleroit *Place des Piques*, ce qui ne dura pas longtems. Les financiers de Louis XIV s'y étoient fait tous à l'envie des demeures magnifiques. La mode de la ligne droite et des perspectives uniformes et inflexibles enthousiasmoit déjà les Parisiens. Saint-Simon disoit à propos des grandes places de Paris : « Henri IV a la place Dauphine avec le peuple : Louis XIII a la place Royale avec les gentilshommes : Louis XIV a la place Vendôme avec les maltotiers. »

*Luillier* et *Villemarec* avoient construit l'hôtel qui est devenu celui du ministère de la justice. *Law* lui-même voulant contribuer à la réalisation définitive de l'entreprise, acheta, en 1719, les terrains inoccupés, avec ses billets de banque, et fit construire les dernières maisons.

Crozat possédoit encore à Paris un ensemble de constructions qui avoit alors une importance considérable : c'étoit la *Cour du Dragon*, rue Sainte-Marguerite. Aujourd'hui elle n'est plus que le refuge des ferrailleurs et des muriers. On voit encore le grand dragon sculpté sur la porte d'entrée, par allusion au dragon de sainte Marguerite. Cette vaste propriété étoit un bien personnel à Mme Antoine Crozat née Marguerite Legendre. Voir pages 24, 44, 83, 109, 302, 334. S.

8. Ceci explique une méthode de Rosalba. Le Roi a déjà posé pour cette miniature; mais l'artiste n'a point encore ébauché le portrait définitif sur ivoire. C'est par une étude de l'ensemble et de la couleur qu'elle commençoit son travail; elle exécutoit ensuite souvent à l'écart du modèle, le portrait définitif. Ce fut, au reste, une pratique que beaucoup de miniaturistes adoptèrent. S.

9. C'étoit l'épouse de M. Antoine Crozat l'aîné. Car d'après tout ce que j'ai pu voir, M. Pierre Crozat n'étoit point marié, dit Vianelli. Mme Antoine Crozat se nommoit Marguerite Legendre, elle étoit mère du marquis du Chatel, du baron de Tiers, de la comtesse d'Évreux et de Crozat, le conseiller au Parlement. S.

10. Le chevalier Nicolas Vleughels, peintre d'histoire en petits sujets, homme très-érudit, mourut intendant de l'Académie du Roi de France à Rome, où il succéda au chevalier Person (*Raccolta di Roma*, t. 2). Lacombe dit qu'il étoit flamand, tandis que l'*Abecedario* d'Orlandi le fait naître à Paris. Ses œuvres ont

été gravées ; sa manière a quelque chose de Paul Véronèse. Il a traduit en françois *le Dialogue de Lodovico Dolce, sur la peinture, intitulé : l'Aretino* (Venise, Giolito, 1557, in-8°). Cet ouvrage très-rare a été réimprimé en françois et en italien (Florence, 1735) avec une savante préface. Vleughel correspondoit avec la Rosalba. Nous avons de lui neuf lettres pleines d'admiration pour notre artiste. Ils aimoient à faire mutuellement des échanges de leurs compositions. Rosalba lui offrit plusieurs têtes et Vleughels des dessins à la plume et au pastel.

Rosalba écrit son nom tantôt Veugle, tantôt Vleugles ; mais nous avons pu rectifier l'orthographe sur la signature même des Lettres dont nous venons de parler. V.

Brunet (Manuel du libraire), cite en effet le livre désigné par Vianelli :

« Dialogo de la pittura, intitulato l'Aretino, nel qual si raggiona della dignità di essa Vinezia, Giolito, 1557.

« Dialogue sur la peinture, intitulé l'Aretin, traduit en françois avec le texte italien à côté, Florence, 1735, in-8°. »

Nicolas Vleughels naquit à Paris en 1662. Son père, Philippe Vleughels né à Anvers et allié d'assez près à Rubens, vint encore jeune à Paris et y travailla dans l'atelier de Van

Mol. Quant à Nicolas, il voyagea dans sa jeunesse en Italie et s'y lia avec *Rosalba*. Nommé directeur de l'Académie de Rome en 1724, il mourut dans cette ville le 10 décembre 1737, âgé d'environ 70 ans, ou 68 ans selon une épitaphe que sa femme, sœur de celle de Jean-Baptiste Panini, lui avoit fait ériger dans l'église de Saint-Louis des François.

« A peine savoit-il dessiner, dit Mariette : il ne peignoit guère mieux. Il avoit pourtant le secret de faire des petits tableaux qui plaisoient... Tout le monde n'étoit pas obligé de savoir qu'il les avoit pillés dans les œuvres des grands maîtres qui l'avoient précédé.... On le trouvoit continuellement entouré d'estampes où il fourrageoit, et personne ne lui en demandoit aucun compte. Ses confrères le craignoient, les gens de lettres le considéroient, un certain ton qu'il avoit pris faisoit imaginer qu'il avoit de l'érudition, qui pourtant est des plus minces; il étoit ami de Watteau, et pendant quelque temps, ils hébergeoient ensemble dans la même maison. »

Son portrait peint par Pesne est aux galeries de Versailles, salle n° 166 et du Livret n° 4418, il a été gravé par Jeaurat, la planche est à la Calcographie du Louvre, n° 1835. Voir aux pages 143, 145, les notes et les lettres sur Watteau. S.

11. Le champ de revues et de manœuvres de la maison du Roi est situé sur la rive de la Seine en face de la machine de Marly, dit Busching. Il faut donc conclure que les revues de troupes ne se passoient pas toujours dans la plaine de Charenton. Busching dit aussi que chaque bataillon étoit composé de 710 hommes. V.

Les revues militaires se passoient plus souvent aux Champs-Élysées, dans la plaine de Reuil et souvent aussi dans celle des Sablons; plus tard, en 1722 et pour former l'éducation militaire du Roi, on fit un camp à Montreuil près Versailles, qu'on appela le camp de Porche-Fontaine, dont le marquis de Pézé fut le commandant.

A cette époque on accoutumoit le jeune Roi aux revues ; mais son instruction militaire se bornoit aux évolutions du *Royal-terrasse*, régiment formé des enfants de l'âge du Roi qui appartenoient aux grandes familles de France et dont on amusoit le jeune monarque par des manœuvres sur la terrasse du Jardin des Tuileries.

Le Régent, très-inquiet des troubles que causoit à Paris le système de Law, et résolu à porter au Parlement un coup décisif, qu'il mit à exécution le 21 juillet en l'exilant à Pontoise, avoit groupé autour de Paris des forces militaires pour contenir les séditions si elles devenoient plus graves et si le Parlement déclaroit le Roi majeur, comme il se le proposoit. Il y avoit un régiment de cavalerie au Roule, un camp de Suisses aux Champs-Élysées, on en avoit établi un autre à Montargis sous le prétexte des travaux du canal. Les régiments de Royal-Champagne et de Pont-et-Marine y attendoient l'ordre de marcher sur Paris. Ces deux régiments devenus après la révolution les 7e et 60e de ligne, partirent le Jeudi 18 juillet de leurs cantonnements, vinrent coucher à Melun le 19 et furent rendus à Charenton le samedi 20 juillet. Ils formèrent un camp d'un effectif de 5000 hommes (Barbier, 1720, p. 51 et 53). Plus tard on voit, le 5 août 1720, « le Régent venir au camp et en faire la revue à cheval, le Roi arriva ensuite avec M. le duc et le maréchal de Villeroy.... Il y avoit un concours de carrosses effroyable et un peuple étonnant. Le Roi fit vingt chevaliers de Saint-Louis dans les trois régiments et donna la grâce à trois déserteurs. » L'avant-veille, Leblanc, secrétaire d'État de la guerre, avoit fait la revue de cette brigade, et Biron, l'ami du Régent, qui avoit le détail de l'infanterie, l'avoit aussi passée en revue le 3 août.

Le 19 et le 23 septembre on voit encore Louis XV accompagné du duc de Bourbon et du maréchal de Villeroi se rendre en carrosse au camp de la plaine des Sablons où l'attendoient le duc d'Orléans et le duc de Chartres, faire la revue de quatre bataillons. Mlle de Charolois, sœur du duc de Bourbon dont nous aurons occasion de parler, étoit de la suite du Roi, à cheval et en amazone avec plusieurs dames de la cour. Le chevalier de Pézé faisoit déjà les honneurs de cette réunion militaire.

Charenton a un autre titre à la notoriété. C'est là que depuis plus de 200 ans on donne asile aux aliénés. Depuis l'an X de la République, l'État administre cet établissement, mais, en 1720, il étoit desservi par des religieux qu'on appeloit les Pères de Charenton. Cet hospice étoit situé à peu près à la même place que la maison Impériale, à Charenton Saint-Maurice. C'étoit Sébastien Leblanc qui l'avoit fondé en 1644. Il ne contenoit pas beaucoup plus de 15 à 20 lits pour les fous. En 1737, l'abbé Decoulmiers en fut nommé le directeur et le reconstitua. S.

12. Santolo étoit son parrain (*patrino*) selon la coutume vénitienne. Il s'appeloit aussi *Gabrielli*. Dans une lettre du 3 janvier 1721, elle lui donna ce nom. Je ne sais d'autre détail sur ce personnage, sinon qu'il étoit son parrain. Elle le nomme familièrement *Santolo*

pour ne pas le confondre avec le Gabrielli dont il est parlé à la note page 79. C'est à ce Santolo que la mère de Rosalba, en quittant Venise, laissa le soin de sa maison et de ses affaires. Des lettres réciproques témoignent de ce fait. Le prénom de Gabrielli étoit *Carlo*. V. Voir page 79.

13. Ce Miramons ou Miramont étoit sans doute des Miramont d'Auvergne alliés aux Saint-Nectaire. Rosalba n'a pas voulu certainement citer Mme de Miramione. Elle étoit morte en 1696. S.

14. La Rosalba est la seule, que je sache, qui donne ce nom à un peintre. V.

15. Gilles Marie Oppenor, architecte estimé. Il en est plusieurs fois question dans ce journal et dans les lettres que nous possédons, ainsi que dans le *Raccolta* de Bottari. L'*Abecedario* d'Orlandi contient sur lui des notes détaillées. V.

Oppenor étoit architecte du duc d'Orléans. C'est lui qui dirigea tous les travaux du Palais-Royal lors de l'appropriation des galeries et du cabinet du Régent. Crozat l'employa dans la construction de son hôtel puis de sa maison de campagne à Montmorency et pour le nouveau corps de logis sur la rue Richelieu, ajouté en 1730. Il lui donna un appartement dans sa maison moyennant 1000 livres par an.

Oppenor avoit un réel talent de composition et de dessin. Il est l'auteur de beaucoup de plans et de motifs de décorations qu'on venoit lui demander et que plusieurs architectes lui achetoient en les faisant passer pour leurs propres œuvres.

Oppenor exécuta un médaillon de Henri II et de Catherine de Médicis, gravé par Benoît Audran (N° 1927 du catalogue de la Calcographie du Louvre). Son portrait a été gravé par Cochin. Rosalba fit aussi son portrait. Voir à son *OEuvre*. S.

16. Le marquis de Châtel, voir pages 43, 109.

17. Vianelli cite, à propos de Versailles, Busching, Germain Brice, Piganiol de la Force et l'*Encyclopédie moderne;* mais il ne nous apprend aucune particularité inconnue sur ce château royal, devenu maintenant un musée historique, ouvert *à toutes les gloires de la France*, et inauguré le 10 juin 1837, par le roi Louis-Philippe. Il contient, au moment où nous écrivons, 4940 toiles et statues, non compris les groupes des jardins et les peintures et sculptures décoratives, dont les des-

criptions et les origines ont été très-soigneusement expliquées par *M. Eudore Soulié*, conservateur de ce Musée, dans une volumineuse notice (3 volumes, 1858). L'auteur s'est efforcé de retrouver les appartements de Louis XIV, de Mme de Maintenon, du dauphin, etc., à travers les changements que Louis XV a fait plusieurs fois subir à la demeure de son bisaïeul.

Au moment où Rosalba étoit à Paris, la cour avoit abandonné Versailles. Depuis la mort de Louis XIV, le Régent, dans ses projets économiques, avoit supprimé la cour régulière; le Roi, d'abord logé à Vincennes, avoit établi sa résidence à Paris. S.

18. Mme Law, sœur du comte de Banbury, noble écossois, s'appeloit Catherine Knowel. C'étoit une femme d'un caractère élevé, qui plus tard devint arrogante à force de dégoût pour les bassesses dont elle se vit l'objet. Quoique les richesses de son mari la missent au niveau des plus grandes dames de ce temps, sa maison fut toujours simple, décente et hospitalière. Après la fuite de Law, elle resta encore plusieurs mois à Paris avec sa fille et alla rejoindre son mari à Venise, où elle ne le quitta plus. Law l'aima toujours tendrement, et l'institua héritière par un testament fait à Venise le 19 mars 1729. Elle au-

roit pu passer pour belle, si un côté de son visage n'eût été gâté par une tache de vin sur l'œil et le haut de la joue. On constate encore par une lettre du 5 avril 1727, que Mme Law, retirée à Venise, réclamoit du Régent la fortune qu'elle avoit apportée à son mari, et que le système et ses suites lui avoit enlevée. On a toujours supposé que Law n'avoit pas été marié légitimement. Voir pages 36, 78, 174, 279, 317. S.

19. Probablement des portraits de son fils et de sa fille, dont on a parlé plus haut. V.

20. Ce n'étoit encore que le *Grand Trianon*, créé par Louis XIV en 1670. Le Petit Trianon fut commencé par Louis XV en 1751, et terminé par Louis XVI et Marie-Antoinette.

Les palais et les jardins de Trianon occupent, à droite du grand canal de Versailles, l'emplacement d'une paroisse qui appartenoit aux religieux de l'abbaye de Sainte-Geneviève de Paris, dès le douzième siècle, et qui est désignée sous le nom de *Triarnum* dans une bulle du pape Alexandre III (1163).

« Cette maison avoit fait naître à tous les particuliers le désir d'avoir des *Trianons;* presque tous les grands seigneurs qui avoient des maisons de campagne en avoient fait bâtir dans leur parc, et les particuliers au bout de leur jardin. Les bourgeois qui se vouloient épargner la dépense de ces petits bâtiments avoient fait habiller des masures en *Trianon*, ou du moins quelques cabinets de leurs maisons ou quelques guérites (*Mercure galant*, 1762). » Consulter la Notice de M. E. Soulié. S.

21. Dans un autre journal de la Carriera je trouve ce passage, écrit ainsi, dit Vianelli : « Du 25 mars 1726. Priée de faire le portrait en grand de Mme Brun. Le 10 juin, j'ai reçu de M. Brun vingt sequins. » V.

On voit dans la *Raccolta di lettere* que Crozat correspondoit avec des banquiers du nom de Brun, résidant en Italie, et comme Rosalba se trouvoit en 1726 à Venise, on peut supposer que ce M. Brun dont il est ici question, étoit le correspondant de Mariette, cité dans ses lettres. S.

22. De l'abbé Crozat. — Huit pistoles, ou 180 livres, fixent le prix du portrait exécuté par Rosalba. V. La *doppia* ou *pistole* d'Italie monnoie courante valoit de 21 à 23 francs, celle de France 10 francs. Voir page 83.

23. Paroisse dans le quartier du Palais-Royal. Elle se remarque par une superbe façade ; c'est là que sont les tombeaux des

célèbres *Fontenelle*, *Crébillon* et *Pierre Corneille*. V.

Cette procession étoit celle qui se célébroit la veille de la solennité de la fête de saint Roch. Les pains dont parle Rosalba rappeloient un trait de la vie du saint : Pendant son pèlerinage en Italie, il fut atteint de la peste, et pour ne la communiquer à personne, il alla se cacher dans une solitude où il étoit prêt de mourir de faim, lorsqu'un chien lui apporta un pain et le sauva. C'est ce qui explique pourquoi nous le voyons toujours dans les images qui le représentent, suivi d'un chien qui porte un pain à la gueule.

L'église de Saint-Roch fut commencée, en 1633, sur les dessins de Jacques Lemercier. Louis XIII en posa la première pierre. Robert de Cotte continua les travaux souvent discontinués faute d'argent. *Law* les fit reprendre en 1720 en donnant cent mille francs à l'église pour les achever. Deux chapelles, celles de la *sainte Vierge* et de la *Communion*, ont été peintes par *Pierre*. Antoine Coypel étoit l'auteur d'un *Saint Louis mourant*, placé à côté du chœur et qui a disparu.

Cette église renfermoit les cendres de la princesse de Conti, fille de Louis XIV et de Mlle de Lavallière, du grand Corneille, de le Nostre, de Pierre Mignard, de Maupertuis, des frères Anguier, de Mme Deshoulières, de Desmarest, de Lainez. Une table de marbre, placée à gauche de la grande porte, constate ces sépultures. Il reste encore les bustes de Mignard, de le Nostre et le grand médaillon de Maupertuis. L'église a donné asile à plusieurs tombeaux, ayant appartenu aux églises supprimées dans la Révolution ; tels sont ceux du cardinal Dubois, par Coustou le jeune ; du duc de Créqui, mort en 1687 ; du duc d'Harcourt, par Renard ; du duc de Lesdiguières, par Coustou l'aîné ; le médaillon du maréchal d'Asfeld. Une inscription nouvelle, placée dans une chapelle latérale au couchant, relate l'acte de décès de Bossuet, évêque de Meaux, mort sur la circonscription de Saint-Roch.

Le mausolée du cardinal Dubois y a été placé après la démolition de l'église où il avoit été inhumé. S.

24. La Donnini n'étoit-elle pas plutôt la femme d'un des envoyés de Venise à la cour de Louis XV ? Voir page 82. S.

25. Le Père Jacques de Saint-Gabriel, religieux des Augustins déchaussés de la maison des Petits-Pères. Son portrait a été peint par Rigaud. Il étoit architecte du Roi et de l'Académie de peinture.

26. Le Rousseau cité par la Rosalba, dit Vianelli, ne peut être ni Jean-Jacques, l'écrivain célèbre, mais impie ; ni Jean-Baptiste, poëte satyrique de grand talent qui fut justement exilé ; ce seroit plutôt un parent du peintre Jacques Rousseau. Ce qui est certain, c'est que nous possédons une lettre d'un Philippe Rousseau à Rosalba. V

Jacques Rousseau, peintre de paysages et de grands morceaux de perspectives, étoit mort vers 1694. S.

27. C'étoit l'abbé Perrot, instituteur du Roi, attaché à Louis XV, sous les ordres du Maréchal duc de Villeroi et de l'abbé Fleury, évêque de Fréjus, précepteur du Roi. S.

28. C'est-à-dire qu'elle écrivit à Venise aux dames Giustiniani, nobles vénitiennes qui fréquentoient la maison de Rosalba. V.

29. Pierre Crozat écrivoit la lettre suivante à Rosalba à propos de Watteau (Antoine).

CROZAT A ROSALBA.

11 août 1721.

« Nous avons perdu le pauvre M. Wateau. Il a fini ses jours le pinceau à la main. Ses amis doivent publier un discours sur sa vie et ses œuvres. Ils ne manqueront pas de rendre hommage au portrait que vous avez fait de lui à Paris peu de temps avant sa mort. »

Vleughels adressa aussi à Rosalba une lettre sur l'estime que Watteau faisoit de notre artiste :

### VLEUGHELS A ROSALBA.

20 septembre 1719.

« Il y a ici beaucoup de connoisseurs qui professent le plus grand estime pour votre personne et votre talent.... Un excellent homme, M. Wateau, duquel vous avez sans doute entendu parler, désire ardemment vous connoître. Il voudroit avoir le plus petit ouvrage de votre main, et en échange il vous enverroit quelque chose de lui, car il lui seroit impossible de vous en remettre la valeur... Il est mon ami, nous demeurons ensemble et me prie de vous présenter ses plus humbles respects. Il désire que vous répondiez favorablement à sa demande. » Voir page 335.

Nous possédons encore quatre lettres d'un prince qui étoit bon juge en peinture et grand amateur d'art. Nous citerons une des lettres qu'il écrivit à la Rosalba de Schwerin, le 16 mars 1707.

« Pour vous faire connoître la grande satisfaction que j'ai éprouvée en recevant vos dessins, j'ai voulu les comparer avec mes meilleurs tableaux. Je puis vous assurer que vos œuvres ont la prééminence sur tout ce que je possède. Poursuivez donc à nourrir le plaisir que je prends à recevoir vos œuvres, et veuillez me les transmettre par l'intermédiaire de M. Botticher. Je ne vous adresserai plus de nouvelles prières; et je resterai toujours avec toute l'inclination possible,

« Votre très-obligé et affectionné,

« CHRISTIAN-LOUIS, DUC DE MECKLEMBOURG. »

Les quatre lettres sont écrites en langue françoise à la Rosalba. V.

Christian-Louis II, duc de Mecklembourg, né le 25 mai 1683, résidant à Grabow dès le 28 mars 1708, commissaire-impérial à Mecklembourg, le 28 avril 1733, succéda au duc Charles-Léopold, le 28 novembre 1747, et mourut le 30 mai 1756. Il avoit épousé le 13 novembre 1747, Gustave-Caroline, fille d'Adolphe-Frédéric II, duc de Mecklembourg-Strélitz, morte le 13 avril 1748. S.

Quant à Watteau, une notice sur ce grand peintre nous étendroit fort loin.

C'est un talent et un caractère trop exclusivement associé à l'histoire de l'art pour que nous nous permettions d'en parler sans nous étendre suffisamment. Nous nous contenterons de renvoyer les lecteurs à l'*Abecedario* de Mariette, à la *Vie* d'Antoine Watteau, par le comte de Caylus, publiée dans les *Portraits intimes du* XVIII*ᵉ siècle de* **MM.** *Edmond* et *Jules de Goncourt*, à la *Notice* de M. *de Julienne* et à celle de *Gersaint*. Ces quatre amis de Watteau l'ont vu et connu familièrement; ils ont écrit sur le peintre des *fêtes champêtres*, et ce qu'ils ont raconté ils l'avoient senti. Les mémoires de l'Académie de peinture de MM. de Chenevières et Montaiglon reproduisent aussi quelques lettres de Watteau.

En résumé, la biographie de Watteau reste encore à faire. On connoît peu le caractère stoïque, réfléchi, observateur, généreux, fier et naïf tout à la fois de ce grand artiste. M. P. Mantz a seul traité ce côté intime dans une de ses études.

M. de Julienne trace en quelques mots touchants le portrait de son ami : « Watteau étoit de moyenne taille et de constitution foible, il avoit l'esprit vif et pénétrant, et les sentimens élevés, il parloit peu, mais bien, et écrivoit de même, il méditoit presque toujours ; grand admirateur de la nature et de tous les maîtres qui l'ont copiée, le travail assidu, un peu mélancolique, d'un abord froid et embarrassé, ce qui le rendoit quelquefois incommode à ses amis et souvent à lui-même, il n'avoit point d'autre défaut. Watteau avoit peint son portrait à mi-corps. Il a été vendu 24 livres à la vente Blondel de Gagny en 1776. Voir pages 306, 322, 333. S.

30. C'est chez M. Antoine Crozat l'aîné. Voir page 126. V.

31. La pyrotechnie, dit Busching, étoit parvenue en France, à cette époque, à une perfection très-extraordinaire. V.

On cite comme un des plus admirables feux d'artifice, celui qui fut tiré le 6 août 1721, en réjouissance du rétablissement de la santé du Roi, puis ceux que le duc d'Ossone, ambassadeur d'Espagne, offrit à la ville de Paris, le 24 mars 1722, en l'honneur du mariage que le Roi alloit contracter avec l'infante d'Espagne, et qui fut rompu quelque temps après. Le récit de cette fête a été imprimé en 1725.

C'est le 26 d'août, jour de *Saint-Louis*, que Rosalba alla voir le feu d'artifice. S.

32. Le texte italien donne : *trovai una C.... nella mia camera*. Vianelli ne fait aucune observation sur cette abréviation. Nous en sommes donc réduits à la laisser dans l'obscurité. S.

33. Rosalba veut dire aux *Petits-Augustins.* C'étoit un couvent situé rue des Petits-Augustins, fondé par la Reine Marguerite, première femme de Henri IV, sur le terrain des jardins de son hôtel. L'église possédoit le *Jugement dernier* de Quentin Varin. Le cloître étoit décoré de peintures où les belles actions des saints de l'ordre des Augustins étoient représentées sur des fonds de paysage. Porbus y avoit été enterré et aussi Mignard d'Avignon. Lors de la Révolution, ce fut dans ce cloître que M. Alexandre Lenoir fonda le musée des Monuments françois, maintenant transporté au Louvre. C'est à la place du couvent et dans une partie des bâtiments, qui subsistent encore, qu'a été bâti le palais des Beaux-Arts. Vianelli dit dans sa note que l'église des Augustins renfermoit la *Madeleine* de Lebrun et une *Annonciation* du Guide. C'est une erreur ; ces deux tableaux dont l'un, celui de Lebrun, passoit pour être le portrait de Mlle de Lavallière, étoient aux Carmélites de la rue Saint-Jacques ; ils figurent aujourd'hui tous deux dans les galeries du Louvre. S.

34. Église de la rue Saint-Martin autrefois nommée *Saint-Pierre aux Bois* parce qu'elle s'élevoit au milieu d'une forêt où saint Merry finit ses jours en odeur de sainteté. On y ex-

posoit aux jours des fêtes principales, de belles tapisseries exécutées sur les cartons de Henri Leremberg, peintre du Roi. On y voyoit aussi, une mosaïque en tableau, morceau très-admiré, représentant la Vierge, l'Enfant Jésus et les Anges, et rapporté d'Italie par le président de Ganay. Chapelain étoit enterré dans cette église où Charles Coypel peignit le tableau d'autel d'une chapelle. S.

35. Très-ancienne église de Paris, reconstruite sous Charles VI (1420). Les voûtes et leurs clefs pendantes sont d'une hardiesse et d'un goût très-remarquables. Louis XIII fit reconstruire le portail dans le genre grec-jésuite, sur les dessins de Jacques Desbrosses. Les vitraux, dégradés aujourd'hui, sont de Pinaigrier et de Jean Cousin. Il en reste encore de magnifiques vestiges, et entre autres un *Jugement de Salomon* placé dans la chapelle Saint-Jean. C'est un spécimen des plus éclatants du génie des maîtres verriers au xvi$^e$ siècle. Il est daté de 1521. Un *Jugement de saint Gervais* est aussi un admirable morceau. La chapelle de la Vierge, dans les parties hautes des fenêtres, a conservé ses vitraux anciens. Mais ceux placés dans les parties basses apparoissent là tout exprès pour attester l'infériorité des artistes du xix$^e$ siècle. On voit aussi

dans une chapelle latérale un tableau sur bois en neuf compartiments, représentant la passion de Notre-Seigneur, et qu'on prétend être d'*Albert Durer*, attribution erronée, qui ne supporte pas l'examen. L'église possédoit avant la Révolution des tableaux de *Lesueur*, de *Philippe de Champaigne*, de *Bourdon*, etc. Dans la chapelle qui contient le prétendu tableau d'*Albert Durer*, on marche sur une dalle de pierre grise, sans inscription. C'est la tombe de Philippe de Champaigne. On ne voit plus les sépultures de Scarron et de Crébillon; mais le mausolée de Michel Letellier, ministre de Louis XIV, mort à 83 ans, en 1685, est parfaitement conservé.

Il y avoit jadis, sur la place Saint-Gervais, un petit orme (un *ourmeliau*), célèbre encore sous Louis XV, au pied duquel on rendoit la justice et on payoit les rentes les jours de la saint Remy et de la saint Martin d'hiver. Il ne reste du souvenir de cet arbre que l'enseigne d'un quincaillier : *A l'Orme Saint-Gervais*. S.

36. Église et couvent bâtis à la place de l'hôtel de Damville, rue Saint-Antoine, sous Louis XIII, qui en posa la première pierre. L'église étoit sous l'invocation de saint Louis. Les cœurs de Louis XIII et de Louis XIV,

celui du Grand Condé et de son fils Louis de Bourbon, y étoient déposés. Le frère *Martel-Ange* et le frère *Derrand*, jésuites, en furent les architectes. La maison professe possédoit quatre tableaux d'*André del Sarte*, un de *Quentin Metsis*, un de *Passignano* et un *Ecce Homo* du *Guide*. La bibliothèque étoit très-remarquable. Elle avoit été formée par celles du cardinal *de Bourbon*, de *Ménage* et de *Huet*, évêque *d'Avranches* qui, en 1720, se retira dans cette maison religieuse. Le plafond et l'escalier étoient peints par *Guérardini*. L'église est devenue aujourd'hui *Saint-Paul*, en souvenir de la vieille paroisse et de l'hôtel de ce nom que nos anciens rois avoient habité; et la maison professe avec ses dépendances, forme le collége ou lycée *Charlemagne*. S.

37. Couvent de l'ordre de saint François de Paul qui, par humilité, se déclaroit le dernier des hommes (*minimus*). Ce monastère avoit été bâti en 1610, à la place des jardins de l'hôtel des Tournelles et de l'hôtel de Vitry, sous la protection de Marie de Médicis. François Mansart l'acheva. Il y avoit sur le maître-autel une copie de la Descente de Croix de *Daniel de Volterre*, chef-d'œuvre de l'élève de Michel-Ange, et dans l'église quelques tableaux de *Vouet*, de *Coypel*, de *Largillière*

et de *Lahire*. Diane de France, fille de Henri II, y avoit son tombeau.

En 1720, on comptoit en France 164 couvents de Minimes. Celui de la rue Saint-Antoine a été supprimé en 1789, détruit en 1798, et transformé en caserne de gendarmerie. C'est sur une partie de son emplacement que la rue de la Chaussée des Minimes a été prolongée. S.

38. Par les lettres qu'on recevoit de Marseille, datées du 14, on apprenoit que la peste causoit de grands ravages.

La peste de Marseille, apportée du Levant par un navire, commença à sévir le 23 juin 1720 et ne disparut que vers août 1722. Soixante-trois villes, bourgs et villages de Provence, en furent *contaminés*, pour parler le langage du pays. M. de Villeneuve-Bargemont évalue la perte totale à environ 88,000 âmes; mais M. d'Antrechau, premier consul de Toulon, la porte beaucoup plus haut.

Le Régent fit porter à Marseille 22,000 marcs d'argent et Law, tout abattu qu'il étoit, y joignit personnellement 100,000 livres. Une société bienfaisante où figuroient les Bernard et les Pâris, fournit 300,000 livres par mois.

Henri de Belzunce, évêque de Marseille, montra dans cette circonstance une abnégation devenue historique, et le chevalier Rose se signala comme le plus intrépide des commissaires de la ville. « Ce fut lui, qui ayant découvert que les vieilles fortifications, voisines de l'esplanade, étoient creuses jusqu'au niveau de la mer, en fit rompre la voûte. Avec cent galériens il entoura la place de la Tourrette, où près de 2000 corps pourrissoient depuis trois semaines, masse horrible que sa fluidité ne permettoit plus de transporter. Par une manœuvre rapide il fit pousser tous ces débris dans les flancs des deux bastions, et en fit maçonner l'ouverture. Cette expédition unique dans les fastes des misères humaines, a été le sujet d'un tableau peint par Jean François de Troy, et gravé par Thomassin (n° 621 du catalogue de la Chalcographie du Louvre). Depuis on n'a pas encore osé toucher à ces cavernes mortuaires, où dorment depuis plus d'un siècle tant de victimes de la peste. » (Lemontey.)

Un peintre, élève de Pujet, *Michel Serre*, qui fut aussi un des plus courageux commissaires, exprima dans deux tableaux les horreurs de ce fléau :

« A peine réchappé de la contagion générale, il voulut que la peinture immortalisât les scènes affreuses dont il venoit d'être témoin, L'âme remplie des plus tristes images, son pinceau les transporta sur la toile. On voyoit dans les deux tableaux qu'il produisit toutes les horreurs auxquelles Marseille avoit été en proie. Mais que ces ouvrages causèrent de chagrins à leur estimable auteur! Serre les envoya par son fils dans la capitale de la France, et le chargea de les vendre à M. le Duc ou bien au Régent. Le jeune homme, au lieu d'obéir à son père, ou n'ayant pu, peut-être, se défaire avantageusement des deux tableaux, prit le parti de les montrer à la foire de Saint-Germain. Cette action fit perdre à Serre une partie de l'estime qu'il s'étoit acquise parmi nos grands artistes; il eut beau vouloir se justifier, on soupçonna toujours qu'il avoit eu part au procédé peu noble et trop intéressé de son fils. » (*Anecdotes des Beaux-Arts* et *Recherches sur la vie et les ouvrages de quelques peintres provinciaux*, par M. de Chenevières Pointel.)

*Marais*, dans son journal, mentionne ainsi les deux tableaux de Michel Serre, au *mois de novembre* 1723 : « On a montré à Paris deux tableaux représentant au naturel la peste de Marseille, par le sieur *de Serre*, peintre de l'Académie et des Galeries (lisez des galères). « Voilà d'affreuses beautés, » a dit le duc d'Orléans. Personne n'a été curieux de garder en France les représentations de ces monstres horribles; elles ont été vendues aux Anglois, qui aiment à repaître leurs yeux de ces spectacles. »

M. de Chenevières suppose avec raison que Serre, le fils, après avoir montré les tableaux de son père à la foire Saint-Laurent, trouva fructueux, avant de les rapporter à Marseille, de les faire voir en Angleterre, où ces exhibitions payantes sont de vieille date.

Quoi qu'il en soit, Jean Bernouilli les revit à Marseille dans la salle du conseil, à l'hôtel de ville, où ils restèrent pendant de longues années, et, en 1793, alors que Vianelli écrivoit ses notes sur la Rosalba, il les mentionne aussi en les attribuant faussement à de Troy. De Troy ne fit qu'un seul tableau de la peste de Marseille, que le conseil de santé lui commanda et qui resta jusqu'à la Restauration dans les salles de cette administration ; de là il fut transporté au château Borelli, où il est encore.

Quant à *Michel Serre* (ses prénoms sont *Michel-Gaspard-Jacques*), il étoit né à Tarragone, en Espagne, le 10 janvier 1658. Son vrai nom étoit *Serra*. Il émigra fort jeune en France et y resta jusqu'à sa mort en 1733. Son talent étoit un des plus féconds qui se fussent jamais vus. La Provence est littéralement inondée de ses œuvres. Le musée de Marseille possède plus de trente tableaux de ce maître. Reçu membre de l'Académie royale de peinture le 6 décembre 1704, il fut nommé plus tard à la place de peintre du Roi pour les galères.

La conduite de Michel Serre, pendant la peste, est digne des plus grands éloges. Son nom figure sur la fontaine de Saint-Féréol avec ceux des hommes courageux qui se vouèrent au salut du pays.

Il n'y a pas longtemps que le vieux port de Marseille, les bastions, le Lazaret ont été entièrement démolis ; à la suite des immenses travaux qui viennent d'être entrepris pour la création d'un nouveau port, on a fait sauter les bastions du chevalier Rose : les cadavres des pestiférés de 1721 se sont confondus avec les ruines de ces vieilles constructions sans qu'il ait été possible de retrouver des traces humaines. Toutefois, dans les parties glaiseuses et qu'il n'a pas été possible de déblayer avec la poudre, les travailleurs ont mis à jour, avec la pioche, dans de longues tranchées brillantes et colorées, les squelettes calcinés de quelques victimes de 1720. Ces restes que le temps avoit enveloppés de terres argileuses, apparoissoient, il y a encore quelques mois, comme des gisements fossiles des temps antédiluviens. S.

39. L'hôtel de Soissons, devenu en 1720 une sorte de marché financier, créé par le gou-

vernement, dans la pensée de réglementer la vente des actions de Law, étoit un palais situé dans le quartier Saint-Honoré, sur l'emplacement duquel se trouve aujourd'hui la Halle au blé. Il appartenoit au prince de Carignan.

C'est le premier août 1720 qu'on fit l'ouverture de ce gigantesque tripot, au son des fanfares et de la musique militaire ; on espéroit faire ainsi diversion et remédier au jeu formidable de la place Vendôme, où s'étoient continués et aggravés les désordres de la rue Quincampoix ; mais on ne faisoit que les changer de place.

La nouvelle maison de jeux étoit largement organisée. Il y avoit 138 loges avec deux entrées, l'une dans la rue de Grenelle-Saint-Honoré, l'autre dans la rue des Deux-Écus. Les entrepreneurs payoient 150,000 livres au prince de Carignan. Voir plus loin, page 346, la note au sujet de ce prince.

Une gravure, d'après A. Humblot, représente l'hôtel de Soissons établi pour le commerce du papier, en 1720.

C'étoit autrefois l'hôtel de Nesle, puis de Bohême. Il avoit été entièrement reconstruit par Jean Bullant. Il ne reste de cet édifice, démoli en 1748, que la colonne de Catherine de Médicis, dont on doit la conservation à Bachaumont. S.

40. Voir plus haut, page 147.

41. C'étoit une demoiselle Françoise-Charlotte de Saint-Nectaire, Damoiselle de Meneton, fille du duc de la Ferté. Elle épousa le 28 juillet 1698, François-Gabriel Thibaut, marquis de la Carte, gouverneur de Joinville, capitaine des gardes du duc d'Orléans, fils de François Thibaut, marquis de la Carte, seigneur du château d'Uzay, près Saint-Maixant, lieutenant du Roi en Bas-Poitou, mort le 9 septembre 1721, âgé de quatre-vingt-quatre ans. Françoise-Charlotte de Saint-Nectaire apporta à son mari la terre de la Ferté, ce qui lui permit de prendre le titre de marquis de ce domaine. Il laissa un fils, Louis-Philippe, marquis de la Ferté, né le 24 avril 1619, dont il est question au journal de *Rosalba*.

Saint-Simon a parlé assez durement de ce marquis de la Carte, auquel il attribue des mœurs à la Henri III, et la charge de pourvoyeur en chef des plaisirs de *Monsieur*. La princesse Palatine le maltraite encore plus et renchérit sur Saint-Simon à propos du rôle que cet homme jouoit auprès du prince son mari. S.

42. Probablement le Flamant ou Flamen, Anselme Flamen, sculpteur. Voir la note ci-dessus, page 86. S.

43. Selon toute apparence, ce seroit *Thomas Germain*, orfévre et sculpteur, qui estimoit beaucoup le talent de la *Rosalba*, et auquel M. Crozat avoit commandé pour elle quelques ouvrages en argent.

« M. Germain, orfévre du Roi, écrivoit Crozat à *Rosalba*, est l'homme le plus habile qu'il y ait en Europe comme sculpteur. » V.

Mort à Paris le 17 août 1748. M. Thomas Germain, dit Mariette, « depuis le célèbre Ballin, est, à mon avis, le plus excellent orfévre que la France ait eu. Il étoit dans l'art de l'orfévrerie le rival de Meyssonier au temps de la Régence et de Louis XV. Il savoit emprunter à l'antique et aux maîtres et ciseloit avec un goût supérieur. Cela se remarque dans cette superbe vaisselle d'or qu'il a fait pour le Roy, et dont il étoit dans l'usage depuis plusieurs années de fournir à S. M. une pièce au jour de l'an. Il commença par une écuelle couverte, et a fini par deux magnifiques chandeliers ornés de guirlandes.... Il y avoit longtemps que le Roi lui avoit accordé un logement dans les galeries du Louvre, et le titre de son orfévre ordinaire. M. Germain, supérieur à son art, pouvoit non-seulement bien modeler une figure, et disposer un groupe d'ornement; il entendoit aussi très-bien l'architecture, et c'est sur ses dessins et sous sa conduite qu'a été bâtie depuis peu l'église de Saint-Louis du Louvre, où il avoit marqué sa sépulture, et où il a été inhumé le 15 août. » C'est dans la chapelle de Thomas de Cantorbéry et le caveau qui étoit dessous que Thomas Germain a été inhumé en effet.

On citoit encore comme un chef-d'œuvre de Thomas Germain le service en argenterie du roi de Pologne.

Les *Germain* furent de père en fils orfévres du Roi. Le dernier, François-Thomas *Germain*, occupoit aux galeries du Louvre le même logement qu'y avoient obtenu son père et son aïeul, orfévres du Roi. En 1765 il tomba dans une énorme faillite qui fut la conséquence de ses désordres. Il ne devoit guère moins de deux millions quatre cent mille livres. Le 14 août 1765 son logement au Louvre lui fut retiré sur la proposition de M. de Marigny « en raison de son état de faillite, et parce qu'il étoit notoire qu'il tenoit un état fastueux et qu'il avoit des maîtresses dispendieuses, comme des filles de théâtre. » A l'avénement de Louis XVI, en 1776, il redemanda son logement au Louvre; on lui répondit par un refus. Cette décision entacha même son talent d'artiste, car elle relatoit « que tout s'étoit éclipsé en lui, après la vente du beau cabinet de modèles de son père. » (*Archives de l'art françois.*)

Il alla se retirer dans la maison de Dapché, orfévre, rue de la Vannerie, près la Grève. S.

44. Marie étoit probablement une servante. La *Pezzadura* ou moitié de *Douro*, monnoie d'argent espagnole assez connue. S.

45. C'étoit François de *Troy*, père de Jean-François, tous deux peintres de mérite. Le premier étoit peintre de portraits. Lorsque Rosalba parle du second, elle dit : M. de Troy le fils; ce dernier fut chevalier. (V.)

« *François de Troy*, né en 1645, mort le 1$^{er}$ may 1730. Peu de peintres ont travaillé aussi longtemps et aussi bien que lui, dit Mariette. Il est mort presque le pinceau à la main. J'ay vu de ses tableaux, qu'il avoit peints à l'âge de plus de quatre-vingts ans, et qui ne se ressentoient point du froid de la vieillesse. Il avoit étudié sous le célèbre Lefebvre; leurs manières à tous deux ont beaucoup de conformité.... Ce qui achève l'éloge de François de Troy, c'est la manière noble et généreuse avec laquelle il a toujours vécu avec M. Rigaud et M. de Largillière, qui couroient la même lice. Il est rare de trouver trois personnes de même talent vivre ensemble dans une union si parfaite. » S.

46. La grande réputation de *Mariette* (*Pierre-Jean*) est justifiée par l'action qu'il exerça de son temps sur toutes les choses de l'art. Ce fut une personnalité modeste et une influence considérable à la fois. Dans notre temps nous en ressentons et nous en constatons encore chaque jour les effets. Mariette a été l'amateur le plus passionné, le plus sagace et le plus érudit du xviiie siècle. « *Il est le maître et la loi*, dit M. de Chenevières, *et le modèle que la France peut offrir avec orgueil, non-seulement à nous, et aux générations de curieux qui nous succéderont, mais à toutes les nations où l'art ait ennobli et passionné les hommes.* »

Il étoit né à Paris, le 7 mai 1694; son père et son ayeul avoient fait dans leur temps, un commerce considérable d'estampes et rassemblé pour leur plaisir une collection très-remarquable. Leur magasin étoit situé rue Saint-Jacques.

Le premier étudia longtems sous la conduite de Jean-Baptiste Corneille son beau-frère, peintre de l'Académie. Il s'adonna plus tard à la gravure et imita la manière de Gérard Audran. Il grava beaucoup de petits ouvrages de sa composition. Pierre-Jean Mariette fut aussi un habile graveur; il continua à spéculer plutôt par un reste d'habitude paternelle et aussi pour augmenter ses collections que pour s'enrichir.

Vianelli cite de lui :

1° Les nombreuses lettres que contient la *Raccolta di Roma de Bottari*.

2° Le catalogue de ses tableaux et de ses collections (qui est de Bazan).

3° La description des pierres antiques gravées du Cabinet de Crozat. 1750, 2 vol. in-8 (83 pages).

On peut ajouter à cette liste :

4° L'*Abecedario* pour faire suite à celui d'Orlandi et pour le rectifier, publié de 1851 à 1863, par MM. de Chenevières et de Montaiglon, sur les manuscrits autographes de Mariette, conservés à la Bibliothèque impériale; ouvrage plein de récits curieux, de critiques ingénieuses, de faits inconnus sur l'histoire de l'art, pendant le xviii° siècle et les précédents. Il est enrichi de remarques, où les recherches d'art des deux annotateurs sont un monument d'érudition et de patience. L'*Abecedario* est l'œuvre de toute la vie de Mariette. Il y a consigné tout ce qu'il a puisé dans les livres d'art imprimés en Italie, dans les correspondances d'artistes trouvés chez son père et son grand-père, dans les papiers de Felibien, dans ceux de Sauval, dans les comptes des bâtiments royaux, dans les registres de l'Académie royale de peinture et sculpture, dans les souvenirs des artistes et dans les siens.

5° Les notices de la grande publication de Crozat : *Recueil d'estampes d'après les tableaux et dessins du Cabinet du Roi et celui du duc d'Orléans et d'autres cabinets* (Page 42). (1729-1742, 2 vol. in-folio, ainsi que la préface du catalogue des tableaux et objets d'art de Crozat, 1743, in-18 de 140 pages.)

6° La préface du catalogue de la collection d'Antoine et de Charles Coypel.

7° Le catalogue des tableaux du marquis du Chastel et celui du baron de Thiers.

8° La notice en tête des Estampes du cabinet Boyer d'Eguilles.

9° L'inventaire de la collection d'estampes formée pour eux-mêmes par le grand-père et le père de Mariette et vendue par ce dernier au prince Eugène. Cet inventaire a été mis à profit par Bartsch qui a donné comme de lui une suite innombrable de remarques et de descriptions entières copiées textuellement sur Mariette (inventaire inédit).

10° La description des travaux relatifs à la fonte de la statue de Louis XV, par Bouchardon, d'après les mémoires de Lempereur. In-fol. 1768.

11° La direction de l'édition du Recueil des peintures antiques d'après les dessins de P. Sante-Bartoli. In-fol. 1757.

12° Une série de notes sur tous les catalogues des ventes qui se faisoient de son temps; des articles sur les évènements, les publications, les découvertes, et toutes les productions d'art du xviii° siècle; enfin la traduction des *Anecdotes de la peinture en Angleterre, de Walpole* (inédit).

Les manuscrits de Mariette, conservés à la Bibliothèque impériale, forment à eux seuls un *ensemble de plus de 14 volumes; les uns in-folio, les autres in-4°*. Malgré le travail immense de MM. de Chenevières et de Montaiglon, il reste encore des parties considérables à éditer sur les manuscrits de l'homme qu'on peut appeler le véritable directeur des Beaux-Arts, au xviii° siècle.

Basan nous apprend que Mariette visita l'Allemagne, et qu'à Vienne, où sa réputation l'avoit devancée, la direction du Cabinet de l'Empereur lui auroit été confié. Après avoir mis en ordre les richesses de cette collection et avoir mérité les éloges du prince Eugène, très-fin connoisseur, « non moins instruit dans les travaux de Minerve que dans les combats, » Mariette, selon Basan, se seroit rendu en Italie? Sa parfaite connoissance de la langue italienne nous feroit déjà conclure à l'affirmative. Il n'eût, dans tous les cas, entrepris cet itinéraire que dans sa première jeunesse; et comment alors la notice toute intime que nous citons plus bas (page 168) n'en fait-elle pas mention? Supposer, en effet, que ce pèlerinage se fût accompli après l'année 1720, sans que Mariette allât voir Rosalba, avec laquelle il étoit en correspondance est inadmissible. Quelques mots très-brefs de l'*Abecedario*, et une lettre de Mariette à Gaburri tranchent toute incertitude sans nous fixer sur la date du voyage. Il est toutefois certain que Mariette visita la Belgique, et qu'il en rapporta une suite de gravures et de dessins précieux. Pendant toute sa vie, il continua à enrichir son cabinet, qui devint un des plus remarquables de son tems. Il avoit plus de 4000 dessins originaux, et 1500 collections de gravures et de livres d'estampes, dont Basan a dressé le catalogue en 1775. Reçu membre de l'Académie de peinture et contrôleur de la grande Chancellerie, Mariette est mort à Paris en 1774. Il existe un portrait de lui, vu de profil, dessiné par Cochin en 1756 et gravé par Saint-Aubin en 1765) avec cette inscription : *P. J. (Pierre-Jean) Mariette, contrôleur général de la grande Chancellerie, honoraire de l'Académie royale de peinture et de sculpture. Né le 7 mai 1694.*

Mariette avoit une grande admiration pour le talent de la *Rosalba*. Il aimoit à la comparer à Corrège, dit Vianelli. Il possédoit plusieurs pastels de sa main. Et son enthousiasme alla jusqu'à composer en son honneur le sonnet en langue italienne ci-après mentionné, dans la 123ᵉ lettre du tome IV de la *Raccolta di Roma* :

### SONNET.

Pour la très-virtuose demoiselle Ros'ALBA CARRIERA, célèbre dans la parole, dans le chant, dans la musique et spécialement très-excellente en l'art de peindre.

Dis-moi, gentille *Rose*, *Aube* sereine, est-ce la terre ou le ciel qui t'a donné des noms si doux? ou es-tu, fleur de tous les talents, comme une *Rose* gracieuse, et t'appelles-tu l'*Aube* de la vertu, qui elle aussi est un soleil?

Tu sembles une femme céleste ou une déesse terrestre, lorsqu'avec le même talent tu chantes ou tu parles; l'harmonie de ta voix enchaîne les âmes, et ta lyre a vaincu les modernes Orphées.

Mais quand j'admire les œuvres de ton pinceau, je jurerois ou qu'un second Apelles revit en toi ou que tes personnages sont descendus du ciel. Devant des images si vivantes, je reste confondu. Va, *Rose*, peins au milieu des rayons dont t'enveloppe le soleil; *Aube*, tes couleurs n'ont-elles pas donné la lumière au monde?

On voit que Mariette joue sur les mots italiens *Rosa-Alba*, *Rose* et *Aube* et *Rose-Blanche*, dont nous ne pouvons donner l'équivalent absolu dans leur caractère musical.

Vianelli ajoute à sa note que Mariette doit

être placé au nombre des graveurs, bien qu'il ne fût qu'un amateur; car de l'avis de F. M. Gaburri il gravoit à merveille. Son nom avec beaucoup d'autres manque à l'*Abecedario* d'Orlandi.

Il ne faudroit pas croire que l'admiration de Mariette l'aveuglât sur les défauts de Rosalba. La biographie qu'il lui a consacrée dans son *Abecedario* prouve assez que l'amitié n'excluoit pas chez lui le sens critique. On peut en juger par la notice suivante :

« CARRIERA (*Rosalba*). Zanetti m'a écrit presqu'au moment de la mort de la Rosalba, arrivée le 15 avril 1757, qu'elle étoit alors âgée de quatre-vingt-quatre ans et quelques mois; par conséquent sa naissance doit être de l'année 1673 (Mariette se trompe). Cependant il m'est venu un mémoire, qui a été dressé à Venise par la femme de Pellegrini, sœur de Rosalba, et suivant lequel il paroît que cette habile fille est née en janvier 1670 (1671), ce qui lui donne à sa mort quatre-vingt-six ans et quelques mois, et je suis tenté de m'en tenir à ces dernières dates. (Angela se trompe aussi : voir l'acte de naissance à la *Notice biographique*.)

« Rosalba Carriera est venue en France en 1720 et a été reçue à l'Académie royale de peinture et sculpture le 26 octobre de cette année.

Elle avoit été reçue à l'Académie de Saint-Luc de Rome le 27 septembre 1705, et à celle de Bologne, le 14 janvier 1720. Je trouve que dans ses airs de tête (celles des femmes) Mlle Rosalba a beaucoup mis de la manière de Pietro Liberi; ce sont souvent les mêmes caractères, les mêmes formes de bouche surtout, avec cette différence, que les têtes de la Rosalba sont beaucoup mieux coloriées que celles de Liberi, qu'elles ont plus de fraîcheur et plus de vérité. Leur belle couleur fait oublier leurs incorrections, car, il faut l'avouer, la Rosalba est fort incorrecte; mais il en est d'elle comme du Corrège, ses incorrections visent au grand, et lui sont, ce semble, permises. Ceux qui lui mirent le crayon à la main étoient ou des disciples, ou des amateurs de Liberi dont les ouvrages jouissoient de la plus grande réputation; lorsque Mlle Rosalba entra dans la carrière de la peinture, ils durent lui proposer pour modèle les tableaux de ce maître, et comme on ne se défait pas aisément de la première manière qu'on a contractée, il n'est pas surprenant que Mlle Rosalba s'en soit ressentie toute sa vie. En tout cas, elle ne risquoit rien à la conserver; la manière étoit agréable.

« Vleughels, ami de Rosalba, m'a dit qu'avant de se mettre à peindre, cette savante fille n'avoit d'autre occupation que de faire des dessins pour les dentelles appelées points de Venise, et que, la mode s'en étant passée, elle se trouva assez embarrassée, car il falloit subsister, et ni elle ni ses parents n'en avoient le moyen. Dans cette détresse, un peintre françois nommé Jean Steve, et à Venise, M. Jean, qui peignoit des tabatières, dont la mode s'établissoit, lui persuada d'en faire autant, et comme elle avoit déjà des principes de dessin et de couleur, elle suivit son avis et s'en trouva bien. C'est ainsi que les grandes choses sont amenées par les plus petites. Zanetti contredit pourtant cette anecdote, mais je ne sais s'il a raison.

« Elle fit le voyage à Vienne en 1735, y fut très-accueillie et eut l'honneur de donner des leçons de pastel à l'impératrice régnante; cela se met volontiers dans une vie d'artiste et sert à la relever, quoiqu'apprécié à sa juste valeur, ce ne soit pas grande chose.

« Rosalba avoit été appelée en 1723 à Modène, pour y faire le portrait des princesses. Elle les fit, autant que je puis m'en souvenir, à la sollicitation de Mme d'Hanôvre, leur grand'mère, que Mlle Rosalba avoit connue à Paris, et qui avoit en cela ses vues; elle leur vouloit chercher des maris.

« Ce fut en 1746 qu'elle perdit la vue. Peu

de temps auparavant, elle avoit peint au pastel cette belle tête d'un jeune homme, dont elle m'a fait présent, qui est digne de Corrège, et que la circonstance du tems où elle a été faite, rend encore plus intéressante (cette tête a été vendue trois cent cinquante livres, voir le catalogue Mariette). En 1749, elle se résolut à souffrir l'opération des cataractes. Elle se fit au mois de mai, et au mois d'août suivant, je reçus une lettre de sa main où elle m'annonçoit elle-même le succès ; elle retomba bientôt dans son premier état d'aveuglement, et n'en sortit plus. » (*Abecedario de Mariette*).

47. C'est sans doute pour avoir un violon. On a vu par le sonnet de Mariette qu'elle jouoit de cet instrument :

Vinci con lira in man gli Orfei novelli :
La lyre a vaincu les modernes Orphées.

Crozat le dit aussi dans une de ses lettres. Dans la *Vita di Rosalba* on lit qu'elle accompagnoit au piano, cela est plus certain d'Angela. Un autre sonnet que j'ai en ma possession et dont je n'ai pu connoître l'auteur a pour titre : *Louanges adressées à Mesdames Rosalba et Giovanna Carriera, jeunes virtuoses :*

Le roi vaillant et rusé d'Itaque regardoit comme

son plus beau triomphe d'avoir fui les chants mélodieux de Circé.

Être vaincu par ces deux nouvelles syrènes seroit un sort plus digne d'envie, et il seroit doux encore de subir de si doux enchantements.

### CROZAT A ROSALBA.

Le 28 octobre 1718.

« Connoissant votre goût pour la musique et avec quelle délicatesse vous la comprenez, je vous envoie un libretto de poésies choisies. J'espère que dans le nombre, vous en trouverez une que vous pourrez mettre en musique. »                    V

Cette lettre donne à Vianelli l'occasion d'une tirade admirative sur le génie varié de la Rosalba.

On sera peut-être étonné au tems où nous vivons, d'entendre célébrer le talent de la *Rosalba* sur le violon, instrument presqu'exclusivement réservé aux hommes. Mais à cette époque, les Vénitiennes surtout avoient une grande prédilection pour cet instrument. Il existoit à Venise des artistes très-supérieurs sur le violon, et, chose étrange, c'étoit dans les hôpitaux, où la république élevoit à ses dépens les filles pauvres ou orphelines, qu'on trouvoit les plus remarquables virtuoses. La

*Zabetta* des *Incurables*, la *Margarita* des *Medicanti*, l'*Anna-Maria* des *Hospitalettes* et la *Chiaretta* de la *Pitié* furent plus tard des exécutantes tout à fait à la mode.

Il n'y a rien de si plaisant, dit le président de Brosse, que de voir « une jeune et jolie religieuse, en habit blanc, avec un bouquet de grenades sur l'oreille, conduire l'orchestre et battre la mesure avec toute la grâce et la précision imaginables. »

Il cite encore un autre jeune virtuose très-habile sur la basse et il ajoute en plaisantant, n'avoir jamais vu femme jouer avec plus d'habileté d'un aussi gros instrument. S.

48. Giorgio Rapparini, de Bologne, déjà cité, secrétaire et conseiller intime de l'électeur Palatin; grand amateur de peinture, et surtout du talent de *Rosalba*, dont il étoit un des plus intimes amis. Ils s'écrivoient fréquemment. Je possède toute leur correspondance. Rosalba l'appeloit son compère, *suo compare*. V.

49. La lettre qui va suivre, nous mettra sur la voie du Foresti, que cite Rosalba, et du motif qui la porta à lui écrire.

### CARLO GABRIELLI A ROSALBA.

10 août 1720.

« Avec quel plaisir, à mon arrivée à Venise, j'ai appris la libération du sʳ Sebastiano Foresti, votre parent, et mon très-vieil ami, et la nouvelle de son prochain retour parmi nous ; comme je m'en réjouirai avec ma chère commère (la sig. Alba) et avec vous tous. Vous en avez peut-être eu connoissance d'autre part ; mais de toutes façons j'en suis heureux, comme si c'étoit ma propre cause : parce que sa liberté fait éclater son innocence. V.

**49 bis.** Voir page 231 la note sur Arlaud.

**50.** William Law, frère puîné de Jean Law, fut associé à ses combinaisons financières. Il étoit un des nombreux directeurs de la Banque. Mis à la Bastille après la fuite du contrôleur général, il en sortit peu de temps après, et se fixa en France, où il devint la tige de la famille Law. William prit le titre de Lauriston après la mort de John Law, et du fils de ce dernier.

Il paroît que c'est à la duchesse de Bourbon qu'il dut la faveur de rester en France, et d'être protégé dans sa personne et dans celles de ses descendants.

*William Law*, premier du nom, qualifié baron de Lauriston d'une terre qu'il acheta sur les bords de la Clyde, dans le Mid-Lothian, s'établit à Édimbourg et y fit la banque. Il épousa Jeanne Campbell de la noble maison d'Argyle; de ce mariage naquirent John Law de Lauriston, le contrôleur général et William Law, deuxième du nom qui, à la mort de John, et après celle de son fils, cornette au régiment de Frise, hérita du titre de baron de Lauriston. William I$^{er}$ eut encore trois autres fils, André, Robert et Hugues, qui moururent sans postérité.

*William Law II$^{me}$* avoit épousé à Londres, en 1716, Rebecca Desves, qu'on prétend de la maison de Percy. Il mourut en 1752, laissant cinq enfants, tous nés à Paris, dont Jean Law, baron de Lauriston, entr'autres, qui passa dans les Indes, et y devint commandant-général de tous les établissements françois. Il y épousa Jeanne Carvalho. De ce mariage naquirent neuf enfants, parmi lesquels était Jean-Guillaume Law de Lauriston, né en 1766, mort avec Lapeyrouse à Vanikoro, et Jacques-Alexandre-Bernard Law de Lauriston, maréchal de France, né à Pondichéry, le 1$^{er}$ février 1768. Le fils du maréchal, Auguste-Jean-Alexandre Law, marquis de Lauriston, né à la Fère en 1790, a été général et représentant de l'Aisne en 1848; il est mort en juin 1860, laissant trois fils, dont l'aîné, Alexandre-Louis-Joseph Law, marquis de Lauriston, chef du nom, né en 1821, ancien officier d'artillerie, a épousé mademoiselle Marie-Pauline Lanjuinais, fille du comte Lanjuinais et petite-fille du conventionnel. William Law II$^{me}$ a eu en ligne directe, plus de cinquante enfants et arrière-petits-enfants. Voir pages 36, 74, 78, 138, 274, 282, 397. S.

51. Les médecins ordinaires du Roi étoient: *Dodart* et *Boudin*; les chirurgiens : *De la Peyronie*, *Maréchal* et *Chaban de la Fosse*. S.

52. Voir page 103, au sujet de la duchesse de Louvois. S.

53. « De la Cutts ? » C'est très-probablement Mme de la Carte, dont le nom a été mal écrit par Rosalba ou mal lu par Vianelli. S.

54. Mme Du Revest, femme de Du Revest, contrôleur général de la banque. Les billets de Law qu'on trouve encore se terminent par cette mention : *contrôlé par Du Revest*. S.

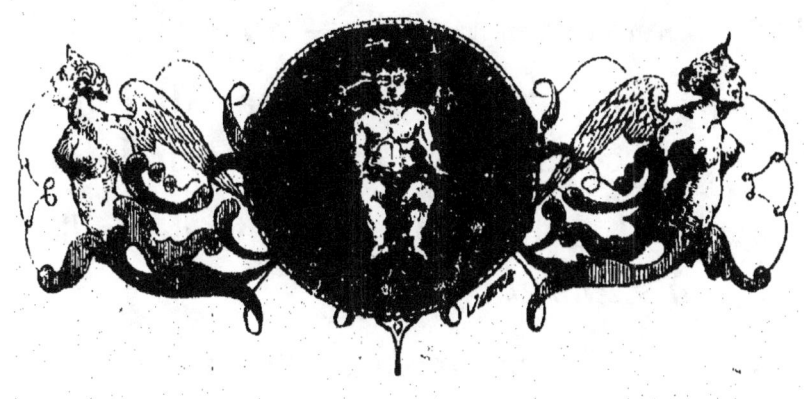

# SEPTEMBRE.

1ᵉʳ septembre, dimanche. J'ai reçu la visite de M. Aran (Audran) gardien de la galerie du Luxembourg. Je donnai à Montigni une p...., et MM. Vivien[1], Rigaud et Boit vinrent me faire visite. J'allai à l'Opéra avec toute la compagnie[2]; Mme la marquise de la Carte m'avoit fait cadeau d'une loge qui coûtoit soixante-quatorze francs. Je vis encore M. et Mme Crozat qui partoient tous deux pour la campagne[3].

Le 2. Je promis de faire le portrait au pastel, de la fille de M. et Mme Crozat, dont j'ai parlé plus haut, avec son mari[4].

Le 3. J'allai chez M. Law et je lui laissai les portraits. Je passai l'après-dîner avec

Mme Donini et je promis à Mme de la Carte de commencer son portrait le cinq.

Le 4. Je changeai le billet de mille à Z....., *à Zanetti.*

Le 5. Je commençai le portrait de Mme de la Carte, et je reçus la visite du grand Mississipien Anglois M....[5]

Les 6 et 7. J'allai avec ma mère et mes sœurs à la Comédie françoise, où Mme de la Carte m'avoit régalé d'une loge. Elle m'avoit donné aussi six fichus[6], de la gance et des éventails.

Le 8. J'ai donné ma parole à M. Vleughels de lui faire une tête : j'ai reçu la visite de M. de Troy le fils[7].

Le 9. Un Anglois est venu chez moi, avec un fils de l'ambassadeur[8] et M. Falcon, médecin de Sa Majesté[9].

Le 10. J'ai vu M. Baucon, M. de Croisic et autres. J'ai donné de la gance à Mme d'A.... (peut-être Mme d'*Argenon*)

Le 11. . . . . . . . . . . .

Le 14. J'allai *aux Petits-Pères.*

Le 15. Je vis M. Vleughels à la banque;

il m'obligea de faire une petite tête au pastel pour son ami l'In..:..[10] (peut-être l'Anglois).

Le 16. Nous sommes allées voir le camp[11]; il étoit composé d'environ deux mille hommes qui défilèrent devant le Roi et plantèrent les tentes. Diminution du *compte en banque*[12] (du solde en banque) et des billets.

Le 17 et le 18. Vu Bononcini[13].

Le 19. Écrit à Gabrielli, à Ramelli[14] et aussi à Recanati.

Le 20. J'allai avec la comtesse d'Euré[15] chez un marchand de soies et je commençai son portrait[16]. Je rendis celui du jeune comte de la Carte.

Le 21. Nous allâmes toutes avec M. Jean[17] aux Invalides[18]. Ils sont au nombre de trois mille cinq cents. On leur donne un habit tous les trois mois, un chapeau, tous les quinze mois; trois fois par semaine, ils ont permission de sortir de l'hôtel; ceux qui ont le courage de s'absenter sans la permission du gouverneur, sont chassés à la troisième fois. Dans la matinée et pendant qu'ils étoient à l'église, j'allai voir les portraits de.... et à la banque je vis

Mme de Ventadour et Mme de la Fierce sa sœur[19] : on alla ensuite à la comédie.

Le 22, dimanche. On alla avec Bononcini, chez M. Law.

Le 23, lundi. J'allai chez Mme de Ventadour et chez M. Gondé qui vouloit son portrait. Je commençai celui de Law.

Le 24. J'ai travaillé d'après le modèle. J'ai vu M. Baucon avec une illustre dame et il fut décidé que je ferois le portrait de M. Castellani[20].

Le 25. Je revis un autre modèle et je terminai une autre tête d'après elle.

Le 26. Vu M. Coypel père. Commencé le portrait de M. Castellani. J'écrivis à Badini et à Gabrielli.

Le 27. J'allai avec ma mère, Giovanna et M. Jean au cabinet du Roi. Je travaillai à un portrait en miniature sur une carte fixée à ma boîte[21]. Je peignis aussi Sa Majesté, le même jour. Villeroi dit à Mme de Ventadour : Regardez quelle bonne mine elle a, comme elle est toujours bien mise[22]; et l'un et l'autre usèrent toujours envers moi de la plus grande politesse[23].

Le 28. J'allai avec Giovanna à la foire Saint-Laurent[24]. Je donnai une petite tête à M. Crozat[25].

Le 29. Nous allâmes tous déjeuner chez le Mississipien M. Saint-Germain à qui je promis de faire le portrait de sa femme.

Le 30. Au concert donné chez M. Crozat; je vis le Régent, Law et autres personnes[26].

# NOTES.

1. Joseph Vivien, élève de Lebrun.

Mariette dit de lui : « Il s'est rendu recommandable par ses beaux pastels. Il n'a pas traité ses pastels comme la *Rosalba*, mais il leur a sçu donner beaucoup de force, et généralement ses portraits sont mieux dessinés que ceux de cette habile fille. Lorsqu'elle vint à Paris, elle sçut lui rendre la justice qu'il méritoit.

« Il a peint à l'huile un grand tableau dans lequel il avoit représenté, par ordre de l'électeur de Bavière, toute la famille de ce prince réunie après la paix de Rastadt, en 1715. Vivien voulut le porter lui-même à la cour de Bavière, quoique dans un âge fort avancé. Il ne put résister aux fatigues du voyage, il mourut à Bonn, à la cour de l'Électeur de Cologne, le 5 décembre 1734, âgé de 77 ans. » Il étoit depuis longtemps conseiller de l'académie royale de peinture.

Le Louvre a deux portraits au pastels de Vivien. Il demeuroit près de l'église Saint-

Louis, en l'île. L'été il habitoit une charmante maison de campagne à Ivry, où il aimoit à recevoir gaiement ses amis.

La calcographie du Louvre possède une planche, n° 1717, gravé par Poilly, d'après Vivien, c'est le portrait de Van Cleve, sculpteur. On voit au musée de Rouen le portrait de Fénelon, pastel de Vivien. S.

2. Elle entend les parents qui l'avoient accompagné à Paris et les membres de la famille Crozat. V.

C'étoit le jour de la foire de Bezons. Tout Paris s'étoit rendu à l'Étoile (où se trouve aujourd'hui l'arc de triomphe), pour assister au retour de la fête. Mlle Law qui y étoit venue dans un carrosse à sept glaces, y paya bien cher le luxe qu'elle avoit affiché. Elle fut insultée par la populace et blessée d'un coup de pierre. Voir page 78. S.

3. Antoine Crozat possédoit de nombreuses terres ; une des plus belles et où il se rendoit souvent, étoit celle de Mouy en Picardie, dont il était seigneur et baron. S.

4. La fille d'Antoine Crozat étoit la célèbre comtesse d'Évreux, Marie-Anne Crozat. Le peintre italien Paolo Mattei avoit fait son

portrait avec ceux de M. et Mme Antoine Crozat dans un seul tableau, qu'on vit encore longtemps après chez le marquis du Châtel. Celui de la comtesse d'Évreux a été gravé par Langlois, d'après le même peintre. Voir page 335. Il est curieux de constater que, malgré la séparation du comte d'Évreux et de sa femme, Antoine Crozat désiroit se faire honneur du portrait de son gendre. Cette petite vanité de financier lui étoit familière. La *Géographie de Crozat*, dont la première feuille est ornée des portraits des deux époux, en est la preuve. Voir page 334. S.

5. Elle parle le 29 septembre de ce grand Mississipien anglois. Elle le désigne alors sous le nom de *M. Saint-Germain*. V.

Il n'existe aucune trace de ce personnage dans la chronique du *système*. Il n'a rien de commun avec le fameux *comte de Saint-Germain*, qui fit son apparition plus tard comme précurseur de Cagliostro. Le nom de *Saint-Germain* plutôt françois qu'anglois a-t-il été mal écrit par Rosalba ou mal lu par Vianelli? C'est une énigme que nous n'avons pu deviner. Les Anglois n'étoient pas moins enthousiastes que les François du système et de ses chances. Lord Londonderry et plusieurs pairs d'Angleterre s'y étoient fort engagés. Le gouvernement anglois n'étoit pas resté en retard sur le progrès du temps. *La Compagnie de la mer du Sud*, dirigée par le notaire *Blount*, avoit racheté toutes les créances contre l'État et obtenu le droit d'ouvrir une souscription pour un projet de commerce gigantesque avec les mers du Sud. Comme à Paris, on se passionna pour ces richesses imaginaires. Tout le monde voulut convertir ses créances; l'illusion entretenue avec adresse dura quelque temps. Les actions montèrent à des taux extravagants; bientôt la nation angloise tout entière ne fut occupée que de calculs et d'agiotages; les ministres, le parlement s'y laissèrent entraîner. Mais les rêves disparurent bientôt, les meneurs poursuivis, leurs biens confisqués et les anciens rentiers liquidés par un dividende de 33 pour cent. Toute la Grande-Bretagne ressentit pendant longtemps les désastres de cette crise financière qui ruina des milliers de familles. S.

6. Le texte italien écrit *Fissu*. Rosalba prononce Fichu à l'italienne. S.

7. Jean François de Troy, né à Paris en 1679, fut un des artistes les plus célèbres du siècle de Louis XV. La composition de ses tableaux, sa couleur éclatante et toute à l'effet, lui

avoient valu une grande renommée, à peu près oubliée. Son œuvre capitale est : *La peste de Marseille*, tableau qui fait partie de la collection du château Borelli à Marseille, et dont nous avons eu occasion de parler à la note de la page 153.

Les églises des pères de Saint-Lazare, de Sainte-Geneviève, des Grands-Augustins possédoient des tableaux de de Troy. Aujourd'hui on voit au Louvre sa *Réception des chevaliers de l'ordre du Saint-Esprit*. Les Gobelins ont exécuté en tapisseries les histoires d'Esther, de Médée et de Jason, sur les compositions de de Troy. Il fut recteur de l'Académie de peinture de Paris, chevalier de l'ordre de Saint-Michel et directeur de l'Académie de peinture à Rome. De Troy avoit un caractère difficile. Il étoit susceptible et hautain. Voici ce que dit Mariette à propos de sa direction de l'Académie françoise à Rome :

« M. de Marigny, ou, comme on l'appeloit alors, M. de Vandières (frère de Mme de Pompadour), fit le voyage d'Italie dans le tems du directoriat de M. de Troy. Il fut logé dans le palais de France. M. de Troy le reçut avec toute la distinction qui lui étoit due. Tout se passa dans les commencements à la satisfaction de l'un et de l'autre. Il y eut des fêtes données. Les pensionnaires firent les honneurs d'un bal où la principale noblesse de Rome fut invitée, et M. de Vandières sceut gré au directeur de toutes ses attentions. Malheureusement celui-ci avoit pris pour maîtresse la femme d'un médecin, extrêmement jolie. Il en étoit amoureux à la folie. C'est le foible des vieillards de porter la passion à l'excès et d'être jaloux. M. de Troy se laissa gagner par cette maladie. Il crut apercevoir que son hôte étoit pris d'amitié pour la jolie femme; il ne put y tenir, et, ne se possédant point, il manqua à son supérieur; il tint des discours qui furent entendus et qui déplurent. Dès ce moment sa perte fut résolue. Il y avoit du tems qu'il demandoit son rappel; c'étoit peut être un jeu : ce qu'il y a de sûr c'est qu'amoureux comme il l'étoit, il eût été très-piqué si on l'eût pris au mot et que, ne recevant aucune réponse, il étoit persuadé que l'affaire étoit oubliée. Il étoit dans l'erreur. On lui avoit nommé un successeur. Au moment qu'il s'y attendoit le moins, il le vit arriver, sans aucune espérance de garder sa place. Il restoit à Rome, captif de celle dont il portoit les liens; il temporisoit; mais enfin il fallut prendre son parti. M. de Nivernois, notre ambassadeur à Rome, avoit obtenu la permission de revenir en France. Une frégate, équipée à Marseille, l'attendoit et étoit venue pour servir à son passage. M. de Troy eut ordre de se préparer à partir et de profiter de l'occasion. Le jour fut indiqué et l'intimation lui en fut faite peu de tems auparavant à l'Opéra, où il assistoit avec sa maîtresse. Ce fut un coup de foudre Saisi et abbatu, faisant effort sur lui-même pour ne rien laisser apercevoir de ce qui se passoit dans son intérieur, il rentre chez lui. La fièvre le saisit. Un mal de gorge, qu'on attribue à l'air froid qu'il a respiré à la sortie du spectacle, le menaça d'une esquinancie. Les médecins appelés le traitent en conséquence, et la maladie dégénère bientost en une fluxion de poitrine, qui le fait périr en peu de jours. » Jean François de Troy, est mort à Rome, le 26 janvier 1752. C'est Natoire qui lui succéda. S.

8. L'ambassadeur d'Angleterre étoit en ce moment Milord *Stairs*. S.

9. Rosalba fait là très-probablement erreur. Il n'y a pas eu de Falcon médecin de Louis XV, mais bien un Falconnet, docteur en médecine de la Faculté de Paris, de l'Académie des inscriptions et belles-lettres. Ce ne pouvoit pas être *Fagon*, médecin de Louis XIV, car il étoit mort en 1720. S.

10. Il me semble, dit Vianelli, qu'il s'agit de

cette petite tête et de cet Anglois dans une lettre que *Vleughels* écrivoit à *Rosalba* :

Le 27 décembre 1721.

« J'ai reçu, disoit-il, en son temps, par un
« grand jeune homme qui avoit eu l'honneur
« de vous voir à Venise, la petite Venus si
« parfaitement exécutée, comme tout ce qui
« vient de votre main, et je l'ai remise à
« M. Prouyen à qui elle appartenoit. Il m'a
« prié de vous en adresser tous les remercî-
« ments. V. »

11. C'étoit le camp de Charenton dont il a été question plus haut. Page 133. S.

12. La diminution du compte en banque étoit une des nombreuses mesures prises par Law pour retarder sa chute. Les billets subissoient encore une nouvelle dépréciation, et les comptes en banque ou payements devoient se faire presque en totalité, en espèces métalliques et une foible partie en billets diminués. C'étoit un arrêt du conseil du Roi du 15 septembre qui régloit ainsi le cours des payements. S.

13. Rosalba connoissoit, en 1715, un Bononcini. Il avoit pour femme une dame Margharita qui écrivoit de Rome à notre artiste pour

lui demander des conseils sur la miniature. C'est peut-être aussi un des deux frères Bononcini, célèbres maîtres de contre-point, dont parle Tirasbochi dans ses notices sur les professeurs de musique modenois. V.

14. L'abbé Félice Ramelli ci-dessus nommé, intime ami de la famille Carriera, avoit un certain talent comme miniaturiste. Nous avons dans notre recueil bon nombre de lettres de ce personnage : Vingt-cinq écrites en françois et deux en italien. Cet homme, d'une rare pénétration, donnoit d'excellents conseils à Rosalba, à l'apogée même de sa renommée. Le 4 octobre 1704 il lui écrivoit de Bologne : « Soyez convaincue que personne plus que moi « ne rend justice à votre mérite et que je vous « affectionnerai tant que j'aurai de la vie. »

Lorsque Rosalba fut sollicitée d'aller à la cour de l'électeur Palatin, aux appointements de six mille écus par an, Ramelli lui écrivit :

Rome, le 29 mai 1706.

« Réfléchissez bien avant de vous décider et
« avant de conclure avec un prince qui est le
« souverain le plus poli (manieroso,) et affable
« du monde...; votre mère, la femme la plus
« intelligente que je connaisse et à qui vous de-
« vez tout, après Dieu, pourra vous donner de
« bons conseils. Peut-être y recevrez-vous tous

« les honneurs de la cour, peut-être en serez-
« vous une des dames ; réfléchissez que vous
« êtes la reine dans votre maison et que vous
« habitez une ville (Venise) où tout le monde
« vous est soumis. »

Rosalba ne se rendit pas chez l'électeur Palatin. V.

15. Rosalba a écrit dans son manuscrit la comtesse *Euré*, elle veut évidemment dire la comtesse d'Évreux. Il est possible que son manuscrit porte plutôt le mot *Évré* que *Euré*. Vianelli, très-peu versé dans les noms françois, a bien pu commettre cette erreur. C'étoit Marie-Anne Crozat, fille d'Antoine Crozat, mariée au comte d'Évreux de la maison de Bouillon. Voir pages 183 et 334. S.

16. Le portrait du marchand dit Vianelli, car celui de la comtesse ne fut commencé que le 10 février de l'année suivante : V.

17. Il est entendu que lorsque Rosalba parle de courses çà et là, avec M. *Jean*, il s'agit, ainsi que cela résulte de ses lettres, de M. Pierre-Jean-Mariette. V.

18. C'est à Henri IV que revient l'honneur de la création de cette institution, qu'il installa, en 1597, dans les bâtiments de l'hôpital de la Charité chrétienne, rue de l'Ourcine;

ces bâtiments étant trop exigus, Louis XIII y ajouta le château de Bicêtre en 1634.

Louis XIV fit commencer en 1670, le superbe hôtel que nous voyons aujourd'hui. Libéral Bruant en fut l'architecte. Les voûtes de la chapelle ont été peintes par Noël Coypel, Jouvenet et Lafosse; on y voit aussi des peintures de Boullongne, et des sculptures de Van Cleve et Magnier. Nicolas Cochin a gravé les planches de la *Description historique de l'hôtel royal des invalides*, par l'abbé Pereau. Sur les murs du grand réfectoire on voit encore des sujets historiques représentant les batailles du temps de Louis XIV. Par un privilége spécial de Louis XV, la garde des maisons royales fut confiée aux soldats-invalides. Ils faisoient le service de Versailles, des Tuileries, du Louvre, de la Bastille et de l'École militaire. Ils avoient aussi une compagnie des cours judiciaires appelée Compagnie de *Robe courte*. S.

19. Cette dame *de la Fierce*, sœur de Mme de Ventadour, ne peut être que Mme *de la Ferté;* Marie-Gabrielle-Angélique de la Mothe-Houdencourt, troisième fille de Philippe de la Mothe-Houdencourt, duc de Cardone, maréchal de France, et de Louise de Prie, gouvernante des enfants de France, mariée le 18 mars 1675, à Henri-François de Saint-Nec-

taire, duc de la Ferté, pair de France, né le 23 janvier 1657, brigadier des armées du Roi. Il prit séance au parlement le 8 janvier 1678. Madame de la Ferté est morte le 29 avril 1726. S.

20. Antoine Castellani, peintre de l'école de Cignani. V

21. Ce passage paroît obscur à Vianelli lui-même. Il se demande si la Rosalba n'auroit pas appliqué sur le couvercle de sa tabatière ou sur celui de sa boîte à couleurs un portrait du Roi, dessiné sur un morceau de papier, portrait qui la guidoit pour l'exécution de la miniature de ce prince, et qu'elle évitoit par ce moyen de faire poser devant elle.
C'est la première version qu'il faut admettre. Rosalba avoit à peindre un portrait du Roi en miniature destiné à être fixé sur une tabatière que Louis XV devoit offrir à Mme de Ventadour, sa gouvernante. Le jeune prince y figuroit accompagné d'une victoire lui montrant le chemin de la gloire. (*Mercure*, 27 février 1722.) S.

22. On voit que Rosalba s'habilloit simplement, mais avec distinction. V.

23. Le maréchal de Villeroi n'étoit pas

délié dans l'art de faire des compliments; sa haute position sauvoit seule ce qui manquoit à son esprit en distinction et en finesse. Saint-Simon le juge avec sa malice habituelle : lourd et nul. S.

24. Elle commençoit le lendemain de la fête de Saint-Laurent et finissoit le 7 septembre; mais depuis 1705 les missionnaires de Saint-Lazare, qui en étoient les bénéficiaires, obtinrent qu'elle commençât le 24 juillet et qu'elle continuât jusqu'à la Saint-Michel. Elle se tint d'abord le long de la rue Saint-Laurent; puis après dans l'enclos Saint-Lazare, emplacement entouré de murs et contenant cinq arpents. L'hôpital de la Riboisière et les abords du chemin de fer du Nord sont construits sur les terrains de la foire Saint-Laurent. S.

25. On voit souvent dans les collections ces petites têtes faites par Rosalba. Elles sont ordinairement bien en relief, vives de couleur et de modelé. S.

26. Ce concert que Crozat donna pour faire valoir le talent de Rosalba sur le violon fut une solennité musicale à laquelle le régent ne manqua pas d'assister avec Law qui n'étoit cependant pas l'ami de Crozat, puis le comte de

Caylus, M. et Mme de Julienne, Watteau, Mariette, l'abbé de Maroulle et Hénin. Un dessin de Watteau placé au Louvre, et venant de Mariette, nous a transmis les portraits des principaux exécutants : c'étoient Antoine, le joueur de flûte, Rebel, Paccini, Mlle d'Argenon, nièce de la Fosse, et Rosalba elle-même. Mariette a tracé au bas de cette pièce l'inscription suivante : *Præclarorum musicorum cœtus, silicet : Antonius, fidicen eximius, Paccini, italus cantor, Mus. Reg. et D$^a$ Dargenon, Car. de la Fosse, Pict. Acad. sorori felici, cui suaves accentus Musa invideret.*

Crozat donna un second concert le 22 novembre suivant, dans lequel l'internonce joua de l'archiluth.

On appeloit les réunions musicales de Crozat : les concerts *degli paganti*. S.

## OCTOBRE.

Le 1er octobre, mardi. Je commençai la duchesse de Richemond en petit, au pastel[1].

Le 2. Je commençai la duchesse de Laurillier au pastel[2]; et je pris séance avec un Anglois pour le 6.

Le 3. Vu Mme Soinin[3], qui veut le portrait de sa belle et charmante fille.

Le 4. Nous sommes allées voir la revue des soldats qui firent l'exercice à feu de mousqueterie; parmi plusieurs visites, je reçus celles de l'ambassadeur de Malte[4] et de M. Enin[5], qui m'a demandé son portrait. Je refusai d'en faire quatre petits[6].

Le 5. Nous fûmes toutes invitées à la campagne chez M. Saint-Germain, et je retournai à l'Académie comme je l'avois promis à M. Coypel.

Le 6. Sortie pour voir et remercier M. Coypel; ne le trouvant pas, je passai à l'Académie avec M. Vleughels, pour mieux voir les tableaux. Commencé le portrait de Molgneux, seigneur anglois[7].

Le 7. J'ai travaillé à un portrait au pastel, pour un seigneur anglois.

Le 10. Je commençai le portrait de Lelc[8] en miniature; et j'allai prendre de l'étoffe pour faire une robe, que je payai 24 francs l'aune.

Le 11. Vu M. Coypel le fils[9].

Le 12. Terminé le portrait de Molgneux[10], et reçu dix louis pour cet ouvrage. Le marquis de Villeroi[11] me fit dire qu'il différoit de payer le portrait du Roi, afin que je fusse bien payée et en bonne monnaie[12].

Le 13. M. Jean vint chez moi et s'excusa de ne pouvoir encore aller à Saint-Cloud[13].

Le 14. Triste journée pour moi[14].

Le 15. Je commençai le portrait d'une dame angloise.

Le 16. J'allai visiter M. Coypel, mais je ne vis que sa femme [15].

Le 17. Je vis M. C.... (Coypel) et les visites furent décidées pour le lendemain [16].

Le 18. Je fis les visites avec Giovanna, par un temps de pluie et de vent; je donnai un louis au carrossier.

Le 19. J'allai à la comédie avec Mme S.... (probablement *Soinin* ci-dessus nommée).

Le 20. A la maison.

Le 21. Terminé Milady.

Le 22. Je suis allée au Palais-Royal avec Mme d'Argenon [17]. J'achetai une coiffe, un manchon et des plumes.

Le 23. J'ai eu 120 écus de M. Vleughels.

Le 24. Allée à la comédie.

Le 25. Vu M. Coypel le fils.

Le 26. J'allai à la maison du dit M. Coypel, avec Giovanna, et là, je reçus la lettre de l'Académie et la nouvelle que j'avois été admise à l'unanimité et sans ballottage; personne n'ayant voulu donner une boule noire [18].

*Le* 27. Nous sommes allées toutes à Saint-Cloud[19]; nous y vîmes les appartements du Régent, ses peintures, la salle de Mignard, un tableau fait par un Espagnol et dans la chapelle, deux Luca-Giordano[20].

Le 28. Je m'engageai à faire la copie au pastel, du portrait du Roi[21].

Le 29. Allée à la banque où j'ai déjeuné avec ma mère et avec Zanetti[22]. Soldé le compte des dix écus, que me devoit An.... (*Antonio Pellegrini* ou *Angela* sa femme). Il reste à me rembourser les 20 de Lo.... (de Londres); et moi je dois (*à l'un* ou *à l'autre*) deux cents francs. M. de Quélus, ne me trouvant pas chez moi, écrivit à M. Crozat, le priant de s'entremettre pour m'obliger à faire le portrait d'une duchesse-épouse)[23]; je refusai d'en faire deux autres de sujets différents, et d'aller à Montmorency[24]. Milady emporta le portrait sans[25]....

# NOTES.

1. La duchesse de Richmond, femme de Lennox, duc de Richmond, petit-fils de Charles II par son père Charles Lennox, enfant naturel de ce roi et de Louise de Kéroualle, duchesse de Portsmouth, dame françoise, créée par Louis XIV, duchesse d'Aubigny. — Cette duchesse de Richmond, dont parle Rosalba, fut la mère de Charles Lennox, né en 1736, qui aima les arts avec passion et fit pour les encourager le plus noble usage de sa fortune. S.

2. Françoise de Mailly, fille de Louis, comte de Mailly et de Marie-Anne de Sainte-Hermine, épousa, 17 septembre 1700, Louis Phélippeaux, marquis de la Vrillière, comte de Saint-Florentin. Cette dame fort galante passa plus tard pour avoir *déniaisé* Louis XV. Les quatre demoiselles de Nesle, toutes quatre maîtresses de Louis XV, étoient ses nièces. Voir page 273. S.

3. Le nom de Soinin est inconnu en 1720;

Rosalba en aura probablement défiguré la prononciation. Nous avons déjà vu plusieurs fois combien un nom françois, écrit, puis retranscrit par un Vénitien, pouvoit subir d'altérations: *Euré* pour *Évreux*, *Aran* pour *Audran*, *Laurillier* pour *la Vrillière*, *de la Fierce* pour *de la Ferté*, *de la Cutts* pour *de la Carte*, etc. S.

4. L'ambassadeur de Malte étoit le bailly de Mesme (Jean-Jacques), frère puîné du premier président du parlement, mort en 1741, à l'âge de 61 ans, grand-croix de Malte et grand prieur d'Auvergne. S.

5. Hénin, ami intime de Watteau, peignoit avec lui dans son atelier, et fut un des héritiers de ses dessins et de ses études. Il gravoit aussi. Les portraits *en petit* de Rosalba sont ses meilleurs ouvrages; très-supérieurs par leur coloration fraîche et claire à ses grands portraits. S.

6. Rosalba auroit eu cent mains et cent yeux que certainement ils ne lui auroient pas suffi pour accomplir les travaux qui lui étoient demandés à Paris, bien qu'elle fût aidée par Giovanna, sa jeune sœur. V.

7. *Molyneux* est le nom d'une ancienne famille d'Angleterre, descendante de Guillaume

des Moulins ou de Molines, gentilhomme normand qui accompagna Guillaume le Bâtard dans son expédition de la Grande-Bretagne. Plusieurs individus de cette famille ont occupé des places importantes dans l'histoire d'Angleterre. Celui que Rosalba signale pourroit être *Thomas Molyneux*, médecin, mort en 1733 auteur of *Letters to M. Locke* (Londres 1708), ou *Samuel Molyneux*, né à Chester en 1689, secrétaire du prince de Galles (depuis Georges II), savant physicien et astronome. S.

8. *Lelc* est un nom qui n'est d'aucune langue, et que Vianelli n'a pu que nous transmettre, sans le rendre plus clair. S.

9. Charles Coypel, fils d'Antoine, voir la note ci-dessus. Page 80.

10. A propos de cet Anglois, Vianelli invoque les témoignages de Webb et de Properce, comme une preuve du goût des anciens Bretons pour la portraicture. M. Webb a dit dans les *Ricerche*, version italienne : « La passion extraordinaire que les Anglois ont pour les portraits semble avoir été célébrée par les poëtes anciens eux-mêmes :

Nunc etiam infectos Demens imitare Britannos
 Ludis et externo tincta nitore caput.
  (Properce, lib. II, Eleg. 18.)   V.

C'est un peu abuser de l'érudition et de l'amour pour les notes, que de faire remonter jusqu'aux sauvages de l'antique Bretagne, amoureux de se peindre le visage, l'origine du goût que les Anglois du dix-huitième siècle manifestoient pour les portraits. Il y a là toute la distance d'un Huron aux descendants de lord Arundel. S.

11. Ce n'est pas le marquis, mais le maréchal de Villeroi. Vianelli a pris *marchese* pour *maresciallo*. S.

12. On comprend parfaitement le maréchal de Villeroi, qui, comme gouverneur du Roi, tenoit à payer Rosalba en monnoie sonnante et non en papier de la banque de Law. Depuis quelque temps, le gouvernement tendoit à la suppression définitive du papier et à la reprise des payements en espèces ; le 10 octobre parut un arrêt célèbre qui invitoit définitivement les porteurs à employer avant le 1$^{er}$ novembre les bons qui leur restoient, soient en rentes perpétuelles à 2 pour 100, soit en rentes viagères à 4 pour 100, soit dans les fonds de la nouvelle compagnie des Indes. La chute des valeurs de crédit étoit en outre précipitée par les agioteurs de l'hôtel de Soissons, qui, ayant retourné leurs batteries, jouoient à la

baisse de manière à désespérer cette portion du public qu'on avoit forcée à échanger des biens effectifs contre du papier. En recevant cette monnoie fictive, Rosalba, étrangère à la France et à toutes les manœuvres des manieurs d'argent, eût été indignement, mais légalement trompée. C'est ce que lui évita le vieux maréchal, gouverneur de Louis XV. Voir page 169. S.

13. Saint-Cloud, dit Busching, est un bourg sur la Seine, près de Paris, avec un château appartenant au duc d'Orléans, orné d'excellents tableaux, de beaux jardins, de grandes eaux et cascades. V.

A cette époque, on voyoit à Saint-Cloud des quantités de peintures de Mignard : une suite de tableaux des amours de Mars et Vénus, les phases de la divinité d'Apollon, les heures du jour, les quatre saisons, le Parnasse. Piganiol de la Force nous a conservé le détail de toutes les magnificences de ce palais que le duc d'Orléans, frère de Louis XIV, avoit fait élever d'après les dessins de Lepautre, sur les maisons de campagne du surintendant Fouquet, du contrôleur général d'Hervard et de Monerot.

La chalcographie du Louvre possède plusieurs planches gravées par Audran, d'après les originaux de Mignard : les *Plaisirs des jardins*, la *Jalousie* et la *Discorde* étoient alors à Saint-Cloud. S.

14. On a déjà vu que Rosalba étoit sujette à des accès de mélancolie noire, à des tristesses invincibles. Nous avons longtemps cherché quelles pouvoient en être les causes. Nous n'avons trouvé, ni dans ses relations de famille, ni dans ses occupations intimes, ni dans son caractère ordinairement simple, doux et affectueux, le sujet de ses *tristes journées*. Elle avoit une grande et pure amitié pour Zanetti, son compatriote. Mais rien, dans tout le cours de sa vie, n'autorise à supposer qu'entre les deux artistes il y eût plus qu'une liaison tout à fait fraternelle, une sympathie de goûts, d'idées et d'occupations. Rosalba, à son voyage à Paris, avoit quarante-cinq ans; elle étoit surchargée de commandes, accablée de visites, occupée chaque jour à suivre très-scrupuleusement une correspondance dans tous les États de l'Europe. On comprendra qu'ainsi absorbée et surexcitée elle eût, de temps à autre, des accès de tristesse que les portraits des dames à la mode et leurs fantaisies devoient suffisamment entretenir. De plus, son tempérament porté à la mélancolie, son âge et sa constante chasteté avoient dû naturellement augmenter cette disposition. S.

15. Mme Antoine Coypel s'appeloit Marie-Jeanne Bideau, elle mourut le 17 avril 1721. S.

16. Rosalba veut parler ici des visites qu'elle avoit à faire aux membres de l'Académie. V.

17. La collection de tableaux du duc d'Orléans étoit disposée au Palais-Royal dans un salon que l'architecte Oppenor avoit fait élever sur l'emplacement qu'occupoit le palais *Brion*, ancien hôtel du duc de Damville, qui ne servoit plus qu'à loger les académies royales de peinture et d'architecture. Ce salon étoit à côté de la grande et longue galerie élevée par Mansard, galerie qui a fait place au Théâtre-François. C'est au milieu de ce salon, richement meublé et décoré avec le goût le plus délicat, qu'on pouvoit voir le *cabinet* du Régent, un des plus curieux et des plus riches de ce temps-là, sans en excepter celui du Roi. L'École flamande n'étoit nulle part aussi complète que dans cette collection. L'intérieur de la grande galerie avoit été peint par *Antoine Coypel*. Quatorze tableaux en ornoient la voûte et le lambris. Ils représentoient : les *Aventures d'Énée*. On disoit que M. le duc d'Orléans n'avoit pas dédaigné d'y mettre la main. Ces peintures ont été détruites, mais la gravure en a conservé le dessin. Les planches sont encore à la chalcographie du Louvre, au

nombre de douze, gravées par Nicolas Tardieu, Bernard Picard, Thomassin fils, Ducange, Surugue, Desplaces, Poilly.

C'est ici l'occasion de se demander ce que sont devenus les tableaux peints par le Régent et représentant trente sujets tirés du roman de Longus : *Daphnis et Chloée*. Il ne nous en reste que les gravures, avec cette indication mise au bas de chaque scène : *Philippus invenit et pinxit*, *Vidal direxit*. Sur trente motifs, vingt-huit portent cette inscription. L'avant dernier : *Nopces de Daphnis et de Chloé*, n'a plus que : *Philippus invenit Vidal direxit*, et le dernier : *Conclusion du Roman*, la fameuse scène aux *Petits pieds* : *Vidal direxit* seulement. Quant aux tableaux, « c'étoit à Bagnolet, dit d'Argenville, dans un cabinet presque carré et qui suivoit l'antichambre des pages qui se trouvoient, ainsi que dans le cabinet de compagnie les *vingt-cinq* tableaux des *Amours de Daphnis et Chloë*, peints par le duc d'Orléans, régent, sur les dessins d'Antoine Coypel, ton maître, et retouchés par ce dernier. » Piganiol les a vus également dans les appartements du corps du milieu au bout de l'aîle gauche, » mais il n'en constate que deux de la main du régent.

Il nous a été impossible de retrouver la trace de ces tableaux que le duc d'Orléans, fils du Régent, aura probablement fait disparoître, dans un accès de dévotion, lorsqu'il se retira au couvent de Sainte-Geneviève.

Les autres malgré les indications des gravures, étoient sans doute peints par Coypel ou Vidal. Enfin la scène des *Petits pieds*, qui rendit la publication du roman grec si célèbre, n'a été ni composée ni peinte par Philippe d'Orléans. Voici ce qui fortifie notre conviction à ce sujet.

La première édition des *Amours pastorales de Daphnis et Chloé* (Paris, Quillau 1718), petit in-8, a été, dit-on, tirée à 250 exemplaires aux frais du Régent, qui se les étoit réservés pour en faire des présents. Quoique cette édition n'ait vu le jour qu'en 1718, il paroîtroit que les dessins ou tableaux avoient été faits longtemps avant que le duc d'Orléans fût régent; car le frontispice gravé par Audran a été terminé en 1714. Il en existe un exemplaire sous cette date à la Bibliothèque impériale, et il est facile, en examinant de près les exemplaires ordinaires, de voir que de 1714 on a fait 1718. La vingt-neuvième gravure, connue sous le nom des *Petits pieds*, ayant pour titre : *Conclusion du Roman*, n'a été donnée qu'après coup; elle ne se trouve pas dans les anciens exemplaires, à moins qu'on ne l'y ait insérée postérieurement. On a employé deux sortes de papiers pour l'édition de 1718, l'un plus grand, plus blanc et d'une meilleure qualité que l'autre. En 1782, on a retrouvé au garde-meuble, chez M. de Caugé, cinquante-deux exemplaires de l'édition princeps qui étoient restés oubliés.

Il y a une édition de 1745, petit in-8, avec les mêmes planches retouchées ; comme on a laissé sur le frontispice gravé de cette réimpression la date de 1718, on pourroit la confondre avec celle du Régent; mais pour les exemplaires où l'*industrie* a fait supprimer le frontispice imprimé portant 1745, la supercherie est facile à reconnoître : l'édition de 1718 a soixante-quatre pages de texte, celle de 1745 n'en a que cent cinquante-neuf.

Toutes les autres éditions qui, pendant plus d'un siècle, ont été livrées au public sont indiquées comme imprimées à *Bouillon*, de l'imprimerie de la Société typographique.

On peut affirmer que la réputation de cette suite d'images équivoques est loin d'être justifiée. C'est une tentative sans vice ni vertu, qui n'a eu pour motiver sa bonne fortune, que le nom de son auteur et surtout la dernière composition, à laquelle il est étranger.

La chronique scandaleuse assure que la duchesse de Berri, fille du Régent, avoit été le modèle de Chloé et avoit posé pour ce personnage. Il suffit de voir les gravures pour se convaincre que cette version est un des mille contes inventés sur le Régent. Nous craignons qu'à ce propos l'intuition divinatoire de notre illustre historien M. Michelet n'ait été trop loin dans son livre sur la Régence. Voir pages 71, 231. S.

18. La lettre d'admission à l'Académie de peinture manque à la collection de Vianelli. Il le dit lui-même en regrettant de ne pouvoir en publier les termes. L'admission officielle de Rosalba ne se fit que le 9 novembre 1720. Elle fut *agréée* sur le vu d'un portrait du Roi au pastel, dont notre journal a déjà si souvent parlé. Ce n'est que le 28 février 1722 qu'elle put envoyer le tableau d'usage pour sa réception comme membre de l'Académie. Il représentoit une muse offrant une couronne à l'Académie de France, et figure, au moment où nous écrivons, dans la salle du Louvre, qui contient les pastels de notre artiste, ceux de Latour et de Vivien.

La lettre qu'elle adressa en cette circonstance à Antoine Coypel, est publiée à la fin de ce journal. C'est la seule, en langue françoise, que nous ayons pu recueillir de la Rosalba. Son style est comme un reflet passager du goût précieux de ce temps.

Des conditions spéciales étoient imposées aux récipiendaires pour entrer au corps académique.

Les candidats devoient se présenter sous le patronage de deux membres avec le témoignage de leur capacité dans les arts de peinture, de sculpture ou de gravure, en offrant sous les yeux de l'Académie assemblée, un ou plusieurs de leurs ouvrages qu'ils certifioient avoir été faits par eux.

Si la compagnie les jugeoit dignes d'être admis, ce qui étoit décidé par un vote secret, les candidats prenoient le titre d'*agréés* et faisoient dès lors, sous condition, partie du corps académique. L'agréé devoit ensuite exécuter sous les yeux de l'Académie, qui déléguoit à cet effet deux ou un plus grand nombre de ses membres, un morceau de peinture ou de sculpture dont le sujet lui étoit indiqué, soit par le directeur, soit par le chancelier. Lorsque le morceau étoit terminé, l'agréé se présentoit à l'Académie, qui, après examen, l'admettoit ou le rejetoit; dans le cas d'admission, l'agréé devenoit *académicien*.

Les peintres d'histoire et les sculpteurs obtenoient ensuite à mesure de vacances, dans le corps enseignant, qui se composoit de douze professeurs et de huit adjoints, le titre d'*adjoint à professeur*, puis celui de *professeur*.

Parmi les plus capables, l'Académie choisissoit quatre membres pour remplir les fonctions de *recteurs*, chargés de présider les assemblées en l'absence du directeur, de signer les procès-verbaux, les lettres de provision et tous les actes émanés de l'Académie. Il y avoit enfin le *chancelier* chargé de la garde des sceaux et du contre-seing des lettres de provision, puis le *directeur* chargé de la haute direction, de la présidence et de l'administration.

Un des registres de l'Académie de peinture constate cette mention :

*Carriera* (Rosa Alba), P. Past. (peintre pastelliste), 26 octobre 1720. — Reçue sur le vu d'un portrait du Roi au pastel ; envoie, le 28 février 1722, une Muse au pastel pour sa réception (musée du Louvre. Dessins).

*Pellegrini* (Antonio), P. H. (peintre d'histoire), 31 décembre 1733. — Sur un tableau de la *Modestie* présentant la peinture à l'Académie (musée du Louvre). Voir pages 65, 234, 236. S.

19. Les mots du journal : *ses peintures*, pourroient faire supposer que les tableaux peints par le Régent se voyoient dans le château de Saint-Cloud. Nous n'en avons retrouvé la trace qu'à Bagnolet. Page 208. S.

20. Peintre assez connu. J'ai vu de lui la

voûte de la galerie du palais Riccardi, à Florence, qui m'a paru superbe. V.

On connoît la réputation de ce Fa-Presto, né à Naples en 1632, et mort en 1705. S.

21. Rosalba rapporta à Venise cette copie du portrait du Roi qu'elle avoit peinte à Paris. Je trouve une trace de ce fait dans une lettre que Crozat lui écrivit. C'est probablement cette copie qui figure dans une liste de tableaux que Rosalba possédoit en 1750. et dont elle avoit orné sa chambre à Venise. V.

22. Antonio Maria *Zanetti* (le comte) grand amateur d'art, antiquaire et écrivain, peintre et graveur, est né à Venise le 20 février 1680 : il étudia le dessin à Bologne. Ses gravures sur cuivre et sur bois à plusieurs teintes, sont assez connues. Il avoit formé une collection très-remarquable de tous les objets qui tiennent aux beaux-arts. On peut en avoir une idée par ses lettres publiées dans la *Raccolta* de Bottari. Il raconte dans sa lettre du 2 mars 1726, datée de Venise, qu'il possède un recueil d'estampes de Callot, qui n'existe ni dans la galerie du roi de France, ni dans celle du prince Eugène, galeries, cependant, très-célèbres toutes deux par la rareté de leurs estampes. « Mon recueil est en trois volumes, dit-il ; il contient, sans en excepter une seule,

toutes les gravures que fit cet artiste ou que d'autres gravèrent sur ses dessins. Il s'en trouve une très-grande quantité de premières épreuves, avec les corrections de sa main faites à la sanguine. Celui de qui j'achetai cette collection à Paris, que j'ai payé 1950 florins, me dit (je le crois et ne le crois pas) que *Callot* l'avoit faite de sa main pour M. Gérard, son ami et amateur d'estampes. »

La maison Zanetti fut en quelque sorte une école pour la Rosalba. Ils vivoient ensemble tout fraternellement. Lorsque celle-ci vint à Paris elle y entraîna Zanetti. De là, il alla à Londres, d'où il lui écrivit plusieurs fois. Nous possédons trois lettres de cette correspondance et une réponse de Rosalba. Zanetti mourut à Venise le 31 décembre 1767. *L'Abecedario* d'Orlandi a omis de le mentionner comme un de nos meilleurs graveurs; mais le P. Affo loue beaucoup son mérite dans la *Vita del Mazzola*. J'avertis ici de l'erreur qui court sur la désignation des lettres de Zanetti dans la *Raccolta di Roma*, à propos de leurs signatures. On doit lire *Zanetti q$^m$ Girolamo* et non *q$^m$ Erasmo*. Que le lecteur me permette de lui donner une note de tous les ouvrages de Rosalba, que possédoit l'illustre famille Zanetti de Venise, et que l'on peut voir encore dans son palais. Cette note m'a été communiquée par un homme très-aimable, le signor D. Antonio Martini, ancien ami de la maison Zanetti, et très au courant de ces sortes de choses :

### Pastels.

Le portrait de Rosalba.
D'Antonio Maria Zanetti, fils de feu Alessandro.
De milady Brunè.
Une Tyrolienne.
Une Tyrolienne avec les cheveux tressés autour de la tête.
Une autre avec tresse sur le cou.
Une autre avec pendants d'oreille.
Une Vénus tenant une pomme d'or à la main.
Petite paysanne avec son chapeau.
Tête d'une petite fille en profil.
Enfant avec un collier noir.
Six petits portraits ovals.

### Miniatures.

Antonio Maria Zanetti, fils de feu Girolamo.
Jeune homme avec sa chevelure.
Une dame avec une écharpe de martre.
Autre dame vêtue de blanc.
Autre dame en robe verte avec une fleur sur la poitrine.
Un homme en perruque et en habit rouge.

Felicita Sartori, élève de Rosalba.

Objets superbes ! s'écrie Vianelli, que j'ai vus et admirés tant de fois. V.

Nous pensons que ces objets passés en France ont été vendus aux enchères publiques en 1855, à Paris.

Voici ce que Mariette écrit entre autres choses sur Zanetti :

« La mort de son père l'obligea, après deux années d'absence, de retourner dans sa patrie, et de suivre un autre genre de vie plus propre à le conduire sûrement à la fortune.... Un oncle faisoit le commerce et tenoit les registres des assurances. Il persuada à Zanetti de lui succéder, et le neveu suivit un avis salutaire, mais bien résolu de continuer dans ses heures de loisir à s'entretenir dans son premier goût.

« La Rosalba avoit eu à peu près les mêmes maîtres que lui; ses talents n'avoient donc pu lui échapper, ils étoient amis depuis longtemps et devoient l'être pendant toute leur vie. M. Crozat s'étant arrêté à Venise, à son retour de son voyage en Italie en 1715, n'eut pas beaucoup de peine à persuader à Zanetti et à Mlle Rosalba de venir à Paris, où il leur promettoit une réception digne d'eux, et le plaisir de contempler les merveilleux tableaux, les dessins et toutes les richesses inestimables qu'il possédoit dans ce genre. Pellégrini, beau-frère de la Rosalba, fut appelé par Law, en 1719, pour peindre le plafond de la grande salle de la Banque, nos deux amis profitèrent de cette circonstance et l'accompagnèrent à Paris, et après un séjour d'environ une année, la même compagnie retourna à Venise. Mais Zanetti, qui n'avoit pas résolu de s'en tenir au voyage de France, s'en sépara et passa à Londres....

« C'est par la gravure qu'il termina sa longue carrière, car il avoit près de quatre-vingt-huit ans lorsqu'il mourut le 31 décembre 1767; il a reçu la sépulture dans l'église de Sainte-Marie, mère de Dieu. Le trop de feu consume ordinairement et fait périr ceux qui en sont pénétrés. Zanetti dut au sien son existence; son extrême délicatesse, sa vivacité laissèrent pendant longtemps douter qu'il pût parvenir à une aussi grande vieillesse; et ce qu'il y eut de plus admirable, il conserva sa tête jusqu'à son dernier soupir. »

Lorsque Zanetti vint à Paris, les artistes et les principaux amateurs lui firent un accueil qu'il n'oublia jamais. Il aimoit à se rappeler les témoignages d'estime qu'il avoit reçus de Crozat et surtout de Mariette qu'il nomme le plus cher de ses amis (amicus dilectissimus). Il fut un des rares amateurs auxquels le duc d'Orléans fit présent d'un exemplaire de l'édition de *Daphnis et Chloé*, ornée d'estampes exécutées par Audran sur les dessins de ce prince.

Sa fortune étoit belle et il l'employoit à se former un des plus riches cabinets qu'aucun particulier ait jamais possédés. Sa collection de pierres gravées, seule, étoit considérable. La description en a été publiée par *Gori* (Venise, 1758, in-folio avec 80 planches). Cependant, malgré la sévère économie qu'il apportoit dans ses autres dépenses, il étoit souvent gêné par ses acquisitions : « Il tint en prix, pendant vingt-trois ans, un Antinoüs mutilé, mais d'une beauté rare. S'il eût été complet, j'aurois, disoit-il à Clément de Genève, vendu ma maison pour l'acheter. » Or, ajoute Clément, « la maison étoit belle et grande; *trop bien m'en souvient;* car j'y pensai mourir de froid, le jour qu'il me montra ses camaïeux. Il y avoit deux heures que duroit l'étalage. Nous étions au mois de janvier, dans une grande chambre sans feu, suivant la coutume du pays. Je lui dis que tout cela me paroissoit admirable, mais que j'allois geler d'admiration s'il n'avoit pitié de moi. Savez-vous ce qu'il fit? Ceci n'est point *caricature*. Il me fit apporter du feu sur une assiette. Je crus que j'avalerois les charbons. »

Lors de son voyage à Londres, en 1721, Zanetti eut la bonne fortune de reconnoître dans la collection d'Arundel, les dessins de Parmesan, qui, au dire de Vasari, avoient été volés à ce peintre par Antonio de Trente. Il les acheta, et c'est en 1743 qu'il en publia une suite de *fac-simile*, gravés partie sur bois, partie sur cuivre, à la manière d'*Ugo da Carpi* qu'il remit en honneur. Zanetti s'occupoit déjà en 1722, de retrouver ce procédé perdu. La lettre de Rosalba du 18 septembre 1722 en fait mention, celle de Zanetti au chevalier Gaburri à Florence, datée de Venise (11 janvier 1728), donne d'intéressants détails sur l'objet en question : « La difficulté d'imprimer me fait perdre beaucoup de temps, et cependant il est nécessaire que je le fasse de mes propres mains, particulièrement pour les estampes qui sont dans le goût d'*Ugo da Carpi*, sur lesquelles il faut appliquer quatre planches de bois l'une sur l'autre ; elles sont si difficiles à imprimer, qu'elles me font perdre patience, parce que si une d'elles n'est pas placée juste, le travail des trois ne sert à rien. Ce fut cette difficulté d'impression, le travail de dessiner et de graver quatre planches en bois pour terminer une seule estampe, qui fit perdre cette manière, et la laissa comme ensevelie depuis si longtemps. J'avais vu à Londres ce genre d'estampes si estimé et si bien payé que je me mis à l'entreprendre avec ardeur. »

Antonio Faldoni publia à Venise, en 1786, un second recueil de *fac-simile* de dessins de Parmesan.

*La Raccolta* de Bottari contient une suite nombreuse de lettres de cet ami de Rosalba, elles donnent une excellente idée de son savoir et de son respect pour les grands artistes. Celle écrite au chevalier Gaburri, de Venise, le 2 mars 1726, prouve à quel point il réagissoit avec ardeur contre l'engouement du jour pour le Guide, Jean Joseph del Sole et l'école de Bologne.

Zanetti n'avoit pas un moment à lui ; sa vie étoit remplie par des occupations multipliées, par des réceptions sans nombre, par des voyages, et par ses travaux sur la gravure et la peinture. Une de ses lettres à Gaburri en donne un curieux exemple (14 octobre 1730). « Votre Seigneurie m'offenseroit beaucoup si elle pouvoit croire que je lui ai écrit que j'étois chargé d'affaires assez pour lui ôter le courage de me demander ce que je pourrois faire pour elle, puisqu'un de mes plus grands plaisirs est de la servir. Je ne parle ainsi à Votre Seigneurie que pour l'assurer que si elle étoit présente à tout ce que je dois faire dans une journée, elle seroit étonnée comment je puis y suffire. Je sais que je fais mal, et je songe souvent comment je pourrois m'y prendre afin d'alléger le poids qui m'accable ; mais les occupations, les ennuis, le continuel mouvement des seigneurs et des étrangers que j'ai vus dans toutes les villes que j'ai visitées ; la charge de ma famille, mon état, et la volonté de me livrer à ma passion pour la peinture et le dessin, font que je ne puis avoir un moment de repos. Je veux cependant terminer un jour cette manière de vivre, parce que c'est une véritable folie de la continuer.

« Que Votre Seigneurie, malgré tout cela, ne m'épargne pas dans tout ce qu'il m'est possible de faire pour son service, parce que je la révère et l'estime, et que je passe peu de jours sans désirer de pouvoir venir demeurer un mois à Florence avec elle, pour y admirer toutes les belles choses dont cette ville s'enrichit continuellement ; je voudrois y aller discourir de peinture, de dessins, d'estampes, de statues, de pierres et de camées antiques, avec un peu de musique ; qui sait si un jour je ne pourrai pas réaliser mes desseins ? S'il se faisoit quelques ventes de pierres ou de camées antiques, le monde étant moitié à vendre et moitié à acheter, et qu'il arrive pendant le jour ce à quoi l'on ne pensoit pas la veille, j'ai mis à part pour cet effet la valeur de 3000 écus romains, avec tant d'autres que j'ai dépensés dans tous ces genres d'objets. Votre Seigneurie peut croire que le capital qui est enterré dans mon petit musée excède ma fortune ; mais, comme je n'ai ni femme, ni enfants, ni neveux, je puis satisfaire en cela mon plaisir, qui est incompréhensible. Je suis,

« A. M. ZANETTI. »

On a dit que beaucoup de ses lettres, insérées dans *la Raccolta* de Bottari, étaient signées sur l'original : *Ant. Mar. Zanettus quondam Erasmus.* Vianelli rectifie cette erreur que les biographes françois continuent à accréditer. C'est $q^m$ *Girolamo* (fils de feu *Girolamo*) qu'il faut lire.

Son cousin *Girolamo Francesco Zanetti*, né en 1713, a publié de nombreux mémoires sur l'antiquité. Le frère de ce dernier, bibliothécaire de Saint-Marc, qui a aussi pour prénoms *Antonio Maria*, est l'auteur du célèbre ouvrage : *Della pittura Veneziana et delle publiche de Veneziani maestri*, Venise, 1771 et 1774. Il adopta le nom d'*Alessandro* pour empêcher qu'on ne le confondît avec son cousin. Né à Venise en 1716, il y est mort en 1778. Il y a donc eu trois Zanetti qu'il ne faut pas confondre :

1° Antonio Maria Zanetti q^m Girolamo, l'amateur et graveur;

2° Girolamo Francesco Zanetti, l'antiquaire;

3° Antonio Maria q^m Alessandro, auteur de l'*Histoire de la peinture vénitienne*. S.

**23.** Cette *duchesse épouse* pouvoit être la duchesse de Bourbon, Rosalba fit les portraits (voir mars 1721) de ses deux filles. Mlles de Charolois et de Clermont, M. de Caylus étoit un des habitués du salon de Mme la duchesse douairière. On le verra en mars chargé d'une mission toute confidentielle. S.

**24.** Crozat avoit sa campagne à Montmorency. Voir la note, page 231.

**25.** Milady emporta le portrait sans.... écrit Rosalba, probablement sans payer. S.

# NOVEMBRE.

Le 1<sup>er</sup> novembre. Mauvaise journée[1]. Je vis M. Law à la banque et je causai avec lui.

Le 2. On m'offrit soixante écus de France pour faire le portrait de Mme de Louvois[2].

Le 3. J'allai chez la Penon[2 bis], et la présidente vint voir la banque[3] en compagnie de l'abbé Crozat et de Mme....

Le 4. Je vis un monsieur de Hambourg; il m'apprit la mort récente d'un certain Mérian[3 bis] qui travailloit au pastel et qui faisoit payer ses ouvrages cent louis la pièce. J'allai à la banque avec la Dervest. Je commençai le portrait du P. Jacques en miniature, je vis Arlot[3 ter] et d'autres personnes.

Le 5. La compagnie revint de Montmorency[4] et se rendit à ma chambre avec M.... qui a été ambassadeur en Hollande[5]. Je vis une tête de M. Carli[6], c'est lui qui m'a donné le petit oiseau en miniature.

Le 7. Je fus invitée à aller à l'Académie[7]. Je vis les comtes Archinto[8], le Nonce[9], un officiale de Bergame et autres personnes.

Le 8. J'ai écrit à Gabrielli[10] et à Santolo au sujet de l'argent de Zanetti, et à Saint-Cosme[11]. Je vis deux dames jumelles, un amateur de miniatures et M. Vivien.

Le 9. J'allai pour la première fois à l'Académie à laquelle M. Coypel fit pour moi un court remercîment; j'y ai été accueillie avec la plus grande courtoisie[12]. Je vis avec mes sœurs et mon beau-frère l'*Andromède* de M. Coypel (Antoine), ainsi qu'un portrait de son fils. Nous allâmes ensuite à la comédie.

Le 10, dimanche. Nous allâmes à Montmorency et nous vîmes les tombeaux des Rois[13].

Le 11. Nous sommes toutes allées avec Mme Dervest faire la Saint-Martin[14].

Mme Dervest nous raconta l'histoire de Mme Somond et du Mor [15]....

Le 12. Chez Mme Dervest j'ai retouché le portrait du fils de M. Law; au moment où il sortoit de la maison, le fusil d'un des gardes partit et blessa un enfant à la cuisse [16]. Un François qui m'avoit connue à Venise vint à la banque pour me demander quelques miniatures.

Le 13. Je me mis en mesure de commencer le portrait de la duchesse de Brissac [17] et de terminer celui de M. Law.

Le 14. J'allai dîner chez Mme Law et je terminai le portrait de son mari. J'allai à la comédie et je refusai de faire les copies des portraits de cette famille. En tombant, le portrait du Roi courut grand danger [18].

Le 15. Je commençai le portrait de la duchesse de Brissac au pastel de la grandeur d'une toile de quatre trois. Le portrait de l'évêque de.... tomba. Coypel et sa sœur vinrent chez moi.

Le 16. L'abbé Peroz vint avec le cardinal.... [19] chez M. Crozat.

Le 17, dimanche. J'allai le soir à la comédie. Je causai avec Mme Dervest.

Le 18. Je me préparai pour aller à Versailles et je vis M. Largillière [20].

Le 19. Nous vîmes la montagne de neige de Marly, nous déjeunâmes là [21]. Nous allâmes à Versailles après dîner; nous vîmes jouer les eaux, puis nous nous rendîmes à la paroisse entendre le sermon d'un missionnaire [22].

Le 20. Nous sommes allées à l'Académie [23], au concert des dames Lodé. Pendant que nous étions absentes, Mme de Parabère vint à la maison pour faire faire son portrait [24]. L'abbé Péroz vit la copie de celui du Roi. Elle lui plut autant que l'original, il prit sur lui de commander les cadres [25].

Le 21. J'allai avec mon beau-frère voir l'Anglais. L'abbé Péroz écrivit à M. Crozat pour que j'aille voir le Roi le jour suivant. Vleughels vint chez moi pour la Bac.... (peut-être Bacchanale).

Le 22. Je suis allée chez le Roi; pendant que j'étois à la table, Villeroi voulut voir la copie et me dit : « Nous vous la voyons avec peine, parce qu'on nous a dit que vous êtes sur le point de partir. » M. Crozat donna un magnifique dîner suivi d'un concert dans lequel l'internonce joua de l'archiluth[26].

Le 23. Commencé le portrait de Mme de Parabère, pastel de trois. Vu M. Boit, M. Dalmaz et autres. J'écrivis à l'Anglois, et je donnai douze cavaliers de 46 livres, et j'en payai 18 à Zanetti.

Le 24. Je vis M. Necter[27] et M. Pomer.

Le 25. Le Régent vint chez moi à l'improviste. Il m'entretint pendant plus d'une demi-heure et me regarda travailler au pastel. Avec lui étoit le marquis de Bullion et autres[28]. Après le dîner, vint Mme de la Carte. Le soir j'allai avec mes sœurs à la comédie.

Le 26-27. Mme de la Carte m'envoya demander si je voulois aller voir le bal[29], je refusai. Je restai à la banque et je vis Largillière, Rigaud, Boulogne[30] et autres. Je donnai à Rousseau[31] deux petits dessins. Diminution de la monnoie[32].

# NOTES.

1. La journée malheureuse citée par la Rosalba et son entretien avec Law peuvent s'expliquer par les péripéties du système de l'Écossois. C'étoit le 1er novembre que les billets de banque de Law avoient cessé d'avoir cours : la dépréciation subite qui s'ensuivit, avoit provoqué des agitations qui dégénérèrent en émeutes. A Paris, à Lyon et à Strasbourg, cette date du 1er novembre devint celle des colères populaires. Il n'est pas étonnant que Rosalba notât cette journée comme malheureuse. Quelques jours après, le Prussien Vernezobe, un des caissiers principaux de la banque, s'enfuyoit avec des valeurs considérables, et, à partir de ce moment, le financier qui devoit faire de la France un Eldorado européen descendit, de chute en chute, dans l'abîme où il devoit disparoître. S.

2. Mme de Louvois. Voir page 103.

2 *bis*. Florent-Lecomte, t. III, p. 218, dit qu'à l'exposition de 1699, on y voyoit figurer

le portrait de Mme Penon et sa fille en un même cadre, par André Bouys. S.

3. Rosalba alloit à la banque voir les travaux dirigés par Antonio Pellegrini, son beau-frère, qui expédioit ses ouvrages très-promptement. Il a été assez loué pour cela. V.

3 *bis*. Jean-Mathieu Mérian, né à Francfort, peintre en pastel, mort en 1716. S.

3 *ter*. Jacques-Antoine Arlaud, né en 1668 à Genève, mort en 1743. Peintre en miniature, ami de Largillière et de Rigaud, dont il copioit en petit les portraits. Il s'étoit formé un très-beau cabinet de maîtres anciens. Le Régent avoit été son élève en miniature et lui avoit fait don d'un Titien et d'un tableau de sa propre main. Arlaud s'est peint dans le même cadre avec Largillière. Cette miniature est au Louvre. S.

4. Située à Montmorency, la maison de campagne de Pierre Crozat avoit appartenu à Charles Lebrun, le peintre : ce dernier l'avoit fait construire à grands frais sur les dessins de Cartaud et de le Nôtre. Après la mort de Lebrun, Pierre Crozat l'acheta et fit peindre par Charles Lafosse, dans le salon de cette maison, une coupole dont le sujet étoit : *Phaëton demandant au soleil le gouvernement du char.*

Lafosse y peignit en outre les saisons, groupées avec les signes du zodiaque. Il avoit aussi exécuté le plafond de la chapelle domestique dont Pierre Legros avoit sculpté les figures en 1715.

Mariette nous a conservé un précieux document sur cette maison : « La *Perspective* de Watteau, dit-il, gravée par Crespy le fils, tableau qui est dans le cabinet de M. Guénon, menuisier du Roi, représente une vue du jardin de M. Crozat à Montmorency. » Une autre vue de ce jardin a été gravée d'après un dessin de Watteau par Caylus, c'est une eau-forte de l'œuvre de cet amateur, portant le n° 256. Israël Sylvestre a aussi publié deux gravures représentant *la maison de M. Lebrun à Montmorency*.

On appela plus tard la maison de campagne de Crozat le *château du Luxembourg*, parce que les Montmorency, dépouillés de leurs biens par Richelieu, en étoient devenus propriétaires une seconde fois grâce au maréchal de Luxembourg. Ils avoient reconquis un vieux donjon seigneurial tout en ruines et acheté la maison de Pierre Crozat.

Jean-Jacques Rousseau y habita une dépendance dite : le *Petit-Château*, quarante ans après. « On voit à Montmorency, dit-il dans ses *Confessions*, une maison particulière bâtie par *Croizat* dit *le pauvre*, laquelle ayant la magnificence des plus superbes châteaux, en mérite et en porte le nom. L'aspect imposant de ce bel édifice, la terrasse sur laquelle il est bâti, sa vue unique peut-être au monde, son vaste salon, peint d'une excellente main (par Lafosse), son jardin planté par le célèbre le Nôtre, tout cela forme un tout dont la majesté frappante a pourtant je ne sais quoi de simple qui soutient et nourrit l'admiration.... C'est dans cette profonde et délicieuse solitude, qu'au milieu des bois et des eaux, au concert des oiseaux de toute espèce, au parfum de la fleur d'orange, je composai, dans une continuelle extase, le cinquième livre de l'*Émile*, dont je dus en grande partie le coloris assez frais à la vive impression du local où je l'écrivois. »

Le château de Luxembourg a été détruit en 1816 par une bande noire. Rousseau habita aussi le *Donjon* du petit Mont-Louis, de 1757 à 1762. C'est là qu'il composa sa lettre à d'Alembert sur les spectacles, son *Contrat social*, et qu'il termina la *Nouvelle Héloïse* commencée à l'*Hermitage*. Voir page 24. S.

5. C'étoit sans doute le comte de Morville, qui en effet avoit été ambassadeur en Hollande. Voir page 266. S.

6. On ne trouve pas ce nom dans Orlandi. V.

7. C'étoit l'invitation qui lui étoit faite par l'Académie de peinture et de sculpture, pour sa présentation qui eut lieu le 9 novembre 1720. La liste chronologique des membres de l'Académie depuis son origine jusqu'à sa suppression contient l'indication suivante :

9 novembre 1720.

Demoiselle Carriera Rosa-Alba, de Venise, illustre pour le pastel; † 84 ans. 15 avril 1757.

C'est sur la présentation de son portrait du Roi Louis XV qu'elle fut agréée. Quant au tableau que chaque membre de l'Académie de peinture devoit offrir à ce corps après réception, elle ne l'envoya de Venise que le 10 octobre 1721. Voir les lettres de Rosalba à la dernière note de ce volume et la note du 26 octobre. Voir pages 211 et 237. S.

8. D'une famille milanaise assez connue. V.

9. Furent nonces du Pape : en 1720, le comte de Landi; en 1721, Massei, archevêque d'Athènes ; puis l'abbé Passerini, chargé d'apporter la barrette au cardinal Dubois. S.

10. Santolo Gabrielli, le parrain de Rosalba. Voir page 135. V.

11. C'est le Saint-Cosme de Venise, couvent

des religieuses de Saint-Cosme et Saint-Damiens de la Giudeca. Rosalba veut dire qu'elle a écrit à l'une de ces dames. V.

12. Il me reste, dit Vianelli, à voir dans son livre qui a pour titre : *Discours prononcés dans les Conférences de l'Académie de peinture par Antoine Coypel, premier peintre du Roy, Paris*, 1721, quels sont les termes des remercîments que Coypel a prononcés pour Rosalba, ainsi que l'éloge qui a été fait par l'Académie sur la présentation des pastels de notre artiste. A ce propos, on peut consulter la note de Rosalba (à la 123e du tom. IV de la *Raccolta di Roma*). Le tableau de réception de Rosalba a motivé la lettre suivante de Crozat :

### CROZAT A ROSALBA.

« Paris, 24 febvrier 1722.

« La bordure de votre pastel est déjà faite; et M. Vleughels, samedi prochain, sera en mesure de le présenter à l'Académie. Il vous en informera par le premier courrier. Je ne sais comment faire pour vous expédier le *Mercure Galant* de ce mois qui doit contenir un éloge de votre ouvrage. »

Puis dans une autre :

« Paris, 10 mars 1722.

« Voilà, mon illustre signora, la lettre du

secrétaire de l'Académie de peinture, qui sait apprécier le don magnifique que vous lui faites. M. Mariette s'est chargé de vous faire parvenir par l'entremise de M. Zanetti, le *Mercure Galant*, journal qui paroît chaque mois, où vous lirez un petit éloge historique de votre mérite. Nous y avons tous travaillé d'un commun accord. »

L'article dont il s'agit est contenu dans la note finale qui renferme aussi la lettre de la Rosalba. Quant au discours de Coypel et à l'éloge de l'Académie de peinture, ces deux documents ne sont que mentionnés aux registres de l'Académie, et l'ouvrage ci-dessus cité de Coypel n'y fait pas même allusion, c'est un traité synthétique sur l'art de la peinture en général.

Voici le procès-verbal de la séance du 9 novembre de l'Académie de peinture que nous avons transcrit sur les registres mêmes :

Du samedi 9 novembre 1720.

Aujourd'huy L'Académie en assemblée géneralle Monsieur le Directeur a présenté à l'Academie Mademoiselle Rosalba Carriera que la Compagnie a receue avec la distinction due a son mérite. Elle y a pris séance, Monsieur Coypel a fait les complimens en son nom qui ont été agréablement applaudis. *Elle a promis d'envoyer un morceau de ses ouvrages* (ces mots soulignés ont été ajoutés par une autre plume et après la signature du procès-verbal).

Monsieur le directeur en suitte a donné lecture de la préface qui doit être à la teste des Conférences dont il a fait part a plusieurs reprises à l'Academie : elle aprouve l'utilité et les agremens que les grands hommes qui s'adonnent à l'art de peinture reçoivent tous les jours. Il a promis d'en donner la suitte où il fera voir les honneurs qui y sont attachés. M. de Troy père étant malade, l'Academie a nommé M. Boulongne et M. Hallé pour l'aller complimenter de sa part. Signé Coypel — De Boullongne, Hallé, Coustou l'aîné, Vanclève, de Largillière, Barrois, Rigaud, Frémyn, *Rosalba Carriera*, P. Bertrand, de Troy fils; Galloche, Caillot, Coypel fils, Gillot, Giffard, Dumont, du Vivier, Joblot, Meusnier, Cayot, Desportes. N. Vleughels. Voir le 26 octobre 1720, pages 64, 211 et 234. S.

13. Elle veut dire l'abbaye de Saint-Denis. S.

14. C'étoit une ancienne coutume françoise de fêter la Saint-Martin. On peut voir à cet égard ce que dit le savant P. Carmeli :

« Storia di varj costumi ec; Padova 1750. In-8. » V.

La Saint-Martin pour Paris et pour les campagnes, étoit le jour du payement des loyers et des fermages. On se fêtoit mutuellement; A Paris surtout le 11 novembre devenoit, pour toute la magistrature, un jour de gala. Elle étoit reçue par le premier président qui la traitoit dans son hôtel. La fameuse salle Saint-Martin avoit été spécialement construite à cet effet. Mais en 1720, messire Jean Antoine de Mesme fut réduit à célébrer cet anniversaire à Pontoise, le Régent l'ayant exilé dès le 20 juillet 1720.

Marais dit en son journal à la date du 5 novembre : « Au milieu de cette misère en novembre 1720, on a ouvert le bal de l'Opéra, qui se fait publiquement depuis trois ans et où l'on donne 6 livres par personne. Le bal dura jusqu'à sept heures du matin. Il y a été beaucoup de monde la nuit de la Saint-Martin ; et on a fondu les billets de la Banque, en perdant presque le tout pour aller danser, lorsque l'on meurt de faim chez soi. Voilà le François et les Parisiens. »

On peut considérer comme l'inventeur des bals de l'Opéra un carme déchaussé que l'on nommoit en religion le P. Sébastien. C'est lui qui imagina d'élever le plancher du parterre au niveau de la scène afin de former de tout le théâtre une grande salle de danse. Cet ingénieux mécanisme fut inauguré par un premier bal le 2 janvier 1716. La grande vogue se déclara trois ans après ; le Régent, grand ami des plaisirs, y alloit souvent. Ce fut à un de ces bals qu'il dit au cardinal Dubois le fameux « *tu me déguises trop* » devenu populaire. S.

15. L'histoire de Mme Somond et du Mor.... est encore une énigme pour nous. S.

16. Les mémoires de la Régence constatent que plusieurs fois les sentinelles laissèrent partir leurs fusils, ou qu'effrayées de l'agitation populaire, elles se défendirent par les armes contre les agressions des joueurs désespérés.

Il ne faut pas oublier que cet accident arriva au fils de Law le 12 novembre et que ce même jour son père, ayant paru à la banque, y fut traité de voleur et de fripon. Le financier, voyant sa ruine prochaine, ne songea plus dès lors qu'à préparer sa retraite. Les rapprochements sont au moins assez curieux. S.

17. La duchesse de Brissac étoit une demoiselle Pecoil, Marie-Catherine, fille unique de Claude Pecoil, maître des requêtes et de N. Legendre. Ce Pecoil qu'on appeloit le père

Pecoïl, bourgeois de Lyon, homme fort riche, étoit d'une avarice extrême. On le trouva mort de faim sur son trésor qu'il avoit déposé au fond d'une cave fermée par plusieurs portes à secrets. Il fallut briser trois ou quatre grilles de fer pour arriver jusqu'à lui. On suppose que n'ayant pu retrouver les secrets de ses serrures il étoit mort à côté de ce qu'il aimoit le plus au monde. M. le duc de Brissac trouva bon d'épouser, en 1720, la riche héritière. A l'arrivée de Rosalba les époux étoient encore dans la lune de miel. Aussi la jeune duchesse s'empressa de demander son portrait à notre artiste. « Les Brissac ne sont pas délicats depuis longtemps en leur alliance, dit le grave Saint-Simon, mais ils n'en paroissent pas plus riches; les écus s'envolent, la crasse demeure. » Voir page 329. S.

18. Elle veut parler probablement du portrait du roi, qui en tombant lui fit craindre que son œuvre n'eût été endommagée. Le portrait de l'évêque éprouva une pareille chute qu'elle ne mentionne que très-laconiquement. S.

19. Est-ce le cardinal Dubois?
Cependant il n'étoit pas encore cardinal, mais seulement archevêque de Cambrai. Pour-

quoi ces points mystérieux?... Le cardinal de Fleury, précepteur du Roi, n'étoit encore aussi qu'évêque de Fréjus, et les seuls cardinaux françois, MM. de Bissy, de Rohan, de Polignac et de Noailles, Rosalba n'a point intérêt à les dissimuler. Faut-il plutôt croire que l'opinion publique étoit tellement assurée de la réussite du projet du ministre Dubois pour obtenir ce fameux chapeau de cardinal qui coûta plus de dix millions à la France, qu'elle anticipoit sur les événements officiels, pour donner au successeur de Fénelon la dignité qu'il ambitionnoit le plus. Voir page 268. S.

20. Largillière, Nicolas, né à Paris en 1656, mort en 1746, fameux peintre de portraits, avoit une grande dextérité dans la pratique de la restauration des tableaux, et c'est en Angleterre où il resta longtemps qu'il fit de grands travaux de cette nature. « Il logeoit rue Sainte-Avoye, le plus fangeux des quartiers. Il n'y avoit pas seulement son atelier d'artiste, mais encore une sorte de boutique où il brocantoit les tableaux comme tous ces matois d'Auvergne qui pulluloient alors et qu'on appeloit : compagnons de la *graffignade*. Plus d'un honnête homme du reste, se mêloit de ce trafic d'amateur ; du Pradel, dans son *Almanach ou livre commode des adresses de Pa-*

*ris de* 1691, en cite quelques-uns : « M. l'abbé
« du Plessis, près le Puits-d'Amour; le sieur
« d'Alençon, rue Chapon, et le sieur Paris,
« près la rue Jussienne, se plaisent à troquer
« les tableaux. » Ce fut aussi plus tard la manie de ce bon abbé Moussinot, dont Voltaire, comme on sait, commandita le brocantage. Largillière, membre de l'Académie de peinture en 1686, fut successivement adjoint à professeur en 1699, professeur en 1705, adjoint à recteur en 1717, recteur en 1722, chancelier en 1733, directeur en 1738.

Son portrait peint par lui-même est au Musée de Versailles sous le n° 3681 de la salle 159. S.

21. Ici Vianelli donne une description des bosquets et des jardins de Marly d'après Busching, sans oublier la « merveilleuse machine de Marly; » puis il cite une lettre du 19 *août* 1730, écrite de *Vienne* par *Giovanna Carriera* à sa mère à Venise au sujet d'une autre invention de ce genre : « Je suis allée voir avec plaisir une machine inventée par un Anglois, artiste fameux ciseleur. Il se nomme M. Laü; c'est dans le jardin du prince de Stahrenberg quelle a été placée. Elle produit les mêmes effets que celle de Marly; elle conduit les eaux dans trois grands réservoirs qui

les déversent par jets d'eaux dans les fontaines des jardins. C'est on ne peut plus curieux de voir ces eaux s'élancer d'un grand bassin au moment où on lève les écluses et les chaînes qui les retenoient. C'est un bruit tel qu'on se croiroit en enfer. La grande chaleur qui sort de l'orifice de cette fournaise et que produit la force de la concentration et du bouillonnement des eaux ne contribue pas peu à donner cette impression étrange. Je ne puis en dire plus parce que je n'ai aucun principe de mathématiques et que je suis réduite à ne pouvoir qu'admirer cette machine et non la comprendre. » MM. Pallavicini et Bertoli avec la famille Pisani furent invités à la voir. V.

Quant à la Montagne de neige, c'étoit une cascade bouillonnante; en se précipitant du haut d'une élévation rapide, elle produisoit l'effet d'une montagne de neige, en haut de laquelle étoit un grand bassin. Au milieu de ce bassin il s'en élevoit un autre en bronze doré porté par trois tritons. Cette cascade faisoit l'admiration de tous les visiteurs, elle étoit en face du château, du côté de la montagne au milieu de la place appelée *Amphithéâtre*, occupée par le grand bassin, la plus magnifique pièce de Marly. « C'étoit proprement, dit Pigamol, une rivière, qui en tombant de fort haut sur soixante-trois degrés de marbre, formoit des nappes d'eau d'une beauté que rien n'égaloit en ce genre. »

Sous la minorité de Louis XV, les eaux jouoient très-fréquemment pendant le séjour de ce prince dans cette résidence royale. Le bassin et la cascade se détériorèrent plus tard; et, pour éviter de les rétablir, on prit le parti de les détruire en 1728, et on y substitua un grand tapis de verdure.

Au moment où les faits que nous relatons se passoient, les deux groupes de Coisevox, appelés *Chevaux de Marly* montés par deux renommées, avoient déjà été enlevés et transportés aux Jardins des Tuileries, où on les voit encore à la grille du pont tournant. Ils avoient été remplacés au même endroit à Marly par deux chevaux de marbre blanc arrêtés chacun par un esclave, sculptés par Coustou jeune. A la Révolution ces deux groupes ont été aussi transportés à l'entrée des Champs-Élysées.

La machine de Marly, ouvrage de *Rennequin Sualem*, de Belgique, étoit aux dix-septième et dix-huitième siècles une des merveilles de la mécanique. Elle avoit pour but d'élever les eaux aux aqueducs qui les transportoient à Versailles. Cette machine étoit composée de quatorze roues; la Seine leur donnoit le mouvement et faisoit agir soixante-quatre corps de pompes sur la rivière, soixante et dix-neuf à mi-côte et quatre-vingt-deux au bassin supérieur. Ces deux cent vingt-cinq corps de pompes faisoient monter les eaux sur une tour éloignée de six cent dix toises de la Seine. L'eau amenée dans la tour pénétroit dans l'aqueduc de trois cent trente toises de long et de là se rendoit par deux tuyaux de fer de dix-huit pouces jusqu'aux réservoirs de Marly, qui en étoient éloignés de trois cent cinquante toises.

Depuis l'invention de la vapeur, la machine hydraulique de Marly a été remplacée par une pompe à feu. Il ne restoit, il y a quelques années, que deux des quatorze roues, pour rappeler le souvenir de cette gigantesque et royale folie de Louis XIV.

Saint-Simon, connu comme un grand peintre de portraits, n'excelle pas moins dans le paysage : on peut en juger par les lignes saisissantes qu'il a consacrées à Marly. Ce « rien » qui a coûté plus que Versailles.

« A la fin, le Roi, lassé du beau et de la foule, se persuada qu'il vouloit quelquefois du petit et de la solitude. Il chercha autour de Versailles de quoi satisfaire ce nouveau goût. Il visita plusieurs endroits, il parcourut les coteaux qui découvrent Saint-Germain et cette vaste plaine qui est au bas, où la Seine serpente et arrose tant de gros lieux et de richesses en quittant Paris. On le pressa de s'arrêter à Lucienne, où Cavoy eut depuis une maison dont la vue est enchantée; mais il répondit que cette heureuse situation le ruineroit, et que comme il vouloit un rien, il vouloit aussi une situation qui ne lui permît pas de songer à y rien faire.

« Il trouva derrière Lucienne un vallon étroit, profond, à bords escarpés, inaccessible par ses marécages, sans aucune vue, enfermé de collines de toutes parts, extrêmement à l'étroit, avec un méchant village sur le penchant d'une de ces collines, qui s'appeloit Marly. Cette clôture sans vue, ni moyen d'en avoir, fit tout son mérite. L'étroit du vallon où on ne se pouvoit étendre y en ajouta beaucoup. Il crut choisir un ministre, un favori, un général d'armée. Ce fut un grand travail que de dessécher ce cloaque de tous les environs qui y jetoient toutes leurs voiries, et d'y rapporter des terres. Ce n'étoit que pour y coucher trois nuits du mercredi au samedi, deux ou trois fois l'année, avec une douzaine au plus de courtisans en charges les plus indispensables. Peu à peu l'ermitage fut augmenté, d'accroissements en accroissements les collines taillées pour faire place et y bâtir, et celle du bout largement emportée pour donner au moins une échappée de vue fort imparfaite. Enfin, en bâtiments, en jardins, en eaux, en aqueducs, en ce qui est si connu et si curieux sous le nom de machine de Marly, en parc, en forêt ornée en renfermée, en statues, en meubles précieux, Marly est devenu ce qu'on le voit encore, tout dépouillé qu'il est depuis la mort du Roi. En forêts toutes venues et touffues qu'on y a apportées en grands arbres de Compiègne, et de bien plus loin sans cesse, dont plus des trois quarts mouroient, et qu'on remplaçoit aussitôt; en vastes espaces de bois épais et d'allées obscures, subitement changées en immenses pièces d'eau où on se promenoit en gondoles, puis remises en forêts à n'y pas voir le jour dès le moment qu'on les plantoit (je veux parler de ce que j'ai vu en six semaines); en bâtisses changées cent fois; en cascades de même à figures successives et toutes différentes; en séjours de carpes, ornés de dorures et de peintures les plus exquises, à peine achevées, rechangées et rétablies autrement par les mêmes maîtres, et cela une infinité de fois; en y ajoutant cette prodigieuse machine dont on vient de parler avec ses immenses aqueducs, ses conduits et ses réservoirs monstrueux, uniquement consacrés à Marly sans plus porter d'eau à Versailles; c'est peu de dire que Versailles tel qu'on l'a vu n'a pas coûté Marly.

« Que si on y ajoute les dépenses de ces continuels voyages, qui devinrent enfin au moins égaux aux séjours de Versailles, souvent presqu'aussi nombreux, quand, tout à la fin de la vie du Roi, ce lieu devint le séjour le plus ordinaire, on ne dira pas trop sur Marly seul en comptant par milliards. Telle fut la fortune d'un repaire de serpents et de charognes, de crapauds et de grenouilles, uniquement choisi pour n'y pouvoir dépenser. Tel fut le mauvais goût en toutes choses, et ce plaisir superbe de forcer la nature, que ni la guerre la plus pesante, ni la dévotion ne put émousser. »

Il est assez piquant de voir un philosophe comme Diderot louer dans les termes les plus vifs, sauf le correctif final, cette création de Louis XIV que le gentilhomme Saint-Simon a flagellée avec tant de rigueur. Saint-Simon avoit vu de près l'enfantement dont Diderot un demi-siècle après n'a senti que les perspectives; un demi-siècle de verdure change bien des choses :

« D'abord celui qui a planté ce jardin, a conçu qu'il avoit exécuté une grande et belle décoration, qu'il falloit cacher jusqu'au moment où on la verroit tout entière. Ce sont des ifs, sans nombre, et taillés en mille façons diverses qui bordent un parterre de la plus grande simplicité, et qui conduisent à des berceaux de verdure, dont la légèreté et l'élégance ne se décrivent point. Ces berceaux, en s'élevant encore, arrêtent l'œil sur un fond de forêt dont on n'a taillé que la partie des arbres qui paroît immédiatement au-dessus des berceaux : le reste de la tige est agreste, touffu et sauvage. Il faut voir l'effet que cela produit! Si l'on en eût taillé les branches supérieures des arbres comme les inférieures, tout le jardin devenoit uniforme, petit et de mauvais goût. Mais ce passage successif de la nature à l'art, et de l'art à la nature, produit un véritable enchantement. Sortez de ce parterre, où la main de l'homme et son intelligence se déploient d'une manière si exquise et répandez-vous dans les hauteurs; c'est la solitude, le silence, le désert, l'horreur de la Thébaïde. Que cela est sublime! Quelle tête que celle qui a conçu ces jardins. On y arrive par des allées sombres et perdues, décorées de bronzes tristes et sérieux : l'un représente Laocoon et ses deux enfants enlacés et dévorés par les serpents de Diane.... Nous vîmes aussi les appartements, ils sont compris dans un corps de bâtiment qui fait face au jardin et qui représente le palais du Soleil. Douze pavillons isolés, et à moitié enfoncés dans la forêt autour du jardin, représentent les douze signes du zodiaque.... J'y entrai: et quand je fus au centre je pensai que c'étoit là que tous les ans, le monarque se rendoit une fois pour renverser avec une carte la fortune de deux ou trois seigneurs de sa cour. Au milieu de ce jardin et de l'admiration que je ne pouvois refuser à Lenostre (car c'est je crois son ouvrage, et son chef-d'œuvre), je ressuscitois Henri IV et Louis XIV. Celui-ci montroit au premier ce superbe édifice; l'autre lui disoit: *Vous avez raison, mon fils, voilà qui est fort beau; mais je voudrois bien voir mes maisons des paysans de Gonesse.* Qu'auroit-il pensé de trouver tout autour de ces immenses et magnifiques palais, de trouver, dis-je, les paysans, sans toit, sans pain et sur la paille. » (*Lettre à Mlle Voland*, 1762. Diderot.)

22. Les missionnaires de Saint-Lazare avoient une grande maison à Versailles. Ils faisoient le service de la paroisse. V.

En 1789, il n'y avoit plus à Versailles qu'un couvent de Récollets. S.

23. L'Académie royale de musique, autorisée en faveur de Lulli, par lettres-patentes du mois de mars 1662, étoit organisée sur le pied des académies d'Italie, où les gentilshommes et demoiselles chantoient aux pièces et représentations sans déroger à leur qualité nobiliaire, ni à leurs priviléges, charges et droits. L'ouverture de ce théâtre se fit dans le jeu de paume du *Bel-Air*, près le Luxembourg, rue

de Vaugirard, le 15 novembre 1672, par les fêtes de *l'Amour de Bacchus*.

Le jour même du concert des dames *Lodé* (20 novembre 1720), Mme de Parabère, après avoir posé pour son portrait, se rendit à la comédie, qui se jouoit sur le théâtre du Palais-Royal, où Baron représentoit le *Comte d'Essex* : « Le Régent y parut avec sa maîtresse d'un côté, dit Marais, M. le duc de l'autre avec la sienne (Mme de Prie). Il y avoit un monde prodigieux, malgré le malheur du temps. Les femmes étoient pleines de pierreries; elles s'en couvroient de la tête aux pieds. » Voir la note suivante et les pages 283, 300, 302. S.

24. Marie-Madeleine de la Vieuville, comtesse de Parabère, née en 1693, mariée en 1711 à César-Alexandre de Beaudean, comte de Parabère, brigadier de cavalerie; restée veuve en 1716, morte à Paris le 13 août 1755.

C'étoit la maîtresse du Régent. La princesse Palatine disoit : « Elle est grande, la taille bien prise, le visage brun, car elle ne se farde pas; elle a de beaux yeux, une bouche charmante et peu d'esprit; en un mot, c'est un bon morceau de chair fraîche. »

Une notice sur Mme de Parabère et son existence galante seroit un hors-d'œuvre dans le *Journal de la Rosalba*. M. de Lescure en a publié une biographie prise sur tous les documents contemporains dans son livre des : *Maîtresses du Régent*. Nous nous bornerons à parler des portraits de cette femme célèbre.

Il en existe plusieurs sans compter celui de Rosalba dont nous n'avons pu retrouver les traces, il est sans doute allé rejoindre sous un nom plus honnête, mais supposé, cette innombrable quantité d'ancêtres recomposés qui peuplent les galeries modernes. On voit au musée de Versailles, sous le n° 3701 de la salle n° 160, un portrait du Régent et de Mme de Parabère sur la même toile, peints par Santerre. Mme de Parabère, sous les traits de Minerve, donne des conseils au Régent représenté tête nue en armure, portant le cordon de l'ordre du Saint-Esprit et une écharpe blanche; il tient de la main droite un gouvernail posé sur un tertre et appuie la gauche sur un globe aux armes de France, son casque et ses gantelets sont à ses pieds; à droite, Mme de Parabère, la tête casquée comme Pallas, s'approche de l'oreille du Régent. Ce tableau a figuré dans les appartements de ce prince. Le musée de Caen et celui de Versailles possèdent (original et copie), un portrait qu'on suppose être celui de Mme de Parabère : la comtesse est environnée d'une guirlande de roses qu'elle attache à ses mains; un négrillon à ses pieds lui présente une corbeille de fleurs; la figure est de Coypel et les fleurs de Blin de Fontenay. On croit que cette peinture seroit antérieure à la régence. Le comte d'Houdetot, dit M. de Lescure, avoit dans sa galerie un *portrait en grands atours de Mme de Parabère*, par Largillière. Il a été vendu 1530 francs au décès de cet amateur. La maîtresse du Régent a encore été peinte le sein gauche découvert et tenant un oiseau sur un coussin. Ce portrait est gravé par Chereau. Il existoit aussi dans la fameuse collection de Richelieu, où chacune de ses maîtresses étoit représentée sous le costume d'un ordre religieux, un portrait de Mme de Parabère en carmélite, Mlle de Charolois en capucine et Mme de Villeroi en récollette. Mais le plus curieux des portraits de Mme de Parabère est celui de Santerre, où le Régent et sa maîtresse sont peints sous les figures d'*Adam et d'Ève*. Ce tableau, dit M. de Lescure, dont l'esquisse est encore dans la famille de Santerre, se trouve au palais impérial de Vienne. Voir pages 300, 302. S.

25. Le 29 décembre suivant l'original fut présenté au Roi et porté aux Tuileries. V.

26. Sorte de théorbe ou grand luth à deux

manches. On ne donnoit pas un concert sans cet instrument, pas de chansons, de ballades, de morceaux d'ensemble sans que son aigre accompagnement ne fût obligé. Dupré, rue *des Escouffes*, de la Barre *en cour*, et Aubin, rue *de l'Écharpe*, étoient les grands exécutants de théorbe et d'archiluth. A cette époque florissoient *Charpentier* et *Baptiste* pour le violon (ne pas confondre ce dernier avec Lulli dont il avoit le prénom), et *le Peintre* qui gagnoit des sommes énormes. (*Paris démoli.*) S.

27. M. de Saint-Nectaire, peut-être parent du duc de la Ferté, beau-frère de Mme de Ventadour. Voir page 193.

28. Le marquis de Bullion Fervacque, descendant du surintendant Claude de Bullion, avoit fait bâtir sous Louis XIII *l'hôtel de Bullion*, décoré par Blanchard, Vouet et Sarrasin, hôtel que les ventes publiques ont rendu célèbre de nos jours.

Le Régent étoit grand amateur des beaux-arts; il avoit même peint un certain nombre de tableaux dont nous avons parlé aux pages 71, 207. Il aimoit à se rendre compte par lui-même de tous les moyens employés par les artistes en renom, pour exécuter leurs œuvres. On assure qu'avant la Révolution, on voyoit dans le château de Meudon des peintures remarquables du Régent. Très-curieux de la mécanique, de la métallurgie et de tous les arts industriels, auxquels il donnoit une grande impulsion, il assistoit souvent aux séances de l'Académie des sciences, et ne manquoit pas d'y apporter une grande attention et souvent de réelles lumières. « Quand le Roi sera parvenu à sa majorité, disoit le Régent, je ne lui demanderai que la présidence de l'Académie des sciences. »

Le duc d'Orléans, selon Barbier, avoit eu la plus belle éducation qu'on puisse avoir, sachant tout, peindre assez joliment, la musique parfaitement, la mécanique, la chimie, l'histoire, le cérémonial, le droit public, les intérêts des princes étrangers, parlant comme un ange; il avoit tout pour être premier ministre; mais il joignoit à tous ces dons précieux, celui de ne savoir jamais s'en servir, ajoutoit sa mère, la princesse palatine. S.

29. Probablement le bal de l'Opéra qui se donnoit trois fois la semaine. V.

30. C'est Louis de Boulongne le jeune, qui fut chevalier. Né à Paris en 1654, envoyé à Rome en 1675, de l'Académie de peinture en 1681, professeur en 1693, recteur en 1718, directeur en 1722, entra à l'Académie des inscrip-

tions pour dessiner les médailles et les devises, reçut le cordon de Saint-Michel et fut anobli en 1724. Il succéda à Antoine Coypel en 1725, et mourut le 20 novembre 1733. Son portrait, sous le n° 3707, est à Versailles, salle 160, peint par Lebouteux. S.

31. Deux dessins qu'elle donna à Rousseau. V.

32. La fuite du prussien Vernezobre, un des caissiers principaux de la banque, emportant des valeurs considérables en numéraire qu'on évaluoit à 50 millions, la saisie de 77 000 louis d'or faite chez un autre caissier, la confiscation des vaisselles d'argent, des bijoux, des monnaies d'or et d'argent, un projet d'arrestation des personnes suspectes et qu'une liste de police comptoit pour 30 000 noms : tous ces malheurs qu'on imputoit au système de Law, avoient intimidé ceux qui possédoient de la monnaie sonnante et en paralysoient le cours. S.

## DÉCEMBRE.

1<sup>er</sup> décembre, dimanche. Les demoiselles Dervest vinrent chez moi.

Le 2. Je donnai à la sœur de M. Aran (Audran)[1] les deux dessins arrangés. Je vis quelqu'un qui travailloit l'albâtre M. Falconnet[2].

Le 3. Je comptai à Angela 45 francs[3], pour le dernier voyage de Versailles et pour le reste du satin. M. Crozat donna à dîner à plusieurs évêques, au très aimable M. de Morville[4]; il y eut concert.

Le 4. Mademoiselle Law vint chez moi; je lui remis son portrait.

Le 5. Je terminai le portrait de la duchesse de Brissac; je repris les deux dessins donnés à M. Rousseau et je lui en donnai un autre, et à Mme Crozat le dessin de son mari.

Le 6. Terminé le portrait de la marquise de la Carte. Écrit longuement à Gabrielli.

Le 7. J'allai à l'Académie ; pendant que j'y étois, des princesses, des duchesses et d'autres personnes vinrent à notre appartement où se trouvoit ma mère[5].

Le 8. J'allai chez Mme Falesani et chez Mme Law. On convint d'aller aux Gobelins le 12.

Le 9. Je fus obligée de promettre de faire les portraits de l'un des premiers présidents, de l'évêque de Cambrai[6] et des quatre petits-fils de Villeroi[7]. J'allai avec ma mère *aux Petits-Pères*.

Le 10. Je promis à M. de Morville[8] de lui faire un pastel à Venise et non à Paris, où cela m'étoit impossible. Il fut décidé que je commencerois le 16 le portrait du petit-fils de Villeroi. Je vis le Maréchal[9], de Troy et beaucoup d'autres, et Mme de Launois avec....[10]

Le 11. Je commençai le portrait de

M. Laurillier (Lavrillière)[11] pour M. de Quélus (pastel 3). Je vis Mademoiselle Law dont le père fut.... disgracié le même jour[12]. »

Le 12. Je vis M. de Quélus. Je donnai à Mme la marquise de la Carte son portrait. Je me présentai en vain chez Mme Law qui étoit allée à l'opéra[13]; d'où je m'acheminai vers la comédie avec Mme Boit et mes sœurs.

Le 13. J'allai aux Gobelins[14] et en même temps au *Val-de-Grâce*[15], où la coupole est peinte à fresque de la main de Mignard. Je vis les tapisseries de grande lisse, de petite lisse et de basse lisse, la fabrique de carrosses et des *Phaétons* et non celle des vernis[16]. M. Rolland est venu me faire visite.

Le 14. Je commençai le portrait en miniature de Mme de Parabère, qui m'offrit de me faire voir l'opéra dans sa loge[17].

Le 15, dimanche. J'allai chez Mme Law, dont le mari étoit parti le même jour[18]. Elle me donna vingt louis. J'offris la Ve....[19] à M. Vleughels, et je donnai quatre louis à Angela. On me pressa de faire le portrait de Mme de Villeroi (past. 3).

Le 16. Je commençai le portrait de Mme de Villeroi (pastel 3). M. l'abbé Peroz me fit présent d'une petite cave à renfermer du vin[20]. Za...[21] (peut-être Zanetti) me parut triste.

Le 17. Je vis une demoiselle qui peignoit en miniature ; je reçus de Mme de la Carte seize aunes de drap.

Le 18. Je vis M. Laurillier (Lavrillière), Mme Faleso et je rendis la perruque et la cravate de M. Law[22].

Le 19. Je travaillai au portrait de Mme Villeroi. Le duc de Luxembourg[23], C. Harcourt[24] et plusieurs autres personnes vinrent pour lui tenir compagnie presque toute la matinée. J'allai ensuite choisir un habillement pour ma mère.

Le 20. Je fus chargée de faire les portraits de M. le lieutenant civil[25] et de sa femme et en outre de faire à Venise deux miniatures.

Le 21. Je donnai à Angela un autre louis de 45 livres, au moyen de quoi je finis de solder les comptes excepté celui de Londres, sur lequel elle retint 20 écus, et moi j'ai eu deux aunes et demie de *mousseline*, quatre de toile fine et des cristaux. J'allai à la banque, où je vis le plafond du *Romanino*[26] dans la grande salle couverte de haut en bas de livres et de billets[27]. Je reçus la visite des Lodé et de M. Pomer. Je repris le dessin de M. Vleughels. M. Dervest fut conduit à la Bastille[28].

Le 22. Mme de Parabère vint chez nous[29] pour voir quand je voudrois finir son portrait; elle étoit accompagnée d'une autre dame. J'allai chez l'Anglois et chez Mme Coypel.

Le 23. M. Hyacinthe Rigaud me fit cadeau de ses portraits gravés[30] jusqu'au n° 39.

Le 24. Nous allâmes aux *Petits-Pères*. On écrivit à M. Crozat pour qu'il obtînt de moi que je promisse de faire le portrait d'une fille d'un président.

Le 25, jour de Noël. Je reçus l'habillement de ma mère.

Le 26. J'écrivis à la fille de M. Law. Je reçus vingt louis de chacun 45 livres. Je reçus aussi le cadre du portrait du Roi.

Le 27. On écrivit encore en insistant pour que je fisse le portrait de la fille du président.... Nous allâmes voir le Samson peint par Lely[31].

Le 28. Le duc de Villeroi vint pour voir le portrait de sa bru, il fut bientôt rejoint par la princesse de Gemont, par les ducs de Noailles, de la Motte[32] et par d'autres ducs.... Celui de Brissac me donna 12 louis de 45 livres chacun pour le portrait de sa femme.

Le 29, dimanche. Je fus introduite dans le cabinet du Roi afin de voir où l'on pouvoit placer son portrait au pastel. Ce portrait fut porté au palais le même jour avec un grand cadre et exposé dans le salon[33] où jouoit le Roi. Je vis dans cette circonstance les deux petits-fils de Villeroi, dont le cadet, qui avoit été à Venise me parla longuement en italien. Nous allâmes le soir chez les Lodé.

Le 30. Je commençai le portrait au pastel du lieutenant civil. J'allai au Ballet du Roi où je vis toute la cour en gala; c'étoit aussi magnifique qu'il est possible de l'imaginer[34].

Le 31. Le prince de Tingri[35], oncle de la duchesse de Villeroi vint avec plusieurs autres grands seigneurs. Je refusai, craignant de n'avoir pas le temps de le faire, le portrait d'une belle dame et de deux autres, mari et femme. Il fut convenu avec Mme de Parabère que je finirois son portrait le 2, et avec Mme Lauriller[36] que je commencerois le sien le 4. Je promis, pourvu que j'en eusse le temps de faire le portrait de la maréchale d'Otreck[37].

## NOTES.

1. Audran, le peintre Concierge de la galerie du Luxembourg. Voir la note sur cet artiste. Page 83. S.

2. Sculpteur français, dit Vianelli, ce qui doit être une erreur; car Falconnet (Étienne-Marie), le sculpteur, né en 1716 et mort en 1791, n'avoit encore que quatre ans. C'étoit probablement Falconnet, docteur médecin de l'Académie des sciences, à moins que ce ne soit un Falconnet sculpteur tout à fait oublié. S.

3. Angela étoit l'aînée des sœurs Carriera. En elle s'éteignit la famille paternelle. Dans son enfance, bien qu'elle fût habituée à manier le crayon et à tremper ses pinceaux dans la couleur, et que, ses dessins et ses miniatures, de l'avis de Rosalba, n'aient pas égalé ceux de Giovanna, Angela avoit du talent et l'esprit très-vif. J'ai su, par ses propres lettres, qu'elle retiroit un profit très-utile des travaux dont il vient d'être parlé. Quand elle

fut mariée et qu'elle se vit sans enfants, elle travailla moins; elle alla à Vienne en 1730 avec son mari et ses sœurs; là elle les aida à ébaucher les portraits. Cet aide étoit d'autant plus nécessaire en ce pays que Rosalba y fesoit fureur. Tous les grands seigneurs vouloient avoir d'elle leur portrait ou posséder des ouvrages de sa main. Elle ne pouvoit suffire à toutes les demandes, et ses sœurs la suppléoient dans les préparations de ses tableaux.

Angela chantoit bien et avec succès, et s'accompagnoit au clavecin. Elle fut avec ses sœurs l'amie de la fameuse cantatrice *Faustina*. Sa mise étoit élégante, et partout on aimoit à l'accueillir, dans toutes les villes où elle séjournoit. Elle suivit son mari dans son premier voyage à Dusseldorf vers 1713. Angela ne manquoit pas d'écrire à ses parents, contrairement à son mari Antonio Pellegrini qui auroit plutôt fait un tableau qu'écrit une lettre. Celles de sa femme nous ont fait connoître les ouvrages que l'électeur palatin lui donna à exécuter et qu'Angela a su décrire avec grâce et dans un langage pittoresque. Elle critiquoit avec goût et avec esprit les œuvres des autres artistes. Le portrait d'Angela et de son mari, figures moyennes, a été dessiné à la plume, sur papier, par Rosalba. Ce sont deux jeunes gens qui ont bon air et beaux visages.

Ce portrait est indiqué dans mon *Catalog. di Quadri*, V. (Voir à l'*œuvre* de Rosalba).

4. Charles-Jean-Baptiste Fleuriau, comte de Morville, fils du garde des sceaux, Fleuriau d'Armenonville, né à Paris, le 30 octobre 1686, conseiller au Parlement de Paris, ambassadeur, ministre des affaires étrangères après la mort du cardinal Dubois de 1723 à 1727, de l'Académie françoise, mort le 2 février 1732. Le comte de Morville habitoit un hôtel de la rue Plâtrière, près celui de Bullion, jadis d'Épernon. Son père, l'ayant achevé y fit peindre dans la galerie obligée une apothéose de Psyché et un Apollon au milieu des Muses par Pierre Mignard. Le comte de Morville s'étoit formé un cabinet des maîtres de la peinture : deux Vierges d'*André del Sarto*, une Adoration des Bergers de *Giorgion*, un Noé après le Déluge de *Poussin*, une Madeleine de *Rubens*, une Adoration des Rois de *Paul Véronèse*, et enfin de merveilleux pastels de l'*illustre Rosalba Carriera*, dit Germain Brice. (Deux des plus beaux ont été gravés. Une inscription constate leur provenance). Cavaud fut architecte de cet hôtel que la mort d'un grand poëte rendit plus célèbre. Jean de la Fontaine y vint finir ses jours (voir la page 270), S.

5. Après le départ de Rosalba, l'appartement qu'elle occupoit fut converti en une galerie par Oppenor. Zanetti, dans une de ses lettres à notre artiste, lui écrit de quelle manière cette galerie fut détruite. (V.)

Crozat écrivoit cependant à Rosalba, lorsqu'elle fut revenue à Venise, que son appartement étoit encore dans l'état où elle l'avoit laissé et tout prêt à la recevoir. Il faut conclure de ces deux faits que l'appartement de Rosalba avoit été conservé, mais qu'une galerie fut détruite. Le *Mercure* nous donne un passage curieux sur un événement qui nécessita les constructions dirigées par Oppenor :

« Le 11 septembre 1721, il arriva un accident funeste chez M. Crozat le cadet, rue de Richelieu. Le premier et le second étage d'une galerie de sa maison s'écroulèrent tout d'un coup, avec la moitié d'un pavillon qui joignoit cette galerie. Les ruines écrasèrent deux couvreurs et blessèrent dangereusement quatre maçons. On dit que M. Crozat a donné mille livres de pension à chaque veuve des ouvriers qui ont été tués dans cette chute et des sommes aux blessés. » S.

6. C'étoit Guillaume Dubois, né à Brives-la-Gaillarde, le 6 septembre 1656, précepteur du duc de Chartres, depuis régent, ministre des

affaires étrangères en 1718, archevêque de Cambrai en 1720, cardinal en 1721, premier ministre en 1722, de l'Académie françoise, mort le 10 août 1723. Son portrait est à Eu. Il y en a une copie à Versailles, peinte par **Mazis**. Un grand portrait original par Rigaud, fut exposé en 1722 à la place Dauphine lors de l'exposition de la Fête-Dieu, suivant l'ancienne coutume des artistes. Le mausolée en marbre du cardinal par N. Coustou a reçu asile à Saint-Roch, à la suppression des couvents. Aucune inscription ne signale le nom de l'ancien ministre. Dubois est à genoux, les mains suppliantes. On le prendroit pour le plus vénérable des prélats. Voir page 241. S.

7. Ils étoient fils ou gendres du duc de Villeroi et petit-fils du maréchal. Mais Rosalba commet une erreur : le duc de Villeroi n'avoit que deux fils, un gendre et le fiancé de sa seconde fille. C'étoient :

1° *Louis-François-Anne de Neufville, duc de Retz,* né en octobre 1695, mestre de camp, plus tard pair de France. Il épousa en 1716 la célèbre Marie-Renée de Montmorency-Luxembourg, si connue par ses galanteries et sa mort. Le duc de Richelieu l'aima assez pour la placer en costume de récollette dans la galerie de ses maîtresses favorites. Elle étoit fille aînée de Charles-François-Frédéric de Montmorency-Luxembourg, duc de Luxembourg et de Marie-Gillonne Gillier.

2° *Camille de Neufville, marquis d'Alincourt*, mestre de camp du régiment de Villeroi. Il épousa en septembre 1720 Marie-Josèphe de Boufflers, fille puînée de Louis-François, duc de Boufflers, maréchal de France et de Catherine-Charlotte de Gramont.

Les autres enfants du duc de Villeroi étoient deux filles :

3° *Marguerite-Louis-Sophie de Neufville*, mariée le 14 janvier 1716 à François, *duc d'Harcourt*, pair de France, capitaine des gardes du corps, fils du maréchal duc d'Harcourt. Elle mourut le 4 juin suivant, dans sa dix-huitième année. Lorsque Rosalba vint à Paris, elle n'existoit déjà plus. C'étoit le duc d'Harcourt avec ses beaux-frères et le duc de Boufflers, fiancé de la plus jeune fille de Villeroi, qui venoient visiter Rosalba. Cette dernière se nommoit :

4° *Madeleine-Angélique de Neufville*, née en octobre 1707, mariée le 15 septembre 1721 à Joseph-Marie, *duc de Boufflers*, pair, et plus tard maréchal de France. Veuve, elle épousa en 1747 le *maréchal de Luxembourg (Charles-François-Frédéric de Montmorenci)* et fut tout à la fois célèbre dans sa jeunesse et son âge mûr sous les deux noms de ses maris. On disoit d'elle :

« Quand Boufflers parut à la cour,
On crut voir la mère d'Amour.
Chacun s'empressoit à lui plaire,
Et chacun l'avoit à son tour.

Elle fut un type en son genre. Cependant c'est elle qui éleva la charmante Amélie de Boufflers, sa petite-fille, devenue plus tard la femme du duc de Lauzun-Biron, dont Jean-Jacques et les contemporains ne cessent de louer les vertus et les charmes. Elle est morte en 1787. (Voir page 86.) S.

8. Nous avons dit que M. de Morville possédoit plusieurs ouvrages de la Rosalba ; trois lettres de Crozat et une de Mariette nous en donnent la preuve :

**CROZAT A ROSALBA, A VENISE.**

Montmorency. 15 mai 1727.

« M. le comte de Morville, secrétaire d'État, m'a assuré, la semaine dernière, vous avoir écrit pour vous prier de lui faire un ouvrage au pastel ; il le destine à accompagner la tête de femme qui lui a été donnée par M. *Roland d'Aubreville*. Il est enchanté de cette figure qui fait l'admiration de tous les ministres étrangers et de tous les connoisseurs qui le visitent. »

### MARIETTE A ROSALBA.

19 septembre 1726.

« Le comte de Morville a placé dans son cabinet un de vos ouvrages. Il a pour voisin des tableaux de Rubens, de Paul Véronèse, de Giorgion, d'André del Sarte, de Poussin. Voulez-vous que je vous dise toute la vérité, la peinture de la Rosalba possède des grâces qu'on ne sauroit trouver chez aucun des maîtres de notre siècle. Enfin je puis vous assurer que votre tableau cause à M. de Morville et à tous ses amis le plus extrême plaisir. »

Cette lettre a trait au premier tableau. Quant au second, voici une autre lettre de Crozat :

### CROZAT A ROSALBA.

Paris, 12 mars 1728.

« La belle tête (demi-grandeur) que M. le comte de Morville a reçue tout récemment de vous, fait l'admiration non-seulement des amateurs des beaux-arts, mais encore de nos plus excellents peintres, qui, bon gré mal gré, sont forcés de vous louer. Ils vous comparent au Corrége, et quelques-uns vous placent au-dessus de ce maître.... M. Charles Coypel vous adresse un aveu sincère de tout ce qu'il pense sur votre talent, en reconnoissant que vous êtes surpassée vous-même.... Tous nos peintres en sont ravis. Ils vont jusqu'à vous placer au rang du divin Corrége. Ils devroient connoître qu'il leur seroit impossible de faire mieux. »

### CROZAT A ROSALBA.

Paris, 12 octobre 1732.

« J'ai été très-heureux de voir chez M. de Boulogne, premier ministre des finances et petit-fils du directeur de l'Académie royale de peinture (Louis Boulogne), les deux merveilleux tableaux (les deux figures dont il est question dans les lettres précédentes) que possédoit M. le comte de Morville, et acquis par M. de Boulogne au prix de douze ou treize cents livres de France à la mort de cet amateur. Il les avoit toujours voulu garder comme une faveur précieuse de la fortune. Les connoisseurs ne cessent d'admirer ces deux pastels. Chaque jour d'audience que M. de Boulogne accorde aux visiteurs est pour lui un jour de satisfaction et pour vous un hommage rendu à votre talent. » V.

Ces deux pastels ont été gravés (voir à l'*œuvre* de Rosalba). A la fin du volume. V.

9. Le maréchal de Villeroi. (Voir page 86. S.

10. Mme de Louvois, dont nous avons parlé plus haut à la page 103. S.

11. C'étoit le duc de la Vrillière Louis Phelipeaux. Il n'étoit que duc à brevet ou viager, marquis de Lavrillière, comte de Saint-Florentin, secrétaire d'État, le 10 mai 1700, ayant dans ses attributions la feuille des bénéfices, les dons et brevets pour les provinces de son département et les affaires de la religion *prétendue réformée*. Il étoit laid et petit. Le Régent l'appeloit *son Bilboquet*. Il mourut en 1725. Voir page 201. S.

12. Vianelli ne peut expliquer cette journée malheureuse, tandis que le texte pouvoit le mettre sur la piste d'une explication : *Veduta la figlia Law, il padre della quale.... disgraziato lo stosso giorno.* En effet, le 11 décembre étoit l'avant-veille de la fuite du célèbre Écossois. Ce jour il remit au Régent ses pouvoirs, en échange desquels ce prince lui promit de ne toucher ni à sa personne ni à ses biens. Cette journée fut donc un événement malheureux dans la famille Law; et Rosalba, qui étoit devenue une amie de la maison, témoigne la tristesse qu'elle en éprouve. S.

13. Le 12 décembre, Law se montra à l'Opéra avec sa famille. Il y fut l'objet d'une curiosité malveillante. Retiré le lendemain 13 à sa terre de Guermande, près Lagny, Law y reçut la visite du duc de Bourbon. Le 16, Mme de Prie lui envoya sa chaise de poste avec un passe-port au nom du Roi. Des trois millions qu'il avoit apportés en France, de ses quatorze belles terres seigneuriales et des énormes richesses qu'il y avoit acquises, il ne lui restoit plus alors que trente-six mille livres provenant d'un remboursement inattendu et deux bagues de dix mille écus; Law en envoya une à Mme de Prie en reconnoissance du service qu'elle venoit de lui rendre (Cochut *Law et son système*). Mme de Prie sauvoit Law, qui l'avoit enrichie, ainsi que M. le duc de Bourbon, qui avoit monstrueusement profité du système, et elle évitoit un procès public qui auroit mis à jour toutes les turpitudes des grands agioteurs. Le Régent seul restoit fidèle à son caractère ordinaire, tolérant et doux, sortant les mains nettes de cet immense tripot. S.

14. Vianelli confond dans sa note Saint-Gobin avec les Gobelins. Il cite, au sujet de la manufacture des glaces de Paris, *Adam Thévart*, qui fut l'inventeur d'une fabrication

nouvelle en 1688 (voir plus loin la note relative à M. de Julienne). Page 307.

La fabrique royale des tapisseries que François I*er* avoit établie à Fontainebleau en 1543 ne fut transportée aux *Gobelins* que sous Louis XIII. Elle fut dirigée d'abord par *Charles Comans* et *Raphaël de la Planche*. On fabriquoit aux Gobelins des tapis de décorations d'appartements, et à la *Savonnerie* des tapis de pied et des ameublements dits de basse et haute lisse. Cette dénomination tenoit à la pratique du travail qui se faisoit sur les métiers, dont la chaîne étoit tantôt verticale (haute lisse), tantôt horizontale (basse lisse). La lisse étoit la pièce de bois qui portoit à l'une des extrémités le cylindre et à l'autre le tissu. En 1662, Louis XIV et Colbert réunirent aux Gobelins tous les ouvriers travaillant pour le Roi. Aux tapissiers vinrent s'adjoindre les brodeurs, les orfévres, les fondeurs, les graveurs, les lapidaires, les ébénistes et les teinturiers. Charles *Lebrun* en fut directeur; après lui *Mignard* (1690), puis *Robert de Cotte* (1699), *de Cotte fils* (1735), *d'Isle* (1747), *Soufflot* (1755), *Pierre* (1781), *Guillaumot* (1789), *Audran fils* (1792), *Belle* (1793), *Guillaumot* (1795), *Chanal* (1810), *Lemonnier* (1811), *Des Rotours* (1816), *Lavocat* (1833), *Badin* (1848), *Lacordaire* (1850),

*Badin*, réintégré (1860). C'est en 1825 que l'établissement spécial de la *Savonnerie* fut supprimé et que les métiers et le personnel furent transportés aux Gobelins, où ils prirent la place des métiers de basse lisse que l'on envoya à Beauvais.

L'administration des Gobelins a fait paroître en 1861 une notice historique sur les anciennes manufactures royales des tapisseries françoises, notice précédée du catalogue des tapisseries exposées à cet établissement impérial. Cent vingt tapisseries y sont conservées et alternativement exposées. Les plus anciennes ne datent que de Louis XIV. Aujourd'hui les manufactures des Gobelins et de Beauvais sont de nouveau réunies sous la même direction. Page 307. S.

15. Le Val-de-Grâce étoit un monastère de femmes de l'ordre de Saint-Benoist, autrefois au *Val-Profond*, près Bièvre. Anne d'Autriche voulut être la fondatrice de son église et des nouvelles constructions qu'elle fit élever au faubourg Saint-Jacques, en actions de grâces de la naissance de son fils Louis XIV. Mansart en fut l'architecte. Pierre Mignard peignit à fresque le grand dôme que Molière voulut célébrer dans son poëme : *la Gloire du Val-de-Grace*. Mignard n'étoit pas un habile prati-

cien dans la fresque. Il retoucha plusieurs fois son ouvrage à la détrempe et même au pastel. L'humidité a fait disparoître ces diverses retouches, et la coupole de Mignard semble aujourd'hui décolorée et sans perspective. C'est à peu près la seule fresque qui ait été tentée en France après celles du XVI° siècle à Fontainebleau. Elle représente : *le Paradis des bienheureux*. Gravée en six planches par Gérard Audran, elle fait partie du fonds de la chalcographie du Louvre sous le n° 818.

Les cœurs des princes et princesses de la maison royale de France ont été déposés au Val-de-Grâce depuis Anne d'Autriche jusqu'au Régent, à l'exception de ceux de Louis XIII et de Louis XIV.

Le Val-de-Grâce est maintenant transformé en un hôpital militaire. S.

16. Rosalba nous fait connoître que l'on fabriquoit aux Gobelins, indépendamment des tapis de haute et basse lisse, des voitures, des carrosses, des *phaétons*. Les carrossiers étoient un des corps de métiers que Colbert avoit centralisés dans l'établissement. Elle ne visita pas la fabrique des vernis, probablement les vernis de Martin, ou dans le goût de ce fabricant. S.

17. Ce même jour, on célébroit à Pon-

toise, où le parlement étoit exilé, le mariage de Mlle Marie-Anne-Antoinette de Mesme, fille aînée de messire Jean-Antoine de Mesme, premier président et de dame Marie-Thérèse Feydeau de Brou, avec messire Guy de Durfort, duc de Lorge, comte de Quintin, veuf en premières noces de Geneviève-Thérèse Chamillard, fille du ministre, morte en mai 1714. Le premier président ne voulut à cette fête de famille, d'autre assistance que le parlement. La fête se fit à l'hôtel du duc d'Albret et dura toute la nuit. Il y eut illuminations, souper de quatre-vingt convives, feu d'artifice, bénédiction du lit, et réjouissances pendant deux jours. Le Roi fit remettre le lendemain, 15 décembre, par le Fèvre, trésorier des menus, à la mariée, un collier de perles et une croix de diamants valant plus de deux cent mille francs.

A la fin de décembre, le parlement étoit rappelé à Paris et le premier président, à la tête, alla remercier le Roi et le Régent d'avoir bien voulu permettre ce retour. S.

18. Rosalba se trompe ; Law qui étoit déjà sorti de Paris le 13 décembre, quitta Guermande, le 16. Vianelli, à ce propos, se demande si Law n'étoit pas allé à Fresnes pour rappeler le chancelier d'Aguesseau de son exil ? Le motif de ce départ est connu : Law étoit en fuite.

On sait qu'il quitta sa terre de Guermande, près Lagny, avec quatre ou cinq hommes de sa livrée. Sarrober, écuyer de M. le duc de Bourbon, capitaine des chasses de Chantilly, étoit avec lui dans une de ses chaises de postes. Arrêté à Valenciennes, au moment où il changeoit de chevaux, par les agents de M. d'Argenson le fils, intendant de la province; il montra un passe-port particulier du duc d'Orléans. De là il se rendit à Bruxelles, où il fut reçu magnifiquement par M. de Prié, qui y commandoit au nom de l'empereur. On l'attendoit à la comédie, où il descendit. « Il eut l'insolence de dire qu'il avoit enrichi la noblesse et qu'il laissoit Paris florissant. » (*Journal de Barbier*.)

Sa femme vint le rejoindre quelque temps après, à Bruxelles, après avoir réalisé une somme pour payer les petites dettes. Les biensfonds furent vendus plus tard à vil prix, et il n'en revint rien au fugitif. Il les avoit offerts précédemment pour être distribués à ceux qui auroient perdu par ses opérations, il ne vouloit se réserver que 30 000 fr. de rente. (*Cochut*.)S.

19. Probablement la Vénus dont il est parlé à la note du 15 septembre précédent, et que Rosalba renvoya de Venise à Vleughels, après l'avoir retouchée. V.

20. C'est ce que nous appelons aujourd'hui une cave à liqueurs, Rosalba dit *una canovetta*, une *canette* si l'on veut. Un usage royal en France, permettoit d'offrir à un artiste une pièce de vin; on peut se rappeler que dans les lettres de Poussin à M. de Chantelou, le Roi qui donnoit un logement à son premier peintre ne manque pas de lui faire offrir en même temps deux pièces de petit vin. Vianelli l'explique ainsi : *Canovetta* veut dire une cassette avec des vers. S.

21. Z.... me parut triste.

Vianelli explique ce Z.... par Zanetti, ce qui est probable ; mais il ne nous dit pas pourquoi comme son amie il étoit sujet aux mélancolies et aux tristesses. On voit que celles de Zanetti préoccupoient Rosalba. La notice biographique qu'on lira à la fin de ce volume, a dû constater, comme son journal, bien des heures mélancoliques pour notre artiste; ces traces d'une sorte de solidarité douloureuse dans la vie de deux êtres étroitement liés, nous les avons souvent surprises dans ces documents; si elles cachent un mystère, nous n'avons pu que le soupçonner. Voir page 349. S.

22. Après avoir fait le portrait de Law; elle rendit la cravate et la perruque qui lui

avoient servi pour les accessoires de ce portrait. V.

23. Le duc de Luxembourg étoit allié à la famille Villeroi, sa fille avoit épousé le duc de Retz. C'étoit Christian-Louis de Montmorency-Luxembourg, prince de Tingri, mort en 1746. Voir page 268 la note sur la famille Villeroi. S.

24. Voir la note sur la famille Villeroi, à propos du duc d'Harcourt. Page 268. S.

25. M. d'Argouges, de Fleury lieutenant civil, demeuroit vieille rue du Temple. S.

26. Je ne sais dit Vianelli quel peut être ce Romanino. Je n'en connois d'autre que Girolamo *Romanino*, peintre de Breschia. Rosalba commet encore ici une erreur, elle veut dire le *Romanelli* qui avoit exécuté au palais Mazarin, occupé par la banque, un plafond pour le ministre de la minorité de Louis XIV. Ce plafond existe encore dans une des salles de la bibliothèque Impériale (section des manuscrits); il en a été fait une copie par M. Frappaz, commandée par la commission des monuments historiques.
Romanelli ou le Romanello comme on le désignoit alors, avoit peint à l'hôtel Lambert,

dans l'île Saint-Louis, cinq tableaux de l'histoire d'Énée, placés sur une espèce d'Attique qu'on voyoit encore en 1765. Giovanni Francesco Romanelli étoit né à Viterbe, en 1610. Le cardinal Barberini retiré en France, le proposa à Mazarin, pour exécuter les peintures de son palais. Ce dernier le présenta à Louis XIV. Il ne tarda pas à devenir le peintre favori de la cour et mourut en 1662 ; on sait que son œuvre capitale est l'ensemble des plafonds qu'il peignit au Louvre dans les salles des bains de la Reine (maintenant musée des antiques) : ces peintures existent encore. S.

27. Vianelli conclut de cette indication que la banque étoit une grande administration divisée en diverses localités pour les services des bureaux. Cette note n'est intéressante que parce qu'elle donne un détail sur l'intérieur de cet établissement célèbre. S.

28. Ce fut dans la nuit du samedi, 21 décembre 1720, que du Revest, contrôleur de la Banque, fut arrêté avec Bourgeois, trésorier général et de Fénelon, qui visoit les billets, gens amis de Law et placés par lui. On arrêta aussi Fromaget, l'un des directeurs de la compagnie des Indes. « Tous ces gens ont des millions, dit Barbier, et on leur demande

de l'argent. Néanmoins, on croit que Law a seulement fait semblant de sortir de France à cause du parlement, et qu'il est caché au Palais-Royal. La femme et la fille de ce dernier sont à Paris, dans leur maison. Son fils est éclipsé comme lui, c'est-à-dire perdu aux yeux du public. » On voit que le journal de Rosalba est presque toujours d'accord avec les chroniqueurs du temps. S.

29. L'honnêteté de Rosalba devoit être un peu scandalisée du caractère tout particulier qui distinguoit en ce moment la personne de Mme de Parabère. Les historiens la présentent précisément à l'époque où elle fesait faire son portrait comme enceinte et ne dissimulant nullement cette situation, qu'elle avoit la générosité d'attribuer à M. le duc d'Orléans, et aussi à Nocé, son associé en amour et en affaires. Voir pages 251, 300, 302. S.

30. Les portraits d'Hyacinte Rigaud étoient gravés par Pierre Drevet le père. Voici ce qu'en dit l'*Abecedario* d'Orlandi, « ce sont des modèles de la gravure. » La Rosalba fut très-reconnaissante d'un tel don, et de Venise elle envoya à Rigaud plusieurs pastels qui furent très-appréciés par ce maître. Mariette lui écrivit à ce sujet :

### MARIETTE A ROSALBA.

26 novembre 1722.

« Il faudroit être insensible à toutes les grâces pour n'être pas touché de celles que vous avez répandues sur ces nouveaux ouvrages. M. Rigaud, comme le souverain maître du goût, a compris mieux que personne toute leur valeur. Mais il ne s'attendoit pas à un aussi riche cadeau. Vous possédez un trésor inestimable; tout ce qui sort de votre main ne peut être que parfait. Vos deux tableaux sont admirables. M. Rigaud a une préférence pour celui qui représente la belle blonde. Vous recevrez bientôt de lui une lettre de remercîment. » C'est une des deux lettres dont nous avons parlé dans la note du 27 juin, dit Vianelli. Mariette dans une de ses lettres à Bottari (Paris, 4 août 1758) lui écrit que les portraits d'après Rigaud, au nombre d'environ soixante-cinq, sans parler de ceux qui ont été gravés plusieurs fois, sont devenus très-chers : le dernier recueil qu'on ait vendu à Paris, quoique incomplet, s'est payé environ 80 écus. V.

31. Peter Van der Faës Lely dit le chevalier Lely, peintre, né à Soest, en Westphalie en 1613, mort à Londres en 1680. Élève de Pieter Grebber, peintre de Harlem. Lely peignit d'abord le paysage, des sujets historiques, puis

des portraits et s'adonna entièrement à ce dernier genre. Après la mort de Van Dyck, il passa en Angleterre, peignit successivement Charles I*er* et sa famille, Cromwell et Charles II qui le nomma son premier peintre et gentilhomme de sa chambre. Il lui commanda une suite de portraits des plus belles dames de sa cour, qu'il fit placer à Windsor (collection connue sous le nom des *Beautés de Windsor*). Il cherchoit la manière de Van Dyck et beaucoup de ses ouvrages passent en Angleterre pour des œuvres de ce maître. Son portrait peint par lui-même est à Hampton Court. Le musée de Versailles en possède une copie par Goldschmidt, n° 3547, et les originaux de Lely suivants : *Henriette de France, Reine d'Angleterre*, une *Duchesse de Lancastre*, *Madame de Montespan* et *Madame de Lavallière* avec leurs enfants (attribution douteuse). Lely possédoit un cabinet de curiosités, de peintures, de dessins et d'estampes qui fut vendu après sa mort. — Lacombe dit que le Roi avoit deux Tableaux de Lely. Il ne désigne pas le Samson. S.

32. Charles de la Mothe-Houdencourt. marquis de la Mothe, grand d'Espagne, mort en 1728, âgé de quatre-vingt-cinq ans, n'étoit pas duc. Celui qui visita Rosalba étoit plutôt

le beau la Mothe-Houdencourt, son fils (Louis-Charles), né en 1688, très-lié avec Mme de Parabère. Voir page 290. — Il n'y a jamais eu de princesse de Gémont. S.

33. Vianelli se demande si ce n'est pas « ce *Salon* dont parle Algarotti qui est à Paris, le tribunal en quelque sorte de la peinture comme San Rocco l'est à Venise. » Il confond le salon où jouoit le Roi avec le salon d'exposition. S.

Au sujet de ce portrait du Roi, *Recanati* écrivoit à la *Rosalba* une lettre dont voici un fragment :

Le 10 août 1720.

« Je ne doute pas que le portrait du Roi n'ait atteint sa dernière perfection. Vive la signora Rosalba, pour l'honneur qu'elle fait à elle-même, à la Patrie et à toute l'Italie. Sa renommée a été confirmée par une nouvelle victoire. Je voudrois que les étrangers ne triomphassent pas davantage de nos malheurs. » V.

Ce dernier passage de Recanati fait allusion aux guerres incessantes qui affligeoient l'Italie depuis celle de la succession d'Espagne jusqu'à celle de la quadruple Alliance. Le campo de San-Rocco étoit à Venise l'endroit où les peintres exposoient publiquement leurs œuvres. S.

34. Vianelli cite ici un passage de l'article

*Danse* de l'Encyclopédie et celui de l'*Académie Royale de Musique* de Lacombe, sur les fêtes de Louis XIV, les pastorales, les danses héroïques et mythologiques. « La *Cassandre* de Richelieu, qui est une mascarade en manière de bal, auroit été la première de ces fêtes qu'on inaugura au Palais Cardinal en 1651. » Il faut avouer, dit Vianelli, que « dans la danse les François sont nos vainqueurs et ceux de tous les autres peuples. »

Puisqu'il faut absolument passer pour les premiers danseurs du monde, nous nous permettrons, sans en être plus fiers, de donner un aperçu de cette fête splendide du *Bal du Roi* qui faisoit courir tout Paris :

Le Bal du Roi, représenté pour la première fois le 20 décembre 1720 sur le théâtre de la salle des machines des Tuileries, étoit une fête dans laquelle Louis XV encore enfant dansoit avec sa suite. Le libretto varioit à l'infini sur une action où le Chagrin sous la figure de la Raison vouloit établir son empire dans le palais du Roi. Le Plaisir lui répondoit par un madrigal. La vraie Raison paroissoit alors. Le Plaisir étoit surpris de voir deux Raisons et appeloit Minerve à son aide qui démasquoit le Chagrin, et ainsi de suite pendant un prologue et trois entrées. On jouoit ensuite une pièce intitulée *Cardenio*. Les paroles étoient de Charles Coypel, la musique de Lalande, surintendant de la musique du Roi, et le ballet de Balon, maître de danse et compositeur des ballets de la cour. Le Roi y dansoit en *amour*. Les *Cupidons* de la suite étoient MM. les ducs de la Trémoille, de Boufflers, MM. de Crussol, de Ligny, de Brancas; M. le chevalier de Maulevrier, M. de Gondrin, M. de Saint-Florentin, M. de Rupelmonde, M. de la Suse, — M. le duc de Chartres représentoit l'*Hymen*, et à sa suite venoient le grand prieur, le prince de Turenne, le duc de Montmorency, etc., etc. Les déesses et les figures féminines étoient choisies parmi le corps de l'Opéra. Mlle Antier représentoit *Minerve*, Mlle Bury *la Raison*, Mlles Prevôt Laval, Guyot, Marcel, Dupré et Blondi figuroient *les Plaisirs*. Il y avoit des quadrilles d'Espagnols, de Maures, d'Indiens, de Chinois, de bergers, de bergères, de matelots, puis une entrée de seigneurs gaulois à la tête desquels étoient le Roi et M. le duc de Chartres. Le grand prieur conduisoit le quadrille d'Indiens et les pagodes se personnifioient dans les sieurs Dumoulin, Paris, Boisseau, Lamotte et Alains Ce grand attrait du bal étoit résumé par cette annonce significative :

**Nouvelle Fête.**
**Le Roy danse en Amour.**
**Amours de la suite du Roy.** (Ici tous les grands noms de la noblesse françoise.)

Le duc d'Aumont, premier gentilhomme de la chambre, avoit ordonné le ballet de *Cardenio*, et comme il sortoit d'année, il eut avec le duc de Mortemart entré en fonctions en janvier 1721, des discussions très-vives concernant leurs droits sur cette représentation théâtrale. Le Régent, dit Marais, leur a dit qu'ils s'accommodassent et qu'il avoit bien d'autres affaires à régler que leur ballet. « Le maréchal de Villeroi fit suspendre ces représentations qui s'estoient fait quatre fois au palais des Tuileries parce que cela duroit trop longtems et que cela avoit causé un gros rhume au Roy pour s'estre trop échauffé à la danse, et ensuite pour avoir eu froid. Les depenses de flambeaux et bougies montèrent à 40 000 livres pour les 4 ballets. » (Mémoires de la Régence.) Barbier, qui assista à une de ces représentations, fournit dans son journal les détails suivants : « Le lundi 29 décembre commencèrent les ballets chez le Roi, dans la grande salle des Machines des Tuileries, qui est magnifique. On n'y entre que par billets. J'y allai, samedi, 11 de ce mois (janvier 1721). Le Roi y dansa deux entrées seul. Il est fort délicat, et il ne danse pas avec vivacité ; il est sérieux. M. le duc de Chartres y dansa une entrée ; il dansa fort mal et de mauvais air. Vingt seigneurs de la cour, depuis l'âge du Roi jusqu'à vingt-deux ans au moins y dansent; le marquis de Villeroi, petit-fils du maréchal, y brille quoique fort gros, les seigneurs dansent avec les filles d'Opéra; ils ont envoyé chacun un présent à leurs femmes. Cela est fort bien exécuté; la symphonie et la musique sont fort belles. Les acteurs de la Comédie représentèrent aussi *Dom Japhet d'Arménie* (comédie de Scarron) qui fit beaucoup rire. »

Le *Mercure* donne un compte rendu sommaire de cette fête royale dans des termes qu'il est intéressant de rapporter. « Ce spectacle est des plus beaux et des plus magnifiques que l'on ait vus, tant par les illuminations, la variété des habits, le grand nombre d'acteurs et d'actrices, que par la quantité d'instruments et de voix. Le Roy y dansa seul plusieurs entrées, avec toute la grâce et la *propreté* imaginables. M. le duc de Chartres et plusieurs jeunes seigneurs s'y distinguèrent par leur danse. » (*Mercure*, décembre 1720.)

Mlle *Antier*, qui représentoit *Minerve*, y fut très-applaudie. Le Roi la gratifia (en 1721) d'une pension royale de 1200 livres. Mlle Antier fut plus tard première actrice de l'Académie royale de musique. Elle partageoit avec Mme de Parabère la passion du beau la Mothe-Houdencourt, déjà infidèle à la duchesse de Duras pour la Minerve de Cardenio. Le 15 août elle fut la reine d'une fête champêtre que les jeunes seigneurs donnèrent dans la prairie d'Auteuil en réjouissance de la convalescence du Roi. Mlle Antier ne se bornoit pas à son rôle de première actrice, elle composoit aussi des menuets en vers quelle aimoit à faire exécuter à la fête d'Auteuil, près de sa maison de campagne.

Le 10 mai 1721, le *Ballet du Roi* fut encore joué au Louvre pour l'ambassadeur turc qui étoit arrivé récemment à Paris. Mais le Roi n'y dansa pas. C'est à cette représentation que le chevalier de Fénelon, enseigne de grenadiers du régiment des gardes, âgé de vingt-deux ans, voulant passer d'une loge à l'autre, tomba sur des piquants de fer qui lui percèrent la veine cave. Il mourut deux heures après chez Bellamont, chirurgien. Le spectacle ne fut point arrêté par cet événement. « C'est apprendre de bonne heure l'inhumanité au jeune Roi, dit Marais, le Turc dira dans son pays que nous sommes plus barbares qu'eux. » Voir p. 305. S.

35. Charles-Louis de Montmorency-Boutteville, fils du duc maréchal de Luxembourg, prince de Tingri depuis 1711, puis après maréchal de France, mort en 1746. S.

36. La promesse que Rosalba faisoit à

Mme de la Vrillière, concorde avec une lettre qu'elle écrivit de Fuessen le 9 avril 1721 à Zanetti encore à Paris, dit Vianelli. Elle lui disoit « avoir tant à faire que ses moments étoient tout à fait absorbés. » S.

37. Ce n'est pas la maréchale, mais la marquise de Lautrec. Le manuscrit de Rosalba portoit probablement La Ma (*La Marchesa*), que Vianelli a lu *Marescialla*. C'étoit la fille du premier président de Mesme que nous avons déjà vue. A moins cependant qu'elle n'ait voulu mentionner la maréchale d'Estrées, ce qui est improbable. S.

# JANVIER.

1ᵉʳ janvier. En étrennes 155 francs. Donné à M. Crozat son portrait en petit¹.

Le 2. A ma prière et à celle de mon beau-frère, Mme de Parabère² promit de parler au Régent en faveur de ce dernier (Antonio Pellegrini).

Le 3. J'allai chez Mme de la Carte et je me trouvai obligée de faire le portrait de Mme de Prie³. MM. de Largillière, de Troy et autres vinrent me voir.

Le 4. Je commençai le portrait de la duchesse.

Le 5. J'allai chez M. de Troy et chez M. Coypel. Je vis l'abbé Leblond⁴ et M. de Largillière.

Le 6. Je commençai le portrait de M. Michel[5] en petit de quatre un, au pastel. Je refusai d'en faire deux qui m'étoient offerts par MM. Roland.

Le 7. Je repoussai la proposition de faire deux portraits pour une....[6]; et aussi pour une autre qui m'étoient demandés par M. Prussan.

Le 8. Mme de Parabère se brouilla avec le Re....[7] Elle ne vint pas[8]. Je reçus une lettre de Dresde.

Le 9. On distribua deux cents bénéfices. Il y avoit plus de deux mille concurrents. L'évêque de Clermont[9] et l'abbé Boileau[10] furent parmi les favorisés. L'abbé Peroz m'écrivit que j'aurois six billets pour voir une seconde fois le ballet du Roi[11], et pour que je visse à fixer un jour pour commencer le portrait de la marquise d'Alincourt et pour finir celui de Mme de Villeroi, parce que le maréchal étoit impatient de les recevoir. M. Dervest sortit de Bastille[12]. Je donnai dix francs pour une paire de bas. Je parlai à M. de Lavrillère pour l'affaire de mon beau-frère[13]. Je comptai trente francs au miroitier.

Le 10. Zanetti vint me voir chez moi dans la matinée ; mon beau-frère dans l'après-midi et le P. Jacques le soir.

Le 11. J'allai au ballet du Roi avec ma mère et mes sœurs [14].

Le 12. Je vis M. Vleughels ; je promis de commencer le portrait de la belle [15], mardi à 10 heures. Je donnai la petite tête au pastel à M. de Julienne des Gobelins.

Le 13. Je travaillai une seconde fois au portrait de M. le lieutenant civil, qui me promit de me faire voir un portrait de Nanteuil[16]. Je reçus deux lettres de Santolo Gabrielli qui m'annonçoit le mariage de Francesca, et une autre lettre de D<sup>n</sup> Giovanni avec de mauvaises nouvelles. J'allai à la Banque et ce même jour on défendit l'agiot[17].

Le 14. Je reçus de M. de Julienne[18] deux cents francs et de l'écarlate[19]. J'assistai à un opéra de M. Coypel le fils, que j'entendis aussi chanter[20].

Le 15. Je donnai cent francs à Angela. Je parlai à M. de Quélus et à Mme Lavrillère de l'affaire de mon beau-frère.

Le 16. Je vis l'Allemand[21] et l'abbé Peroz.

Le 17. Je reçus la visite du Grand-Chancelier, de Mme sa femme et sa suite[22]. Dans la matinée du même jour je reçus la visite de milady Lansdone[23], avec le premier Président[24] et sa plus jeune fille[25]; ils vouloient obtenir de moi un portrait au pastel.

Le 18. Mme Listené[26] vint me voir avec Mme Kenel[27], fille du duc de Mazarin, qui vouloit son portrait au pastel.

Le 19. Je vis M. Edelinck[28], M. Rigaud, M. de Troy. Je promis de faire le portrait du prince de Conti[29].

Le 20. Je vis Mme de Parabère, M. l'abbé Leblond et autres.

Le 21. Je commençai le portrait de la fille du premier président[30], pastel de 4/3. Je retouchai celui de Mme de Parabère et du Régent[31]. Je reçus dix louis de 45 francs pour le portrait de M. Law, lesquels restèrent entre les mains de mon beau-frère avec 62 écus d'Espagne qu'il a à mon compte.

Le 22. Le lieutenant civil me pressa de rester en France, et de faire le portrait de sa femme.

Le 23. Je donnai ma parole à la comtesse Euré[32] de faire la maréchale d'Otreck et à M. Vleughels d'entreprendre un autre portrait le 29 de ce mois.

Le 24. Mme de Parabère parla avec M. de Nocé[33] en faveur de mon beau-frère[34].

Le 25. Je vis le premier président qui vint avec son frère[35] et quelques amis pour tenir compagnie à sa fille pendant que j'en faisois le portrait. Celle-ci, avec les manières les plus obligeantes, me fit promettre une copie de ce portrait, ce qui m'étoit presque impossible de faire à cause du peu de temps dont j'avois à disposer.

Le 26. J'allai à la Banque et je déjeunai avec M. de Largillière; le duc de Noailles, frère de Mme de Louvois, avoit les chats en horreur. Le Roi sachant cela, le pinça par derrière en imitant la chatte. Le duc tomba évanoui, se fit mal et le Roi en pleura [36].

Le 27. Je pris engagement de faire au pastel le portrait d'une dame inconnue, dimension de 4/3.

Le 28. Je fus requise par M. Prussan de faire deux portraits.

Le 29. Mme de la Fosse [37] s'est luxé fortement un pied en tombant d'un escalier. A propos de remèdes, j'ai entendu dire que pour les douleurs ou pour les apostumes d'oreilles, un sachet de cendre chaude appliquée sur la partie, fait cesser le mal et sortir les matières mauvaises. J'ai entendu dire aussi que la cendre de sarment appliquée sur la partie malade seroit bonne contre le rhumatisme.

Un pauvre rapporta un louis d'or, qui lui avoit été donné par le frère du Grand-Chancelier, croyant que celui-ci s'étoit trompé; un petit malheureux en fit autant.

Le 30. Il fut décidé que je commencerois le 1er février le portrait du prince de Conti.

Le 31. Je fis savoir à M. de Villeroi que M. le prince de Conti devoit venir le lendemain qui étoit le jour où Mme d'Alincourt, sa petite-fille, devoit elle-même se rendre chez moi. Le prince donna l'ordre de changer de jour.

## NOTES.

1. Le 1er janvier on voit que Rosalba offre à Pierre Crozat, son hôte, un petit portrait. On ne voit pas si c'est une réduction de celui qu'elle a déjà fait ou si c'est un autre. S.

2. Law était parti secrètement sans payer Antonio Pellegrini pour les travaux qu'il exécutoit à la Banque. Rosalba ne pouvoit trouver de meilleure interprète auprès du duc d'Orléans pour l'intéresser en faveur de son beau-frère. On verra plus tard que le peintre et le financier se retrouvèrent à Venise. S.

3. Agnès Berthelot de Pleneuf, épouse du marquis de Prie, lieutenant-général de la province du Languedoc, ambassadeur en Savoie. Elle mourut en 1727, laissant deux filles, dont l'une épousa le fils du duc de Tallard. C'étoit la maîtresse de M. le duc de Bourbon. Son portrait est au musée de Versailles.

Mme de Prie étoit une des plus jolies femmes de la cour : « Beaucoup d'agrément dans le visage, dans l'esprit et dans toutes les manières, parle italien à merveille et chante de même (Marais). Elle a consolé M. le duc du congé de Mme de Nesle, mais on prétend qu'elle ne lui est pas du tout fidèle, et qu'elle le trompe avec d'autres galants (princesse Palatine). » Le pauvre duc de Bourbon, ce borgne attelé à une jument de prix, comme on disoit alors, ne fut que le pis aller, après le Régent, Richelieu et la série des gentilshommes obligés. Elle trafiquoit publiquement des places et des charges de la cour, lors du ministère de M. le duc, ce qui fesoit dire au marquis de Lassay, époux morganatique de la duchesse de Bourbon : « Qu'il faudroit avaler un crapaud tous les matins pour ne trouver plus rien de dégoûtant le reste de la journée, quand on devoit la passer dans le monde. »

Est-il besoin de dire que quand le temps du succès fut passé, Mme de Prie se convertit et mourut repentante et toute en Dieu. S.

4. Nous possédons dans notre recueil trois lettres de cet abbé Leblond adressées à Rosalba. V. Il étoit consul de France à Venise. S.

5. D'après Vianelli ce nom désigneroit Michel Massiti, un des correspondants de la Rosalba. V.

6. La destination de ces deux portraits qui

ne s'explique que par des.... est encore un secret que Vianelli n'a pas éclairci. Les points cachent probablement certaines personnes que Rosalba ne veut ni n'a le loisir de peindre. S.

7. Probablement à cause de Pellegrini, comme cela se voit à l'article du 2 janvier, dit Vianelli. Cette supposition est peut-être hasardée lorsqu'on peut voir dans le journal de Marais, que le raccommodement de la favorite et du prince fut conclu à l'instigation des frères Pâris, « à qui se fait ce grand sacrifice, et qui l'ont bien payé. » S.

8. Il y a là deux mots, *ne venne*, que Vianelli ne comprend pas. Il ne peut savoir ni à qui ni à quoi ils se rapportent. Nous les traduisons par : elle ne vint pas. V.

9. L'évêque de Clermont étoit Massillon, que le Régent, pour son assistance au sacre de Dubois comme archevêque de Cambrai, gratifia de l'abbaye de Savigny, de l'ordre de Cîteaux, du diocèse d'Avranches.

Massillon avoit été nommé à l'évêché de Clermont en 1717, au refus de l'abbé de Louvois, son ami. Pauvre, comme il étoit, ce fut encore Crozat, l'heureux, le bon riche, qui paya les bulles, dont la somme ne s'élevoit pas à moins de 10,000 fr. Le sacre de Massillon eut lieu le 16 décembre 1718 dans la chapelle du Roi, en présence de Louis XV. Celui de Dubois se fit au Val-de-Grâce, au mois de juin 1720. « Massillon, au pied du mur, étourdi de la proposition (d'assister Dubois), sans ressources étrangères, sentit l'indignité de ce qui lui étoit proposé, balbutia, n'osa refuser.... Il fut néanmoins blâmé de tous les partis, car en ce point, l'excès du scandale les avoit réunis. » (St-Simon.)

Massillon mourut le 18 septembre 1742, dans sa 80ᵉ année. S.

10. Quant à l'abbé Boileau nous n'avons pu fixer une tradition sur ce personnage. Après avoir compulsé minutieusement les états de cette grande distribution d'évêchés et de bénéfices, nous n'y avons pas découvert le nom d'un abbé Boileau. Rosalba a sans doute mal écrit ce nom où Vianelli l'aura mal lu. (L'abbé Jacques Boileau était mort en août 1716.)

Le Régent, en dispensant ces revenus dans le clergé de France, n'oublia pas ses petits péchés. Il donna au grand prieur de France le chevalier d'Orléans, son fils naturel, l'abbaye d'Hautvilliers du diocèse de Reims : « C'est celle qui produit le bon vin de champagne, dit Marais, et le Régent qui le veut boire, n'a pas voulu le mettre hors sa famille. » Il octroya Saint-Évroult, diocèse de Lisieux, à l'abbé de Saint-Albin, autre fils du Régent, non reconnu, qu'il avoit eu de Mlle Florence, actrice. Le secrétaire des commandements du duc d'Orléans, l'abbé de Thésu, obtint l'abbaye de Moustier Saint-Jean, diocèse de Langres, et M. de Belzunce, évêque de Marseille, l'abbaye de Montmorel, diocèse d'Avranches. Quant à l'instituteur du Roi, notre abbé Perrot, que Rosalba écrit Perroz, déjà prieur du Mont-aux-Malades, de Rouen, il reçut la magnifique abbaye de Saint-Cyran, de l'ordre de Saint-Benoist du diocèse de Bourges, et l'aumônier du Roi, M. de Caulet, celle de Chatrices, du diocèse de Châlons-sur-Marne. Le duc de Bourbon obtint pour son aumônier, jadis son instituteur l'abbé du Moustier, prieur d'Hunel, l'abbaye de la Victoire, du diocèse de Senlis. Huet, évêque d'Avranches, ancien sous-précepteur du grand dauphin et doyen de l'Académie françoise, se retira aux Jésuites et demanda pour son neveu la survivance de l'abbaye de Fontenay du diocèse de Bayeux. Le vieil évêque mourut bientôt après, le 25 janvier 1721. Ce fut un mouvement général dans le clergé françois, ou chaque influence fit un heureux, où tous les grands seigneurs eurent leurs bénéficiaires. S.

11. Le ballet du Roi eut quatre représentations à la salle des Machines, aux Tuileries. Voir la note du 30 décembre, page 287. S.

12. Du Revest sortit en effet de la Bastille où il ne resta que dix-neuf jours. On avoit intérêt à l'épargner. Il connoissoit trop les *opérations* dans les combinaisons du système des princes de Bourbon et de Conti et d'une foule de grands seigneurs. S.

13. Nous avons vu plus haut qu'elle demandoit déjà à M. de la Vrillière d'intervenir entre Pellegrini et Law pour le payement du plafond de la Banque. S.

14. Barbier étoit avec sa famille à cette représentation du 11 janvier et en fournit des détails curieux rapportés à la note du 30 décembre. Page 291. S.

15. Probablement cette dame dont elle avoit refusé de faire le portrait le 31 décembre. A propos de belles dames, dit Vianelli, n'avoit-elle pas assez fait de portraits de jolies Vénitiennes pour en rechercher d'autres. L'Électeur de Bavière n'écrivoit-il pas de Schwe-

rin à Botticher le 1ᵉʳ septembre 1706 : « Faites-moi encore un beau portrait d'une de vos plus belles dames de Venise. » V.

Nous ne rapportons cette note que pour constater une fois de plus le degré d'enthousiasme du chanoine vénitien pour tout ce qui touche à sa patrie et pour son incomparable Rosalba. L'exaltation de Vianelli à l'égard des belles femmes de son pays seroit assez justifiée si on en croit le roi de Danemark, le président de Brosses, et même lord Byron dans sa correspondance avec Moore. Voir la *Notice biographique de Rosalba*. S.

16. Ce portrait par Nanteuil, que lui propose de voir le lieutenant civil, étoit probablement au **pastel**. Robert *Nanteuil*, le célèbre graveur portraitiste, né à Reims en 1630, est mort à Paris en 1678. Son talent principal étoit la gravure, il a été dessinateur et graveur du cabinet du Roi. Son œuvre gravée est considérable. Il a fait aussi des pastels admirables, qui sont en grand nombre au musée des *Offices* à Florence. S.

17. Rosalba veut dire l'*agiot* sur les billets de la banque de Law. C'étoit une des premières mesures prises pour la *liquidation du système*. S.

18. « M. de Julienne, » ami de Watteau, étoit en correspondance avec Rosalba, Vianelli avoit vu trois lettres de lui dans le recueil de la Carriera. Jean de Julienne, né en 1686, mort en 1766, est encore un des amateurs les plus curieux à étudier de ce temps où vivoient Mariette, Crozat, Caylus et la Roque. Il étoit écuyer, chevalier de l'ordre de Saint-Michel, amateur honoraire de l'Académie de peinture et propriétaire des manufactures de draps fins et écarlates des Gobelins, ainsi que le porte la notice de son portrait gravé par Baléchon en 1752.

Il ne faut pas confondre l'*hôtel* dit *des Gobelins* fondé par Louis XIV en 1662 devenu la *manufacture royale*, puis *impériale des Gobelins*, avec la *manufacture de draps fins et écarlates des Gobelins*, fondée par Jean Gluck, hollandais, en 1667, lequel épousa la fille de François de Julienne, son confrère en teinturerie, qui eut pour héritier son neveu Jean de Julienne.

L'établissement de François de Julienne, pour *les draps fins, façons d'Espagne, d'Angleterre et de Hollande*, étoit situé rue de la Reine Blanche et rue Mouffetard, où il porte aujourd'hui le n° 259. — En 1721, Jean de Julienne réunit en sa personne les deux grands établissements de ses oncles Jean Gluck et

François Julienne et s'établit rue des Gobelins, n° 3, où Gluck avoit ses ateliers.

Dès 1714, il avoit déjà le goût des arts que ses amis Watteau et Lemoine contribuoient à éclairer. Pendant plus de cinquante ans, Julienne ne cessa de rechercher des tableaux, des dessins, des sculptures, des bronzes, des vases, des armes, des porcelaines, etc., etc., tout ce qui contribuoit à constituer le cabinet d'un *curieux*. Il possédoit le plus grand nombre des tableaux de Watteau. Après la mort de ce dernier, il publia de 1725 à 1739 : *l'OEuvre d'Antoine Watteau, gravé d'après ses tableaux et dessins originaux, tirés du cabinet du Roi et des plus curieux de l'Europe.* Cette suite se monte à plus de 350 planches.

Lorsque Watteau se sentit mourir, il alla passer ses derniers jours à la campagne de M. Lefèvre, intendant des Menus, à Nogent-sur-Marne, près Vincennes. Il y appela Pater, cet élève qu'il avoit redouté, et légua à quatre de ses meilleurs amis (Julienne, l'abbé Haranger, chanoine de Saint-Germain-l'Auxerrois, Hénin et Gersaint) tous ses dessins qui étoient en grand nombre. Les amis en firent la vente et payèrent les dettes de Watteau. Le catalogue de Crozat dit qu'il lui en légua aussi une certaine quantité.

De Julienne vécut jusqu'à l'âge de 80 ans,

doux, obligeant, secourant les pauvres qui l'appeloient leur père, chérissant jusqu'à sa dernière heure ses bienheureuses collections, et se faisant porter pour les voir encore, lorsque paralytique et moribond, il voyoit tout s'évanouir autour de lui.

La galerie qui les renfermoit existe encore, occupée aujourd'hui par une fabrique de châles. Voir page 275. S.

19. Le secret de cette belle teinture avoit été trouvé sous François Ier par les frères Gobelins, dit Busching. V

Vianelli se trompe, c'est Jean Gluck qui, en 1667, importa en France ce nouveau procédé pour lequel il obtint des lettres patentes de Colbert. S.

20. Voyez la note du mois de juin précédent, au sujet du goût que Charles Coypel avoit pour la musique et le théâtre, page 80. V.

21. Peut-être s'agit-il ici de cet habitant de Hambourg, dont il est parlé le 4 novembre. V.

22. Le chancelier d'Aguesseau Henri-François, né à Limoges le 27 novembre 1668. Il étoit revenu de son exil de Fresne (près Meaux), où le duc d'Orléans l'avoit envoyé parce qu'il avoit signalé à ce prince le peu de

solidité du système de Law, et qu'il avoit refusé d'apposer les sceaux à l'édit sur les valeurs monétaires. Il mourut le 9 février 1751. Sa femme étoit Anne Lefèvre d'Ormesson, morte le 1er décembre 1735. S.

23. « Milady *Lansdowne* étoit la femme de George Granville, vicomte de Lansdowne, poëte, et homme d'État, né en 1667 et mort en 1735. Disgracié à l'avénement de George Ier, il fut accusé d'avoir favorisé une descente du prétendant en Angleterre. Prisonnier à la tour de Londres, il passa en France en 1720 et y demeura plusieurs années. L'origine des Lansdowne remontoit à William Petty, mécanicien du Hampshire, fils d'un drapier dont les descendants se sont distingués sous les noms de *Shelburne* et de *Lansdowne*. S.

24. Le premier président étoit M. de Mesme (Jean-Antoine), comte d'Avaux, né à Paris en 1661, mort en 1723. Conseiller au Parlement et président à mortier (1687). Prevot et grand maître des cérémonies (1703). De l'Académie (1710). Promu président (1712). Partisan du duc du Maine, dont il étoit un des commensaux ordinaires à Sceaux ; on croit qu'il le trompa, pour le duc d'Orléans, dans l'affaire

des princes légitimés. Ses remontrances sur le système de Law le firent exiler à Pontoise. Il avoit beaucoup d'esprit et de gaieté. Il jouoit, au théâtre de la duchesse du Maine à Sceaux, les rôles de Crispin et de valet. Du temps de la Régence on l'appeloit *Robillardus* ou *Rodillardus, Rodillard*, qui ronge autour du lard pour en attraper les bribes. D'Alembert a écrit son éloge comme académicien. Voir page 313. S.

25. Rosalba veut dire sa plus jeune fille, la marquise de Lautrec. S.

26. Il est difficile de fixer l'identité de cette personne dont le nom (Listené) n'est ni françois ni étranger. Peut-être Rosalba veut-elle dire la marquise de *Listenois* (Hélène Courtenay), née le 7 avril 1689, mariée le 5 mars 1712, à Louis Benigne de Bauffremont, marquis de Listenois, lieutenant-général des armées du Roi, mort en 1768. Il y avoit un régiment de Listenois. Peut-être veut-elle dire aussi Mme d'Épinois, fille de François-Marie de Lorraine, comte de Lillebone, née le 5 avril 1664, d'abord connue sous le nom de Mlle de Commercy, mariée le 7 octobre 1691 à Louis de Melun, prince d'Épinoy, maréchal des camps des armées du Roi. S.

27. Mme Kenel, fille du duc de Mazarin? C'est encore une erreur de Vianelli, qui a lu Mme Kenel pour Mme de *Nesle*. Armande-Félice de la Porte-Mazarini, née le 3 septembre 1691, épousa le 2 avril 1709 Louis de Mailly, marquis de Nesle. S.

28. Probablement un fils du fameux Gérard ou de Louis Édelinck, frères graveurs d'Anvers, tous deux morts avant 1707. V. Les Édelinck ont gravé de nombreux tableaux des maîtres italiens, françois et flamands, et une série de portraits contemporains qui sont très-estimés. Rosalba veut peut-être parler d'un Nicolas Edelinck, fils de Gérard, qui travailla à Venise. S.

29. Louis-Armand, comte de la Marche, prince de Conti, né en 1695, mourut en 1727. Cétoit un homme bon, mais excessivement foible et livré à toutes les influences de son entourage. Sa vie s'est passée en procès avec la princesse sa femme, en demandes de séparation de corps, en réconciliations, en jalousies publiques, et finalement par une mort repentante avant laquelle il demanda pardon à sa femme de s'être abandonné aux conseils de ses valets.

Le prince de Conti réalisa des sommes considérables dans l'agiotage du système de Law. Son portrait est à Versailles. S.

30. Le premier président de Mesme étoit veuf, et n'avoit que deux filles : « Elle étoient « riches, dit Saint-Simon, et, pour contenter « les fantasques, l'une étoit noire, huileuse, « laide à effrayer, sotte et bégueule à l'avenant, « dévote à merveille ; l'autre, rousse comme une « vache, le teint blanc, de l'esprit et du monde, « et le désir de liberté et de primer. Quoique « la cadette, elle fut mariée la première, à « *Lautrec*, fils d'Ambres, qui avoit la bonté « d'en être amoureux. Il fut mal payé de ses « feux ; jamais il ne put adoucir sa belle, qui « sentit à qui elle avoit affaire, et qui sut s'en « avantager. Le pauvre mari en quitta le ser- « vice à Paris, la vérité est que ce ne fut pas « une perte, et il se confina en province. Ils « n'eurent pas d'enfants. C'est le frère aîné « de Lautrec, lieutenant-général et cheva- « lier de l'Ordre, qui a épousé une sœur du « duc de Rohan. »

Il ne faut pas trop ajouter foi à Saint-Simon, lorsqu'il parle de la famille de Mesme. Son mépris pour la noblesse de parlement et pour le premier président en particulier le rend un peu suspect.

Dans le mois suivant, la marquise de Lautrec intenta une action en séparation de corps et de biens contre son mari, qui fut prononcée en 1721. On disoit de sa sœur aînée, la duchesse de Lorge, qu'elle étoit sage, instruite et excellente, et de Mme de Lautrec, qu'elle étoit très-jolie et qu'elle ne craignoit pas qu'on le lui dise. Voir page 311. S.

31. Voici une indication de Rosalba qui pourroit mettre sur la trace d'un tableau où Mme de Parabère et le Régent se seroient fait peindre sur la même toile. On sait que ce prince aimoit à se voir en peinture réuni à sa maîtresse. Nous avons déjà cité le portrait de Versailles et l'*Adam* et l'*Ève* du musée de Vienne. Sans pousser la fantaisie de leur passion aussi loin que sur le tableau de Santerre, on peut cependant se demander si Philippe et Madeleine ne furent pas de nouveau reproduits dans le même cadre, comme les modèles des amants inséparables. C'étoit, à coup sûr, un idéal que l'un et l'autre ne pouvoient réaliser qu'en peinture. Voir page 251. S.

32. C'est encore une des nombreuses erreurs de Vianelli qui n'a pu lire les noms véritables. La comtesse *Euré* est la comtesse d'*Évreux*. La maréchale d'*Otreck* est la marquise de *Lautrec*, fille du président de Mesme. Vianelli a pris *M<sup>a</sup>* qui vouloit dire *Marchesa* ou *Madama*, pour *Marescialla*. S.

33. Nocé, grand maître de la garde-robe du Régent, et un des roués que ce prince aimoit le plus, avec Canillac et de Broglie. Il étoit fils de M. de Fontenay, gouverneur du Régent. C'étoit un des hommes les plus spirituels de ce temps. Lorsque l'abbé Dubois fut chargé des négociations de la quadruple alliance, il lui écrivoit directement. Le motif de cette précaution étoit l'insouciance du Régent, qui traînoit tout dans ses poches, et finissoit par perdre les papiers les plus importants. Nocé n'en fut pas moins très-opposé à l'élévation de Dubois à l'archevêché de Cambrai. Quand le Régent eut promu l'abbé Dubois à cette haute dignité, Nocé lui dit : « Comment, monseigneur, vous faites cet homme-là archevêque de Cambrai ? Vous m'avez dit que c'étoit un chien qui ne valoit rien ! — C'est à cause de cela, dit le Régent; je l'ai fait archevêque, afin de lui faire faire sa première communion. » Ce mot valut à Nocé une lettre de cachet de Dubois qui le fit éloigner de Paris. Le cardinal ne fut pas plutôt mort que le duc d'Orléans lui écrivit, dit-on, le fameux billet qu'on connaît : *Reviens, mon cher Nocé, morte la bête, mort le venin; je t'attends ce soir à souper au Palais-Royal.* Nocé reçut en dédommagement 50 000 livres en argent et 2 000 écus de pension.

Nocé avoit un titre de plus à la faveur du

Régent ; il étoit aussi l'amant de Mme de Parabère qui plusieurs fois le rendit père. Le prince aimoit à en rire et appeloit souvent Nocé son *beau-frère*. Il remplissoit en outre une charge toute particulière près de la favorite. Celle de son prête-nom et associé dans une communauté d'intérêts et d'influences. C'est Nocé qui fit les affaires de Mme de Parabère dans les actions de la banque de Law. Il en demanda pour elle douze au Régent qui rapportèrent 80 000 livres de rente. Lorsqu'il s'agit de fixer les taxes à prélever sur les traitants, Hénault, le fameux financier, alla trouver Nocé et Mme de Parabère, leur promettant cent mille écus s'ils obtenoient du duc d'Orléans que la taxe ne passât pas un million qu'il offrait de payer au lieu de trois ou quatre à quoi il savoit bien qu'il pourroit être taxé. La Parabère obtint cette grâce du Régent.

Nocé enfin rassasié de cette existence dorée, brisa ses faux dieux et se retira chez les Jésuites en 1732. Sa charmante associée ne suivit pas cet exemple. Elle étoit déjà dévote dès sa première jeunesse ; elle continua d'associer la religion à ses galanteries et ne cessa ni d'aimer, ni de souper, ni de prier jusqu'au dernier jour. Voir page 251. S.

34. On a pu voir par ce que rapporte la Ro-

salba aux 2, 8, 9, 15 et 24 de ce mois, combien elle s'occupoit de son beau-frère à propos des travaux faits à la Banque par Pellegrini, travaux que Law n'avoit pas payés avant de quitter Paris. Vianelli produit quelques extraits assez curieux de lettres adressées par Crozat à la Rosalba au sujet de Pellegrini :

CROZAT A ROSALBA.

7 juin 1721.

« Vous ne me donnez, dit-il, aucune nouvelle de M. Law. A-t-il payé M. Pellegrini ? je le désire très-ardemment. Mme Law se trouve encore à Paris, elle y fait bonne figure avec sa fille ; mais elle est entourée de créanciers, et son beau-frère, M. Law le cadet, s'attend à aller en prison. » Jean Law fut en effet enfermé à la Bastille et mis en liberté quelque temps après.

19 juillet 1721.

« Vous ne nous donnez aucune nouvelle de l'illustre M. Law comme s'il n'étoit pas à Venise. On nous a assuré que depuis qu'il a été appelé en justice par M. Pellegrini, il a satisfait ce dernier en lui faisant payer 25 000 francs. Je désire de tout mon cœur que cela soit vrai. »

11 août 1721

« Je suis heureux d'apprendre que la nouvelle répandue ici, qui regarde votre beau-frère ne soit pas véritable. J'estime trop son habileté pour ne pas croire qu'ayant pour ainsi dire, M. Law en son pouvoir, il ne profite pas de cette situation. Mais vous devez savoir mieux que personne ce qu'il en est. Il est impossible que vous n'ayez pas vu M. Law et qu'il ne vous ait pas fait une visite. »

Nous avons tenu ces trois lettres, dit Vianelli. Il est probable que c'est au sujet du payement du plafond de la Banque que la Rosalba faisoit solliciter l'intervention du Régent. Il est également probable qu'elle ne prêtoit de l'argent à son beau-frère, comme on l'a vu, que parce que celui-ci ne pouvoit se faire payer du contrôleur général.

Et pourtant à Venise, il y avoit des gens qui faisoient courir le bruit qu'elle étoit à Paris presque sans travail et sans argent. Santolo Gabrielli nommé dans ce journal savoit parfaitement que les affaires de Rosalba alloient tout autrement, il démentit énergiquement ces bruits malveillants, et en écrivit en s'en moquant à sa commère et amie la signora Alba, mère de Rosalba. V.

Nous passons la tirade en vers sur l'envie, que Vianelli s'empresse de citer à ce sujet. S.

35. C'étoit M. Joseph-Antoine d'Aguesseau, seigneur de Valjouan, conseiller au parlement, frère du chancelier. S.

36. Ces sortes d'enfantillage du Roi à l'égard de M. de Noailles (Adrien-Maurice duc de Noailles), étoient assez fréquents. Il s'amusoit souvent aux dépens de son capitaine des gardes, comme pouvoit le faire un enfant de son âge. Il le fit plusieurs fois courir par un temps affreux dans le bois de Boulogne et en rioit de toutes ses forces en rentrant aux Tuileries. On voit souvent dans Barbier des plaisanteries de ce genre et quelquefois même des cruautés du jeune Roi, que son gouverneur et son précepteur toléroient avec une déplorable servilité. Louis XV enfant avoit une sorte d'attachement pour les animaux de toute espèce. Il aimoit les chiens, les chats, les oiseaux et jusqu'aux vers à soie, dont il s'amusoit à étudier les métamorphoses. — Le duc de Noailles, maréchal de France, capitaine des gardes du corps, étoit gros, sanguin, et fait, sembloit-il, pour être le but des malices du jeune roi. S.

37. Marie Béguin, veuve de Charles de la

Fosse le peintre; elle demeuroit chez Crozat à son hôtel de la rue Richelieu. S. La note de la lettre 126ᵉ du tome IV de *la Raccolta di Roma de Bottari* fait mention d'elle. V.

Voir à la page 34 et à la fin du volume les lettres de Rosalba dans lesquelles il est question de Mlle d'Argenon. S.

# FÉVRIER.

Le 1ᵉʳ février. Allée avec ma mère aux *Petits-Pères*, puis à la Banque.

Le 2, dimanche. Je vis M. Vleughels, M. Oppenor, Lemoine¹ et autres. Dans la soirée je fus avertie d'avoir à commencer le portrait du prince de Conti le 6.

Le 3. Je donnai à mon beau-frère cinquante autres francs.

Le 4. J'ai écrit à l'abbé Peroz. Je fus avertie par Mme d'Autrèque (marquise de Lautreck) d'aller à la réception du duc de Brissac.

Le 5. Je commençai le portrait de Mme d'Alincourt pastel de quatre 3; sa mère, fille du duc de Guise², et M. de Villeroi vinrent avec elle. M. de Quélus désiroit avoir le portrait de la fille de Mme.... qui est la plus belle femme de Paris[2]; mais je ne pus consentir à me charger de ce portrait à cause du peu de temps dont je pouvois disposer.

Le 6. Par la faveur du premier Président, j'allai voir dans la grande salle du palais la réception du duc de Brissac[4]. Je commençai au pastel de quatre 3, le portrait du prince de Conti.

Le 7. Je promis de faire, si j'en avois le temps, les portraits de Mlle de Charolois[5] et de L....

Le 8. Mme Dervest vint me parler pour que je fisse le portrait de Mlle de Clermont[6].

Le 9. Dans la matinée je rendis visite à M. Vateau et à M. Enen[7]; et après le dîner au Palais-Royal je fus fortement engagée à rester à Paris.

Le 10. Je commençai le portrait de la comtesse Euré[8]; pastel 3 quatre. Allée à la banque et à la comédie.

Le 11. J'entrepris de faire pour M. Crozat le portrait de M. Vateau[9], pastel de quatre 1. On me dit que le duc d'Antin[10] m'auroit fait une offre si je l'avois voulu.

Le 12. Je vis la princesse de Léon[11] avec la marquise d'Otreck pendant que je faisois le portrait du prince de Conti; il vouloit celui de sa sœur[12] et m'en prioit. Il vouloit encore deux portraits, puis il insistoit pour me persuader de rester à Paris[13]. Pour la copie de M. la Vrillière je reçus 10 louis.

Le 13. Je fus priée par M. Enen de faire deux portraits et aussi par le Maréchal ou colonel[14], pour en faire une en miniature. Je donnai à mon beau-frère un louis de 37 livres et demie. Je commençai le portrait de Mme d'Otreck pastel de quatre un.

Le 14. Je reçus le billet du Père Attilio[15], au sujet du portrait de la princesse de Clermont. Mon beau-frère compta pour moi cinq livres au cordonnier.

Le 15. J'allai chez Mme de la Carte et chez Mme de Louvois. Je vis la duchesse de Reclor[16].

Le 16, dimanche. J'allai à pied à la

messe par une grande glace [17]. Je refusai d'aller au bal.

Le 17. J'écrivis à M. de Quélus pour l'affaire du portrait, demandé par Mme la princesse [18].

Le 18. J'allai chez Mme la duchesse et je vis sa fille Mlle de Clermont. J'allai à l'opéra favori de Mme d'Otreck. Le prince Charles de.... [19] a renvoyé sa femme après six mois de mariage, elle s'est retirée dans un couvent. Pendant que Mme de Saint-Sulpice s'habillait devant la glace de sa cheminée pour aller au bal, le feu prit à ses vêtements, lui brûla le ventre et elle est à la mort [20].

Le 19. On m'apprit ce que seroit le souper du Roi [21]. J'achetai du satin pour ma mère.

Le 20. Je commençai le portrait de Mlle de Clermont, pastel de 3 quatre. Elle arriva chez moi à deux heures avec Mme la duchesse sa mère, le prince de Carignan [22] et autres princes. Je donnai à mon beau-frère quatre louis de 37 livres et demie, et à la couturière cinq livres pour l'*Andrienne* [23].

Le 21. Vinrent chez moi Mme la duchesse et la princesse de Clermont, deux autres duchesses et plusieurs Messieurs, puis un autre Monsieur duquel je reçus une tabatière d'or pour une petite tête. M. de Quélus vint aussi en cachette et par ordre de l'autre princesse, sa sœur [14] qui désirait venir le jour suivant à six heures du matin pour que je fisse son portrait comme à sa sœur.

Le 22. Mme la duchesse vint chez moi à l'heure ordinaire avec une suite nombreuse. Elle se montra impatiente d'avoir le portrait de sa fille. Mme d'Alincourt, le duc son beau-père [15] et l'abbé Peroz vinrent aussi dans la matinée.

Le 23. Mme la duchesse revint sans retard, le portrait de sa fille tire à sa fin. Plusieurs duchesses et Messieurs vinrent le voir.

Le 24. J'allai au bal avec ma sœur; je dépensai 19 francs.

Le 25. Je donnai deux lois de 37 livres et demi à mon beau-frère et la journée s'écoula pour moi dans une grande tristesse [16]. Je rendis le *domino* [17] au comte de Caylus [18].

Le 26. Je commençai le portrait de Mlle de Charolois, pastel de quatre 3. Mme d'Alincourt vint avec quatre autres personnes et une dame de la plus grande beauté pour le portrait de laquelle elles me donnèrent cent piastres. Je m'abstins d'aller à la comédie.

Le 27. Je reçus dix louis de 45 livres chacun pour le portrait du lieutenant civil. J'en donnai un à Giovanna.

Le 28. Mme la duchesse vint chez moi avec sa fille Mlle de Clermont et beaucoup d'autres duchesses et cavaliers. Toute cette compagnie me mit en croix pour que je fisse le portrait de la sœur du prince de Conti[29] et celui d'une très-belle dame, pour lequel on m'avait payé d'avance un prix excessif[30]. Mme de l'Otreck me parla de faire un autre portrait.

# NOTES.

L'Abecedario d'Orlandi fait mention du sculpteur français Lemoine, mais il ne parle pas de François Lemoine, dont Lacombe fait l'éloge ainsi que Crozat, dans les termes suivants :

CROZAT A ROSALBA.

Montmorency, le 15 mai 1727.

« Douze jeunes peintres de l'Académie, ont exposé chacun un tableau d'égale grandeur, composés pour obtenir les deux prix proposés par le Roi à ceux qui auront le mieux réussi et obtenu l'approbation publique. Dans ce nombre figure le tableau de Lemoine qui semble devoir emporter le premier prix et Noël Coypel le second. »

Paris, ce 12 octobre 1732.

« M. Lemoine, a terminé la coupole à fresque de la chapelle de la Vierge de la paroisse de Saint-Sulpice. Il a reçu mille compliments pour cet ouvrage. Le duc d'Antin (surintendant des bâtiments) voulut pour le rémunérer honorablement lui donner la même somme qu'il avait reçue pour peindre le grand plafond du salon de Versailles. Il méritoit que je vous fisse son éloge, puisqu'il a l'avantage d'être votre collègue. »

Les éloges de Crozat s'accordent tout à fait avec ceux de Lacombe sur Lemoine. V.

François Lemoine, né à Paris en 1688, élève de Galoche et Tournières, membre de l'Académie en 1718, peignit le plafond de la chapelle de la Vierge à Saint-Sulpice, et se suicida en 1737. S.

2. La mère de Mme d'Alincourt avoit pour père : Antoine-Charles de Grammont, *duc et pair, comte de Guiche*, et non pas *Guise*. Comme il étoit duc on l'appeloit duc de *Guiche*. Voir page 268.

3. « M. de Caylus désiroit avoir le portrait de la fille de Mme ...., qui est la plus belle femme de Paris, écrit Rosalba.

Ces points discrets sembleroient indiquer un certain mystère sur cette belle personne. Rosalba, en effet, ne manque jamais de citer les noms; mais sa réserve habituelle la porte à cacher ce qui pourroit trahir une intimité galante.

Nous n'avons pu soulever ce voile ni deviner le nom de cette reine de beauté. Les lettres intéressantes de M. de Caylus, publiées récemment par M. Bonhomme, constatent bien le goût de notre amateur pour les jolies femmes, et en particulier pour une maîtresse dont il aime à vanter les charmes, mais rien n'autorise encore à citer un nom. S.

4. Charles-Timoléon-Louis Cossé, duc de Brissac, pair et grand panetier de France, baron de Montreuil-Bellay, mestre-de-camp de cavalerie, né le 1er février 1693, prit séance au parlement le 6 février 1721 et se maria à Catherine Pécoil, fille unique et héritière de Claude Pécoil, maître des requêtes, et de N. le Gendre.

La cérémonie de réception des ducs et pairs étoit une solennité à laquelle les princes du sang assistoient. A l'occasion de celle du jeune duc de Brissac, il y eut un grand déploiement de personnel de la part de M. le duc de Bourbon et de M. le prince de Conti qui vouloient rivaliser d'influence. Ce dernier avoit à sa suite plus de cent cinquante jeunes gentilshommes. Il alla déjeuner à la buvette avec le président de Mesme, en narguant le duc de Bourbon, dont l'entourage étoit moins brillant. S.

5. Mlle de Charolois (Louise-Anne) de Bourbon-Condé, née à Versailles le 22 juin 1695, fille de la duchesse de Bourbon-Condé, qui, elle-même, étoit fille légitimée de Louis XIV et de Mme de Montespan; elle

porta pendant quelque temps le titre de *Mademoiselle*. « Mlle de Charolois rassemble en sa personne toutes les grâces imaginables. Elle a grand air, beaucoup de feu et de brillant dans l'esprit ; c'est de toutes les filles de Mme la duchesse (de Bourbon) celle qui lui ressemble le plus, et dont les idées sont les plus vives. Pendant la régence de M. le duc d'Orléans, l'argent étant devenu d'une rareté extraordinaire, Mlle de Charollois parut au Palais-Royal ayant deux louis d'or en guise de pendants d'oreille. M. le duc d'Orléans lui ayant demandé ce que c'étoit que cette nouvelle mode, elle lui répondit qu'il lui paraissoit que les louis étoient plus rares que les diamants, et qu'ainsi elle les portoit comme tels. » (Lettres du baron de Polnitz).

Les chroniqueurs françois sont beaucoup moins optimistes que le baron allemand. Ils sont tous d'accord sur les qualités brillantes de cette princesse qui passoit pour fort jolie et fort gracieuse, mais aussi très-galante. Elle eut, dit-on, beaucoup d'amants, dont les plus favorisés furent le duc de Richelieu et M. de Coigny. On voit à Versailles son portrait peint en costume de cordelière ; c'est celui que Voltaire célébra par le quatrain suivant :

> Frère ange de Charollois,
> Dis-nous par quelle aventure

Le cordon de Saint-François
Sert à Vénus de ceinture.

Ce tableau, peint du temps, étoit une des fantaisies du duc de Richelieu qui s'étoit fait une galerie des portraits de toutes ses maîtresses. Il se complaisoit à les voir chacune en habit monastique (voir la note sur Mme de Parabère, page 253) et à passer ainsi en revue la série de ses plus belles victoires. Mais par un raffinement de fatuité, il aimoit à se figurer qu'après lui, il ne restoit à ses maîtresses qu'à se donner à Dieu.

Mlle de Charolois fut loin d'être vouée au cloître, quoique son portrait de Versailles nous la représente en costume monacal, assise, tenant une besace sous le bras droit et tournant le dos à un monastère. La fantaisie de Richelieu a duré plus longtemps que le portrait de la Rosalba.

Du reste, à cette époque étrange, on aimoit à mêler la religion avec les débauches. Ne prit-il pas fantaisie un jour à une société de grands seigneurs d'inviter les plus jolies danseuses à un banquet splendide et de les engager à y figurer en costumes religieux. De leur côté, les cavaliers ne manquèrent pas de s'y présenter l'un en général des capucins, l'autre en supérieur des carmes, l'un en chartreux, l'autre en provincial, avec le programme qui embrassoit tous les ordres de la chrétienté. Tout alla bien pendant quelques heures; mais l'archevêque de Paris ayant eu vent de cette saturnale s'adressa au lieutenant de police qui mit en déroute cette nouvelle communauté religieuse et la menaça de la Bastille. S.

6. Mlle de Clermont (Marie-Anne, de Bourbon-Condé, comtesse de Clermont, née à Paris le 16 octobre 1697, fille du duc de Bourbon, morte le 11 août 1741. « *Mlle de Clermont*, dit un contemporain, joint à beaucoup de beauté un air de noblesse, de douceur et de modestie, qui la distingue de tout ce qu'il y a de plus grand à la cour. La médisance, qui ne respecte pas toujours le sang royal, n'a pu répandre son venin sur cette princesse, et toute la cour a toujours admiré sa sagesse et sa vertu. Elle est surintendante de la maison de la reine, et en cette qualité elle fut avec les dames du palais au-devant de Sa Majesté à Strasbourg. » (Lettres du baron de Pollnitz, 1737.)

Soulavie et d'autres chroniqueurs ne sont pas de cet avis. Elle étoit moins brillante que Mlle de Charolois, mais tout aussi galante; ses succès étoient plus obscurs, mais aussi nombreux.

Son portrait est à Versailles; elle porte une

robe blanche et un manteau bleu doublé d'hermine. Il en existe un autre de Raoux; elle est représentée en Naïade. Enfin dans un troisième de Nattier elle est vue sur les bords d'un lac, près d'elle un amour tenant un gouvernail et un serpent, plus loin une nymphe. S.

7. Hénin, grand ami de Watteau, de Crozat, de Mariette et de Caylus, faisoit de la peinture et gravoit aussi.

Dans sa Biographie de Watteau, Caylus parle souvent de Hénin, et de l'amitié que lui portoit cet artiste. Ils travailloient souvent tous trois ensemble, d'après le modèle, et c'est dans ces réunions intimes que Watteau « si timide, si caustique, se montroit agréable, tendre et peut-être un peu *berger*. » (Caylus.) On attribue à Hénin une des figures gravées de la suite de modes françoises en huit planches, eaux-fortes de Watteau, et terminées au burin par Simon Thomassin le fils.

Il fut, avec de Julienne, Gersaint et l'abbé Harauger, un des quatre amis auxquels Watteau légua tous ses dessins et qui payèrent ses dettes. Un de ses descendants, M. Hénin, mort en 1863, possédoit une des plus magnifiques suites de gravures historiques et topographiques qu'on ait pu rassembler léguée à la Bibliothèque impériale. Voir page 202. S.

8. Marie-Anne Crozat, fut mariée le 3 août 1707 à Godefroy-Maurice de la Tour d'Auvergne, comte d'Évreux, troisième fils du duc de ce nom, né le 2 août 1679, de la grande famille de Bouillon.

Elle apporta en dot deux millions.

Ce mariage qui étoit une affaire, avoit indigné Saint-Simon et la cour. On toléroit une spéculation, mais on ne supportoit pas une mésalliance. Pour témoigner qu'en s'unissant à la fille de Crozat, la famille de Bouillon n'épousoit que les millions du financier, le comte d'Évreux, après la cérémonie nuptiale, se retira et abandonna pour toujours sa jeune femme, qui cependant étoit charmante et d'une conduite irréprochable. Au moment de la fureur du *système*, le comte d'Évreux, gagna plus de cinq millions de livres. Le bruit courut alors qu'il vouloit rendre les deux millions reçus en dot d'Antoine Crozat avec l'intention de faire annuler son mariage, à cause de l'inégalité de sa naissance. (Mémoires sous la Régence). Ce fait cependant ne se vérifia pas. Le comte d'Évreux, déjà ruiné par ses prodigalités et les dépenses qu'il faisoit pour bâtir son hôtel aux Champs-Élysées, hôtel devenu plus tard l'Élysée-Bourbon, garda la dot et le gain sur l'agiot.

Vianelli, à propos du portrait de la comtesse d'Évreux, par Rosalba, dit que Crozat le posséda toute sa vie et qu'il émerveilloit tout le monde. Voir à l'*OEuvre* de Rosalba.

Les médaillons gravés de la comtesse et du comte d'Évreux se voient à la tête de la *Géographie* dite *de Crozat*, que l'auteur, l'abbé le François avoit dédiée à la comtesse. Il existe encore une petite gravure du portrait de la fille d'Antoine Crozat, d'après Mattei. S.

Une lettre de Crozat à Rosalba du 8 janvier 1728, l'entretient du duc d'Antin, surintendant des Arts. Voir page 184. S.

9. Il a déjà été parlé de ce portrait de Watteau dans la note du 21 août de l'année précédente. Voir pages 143, 145. S.

10. Louis-Antoine de Pardaillan de Gondrin, duc d'Antin, étoit fils légitime du marquis de Montespan et de la fameuse marquise maîtresse de Louis XIV, mère du duc du Maine, du comte de Toulouse et de Mlle de Blois; il étoit, par conséquent, beau-frère du Régent, qui avoit épousé sa sœur utérine, Mlle de Blois, légitimée par Louis XIV.

Le duc d'Antin, surintendant des bâtiments, demeuroit depuis 1713 à l'hôtel d'Antin, situé près la porte Gaillon, dont les jardins et dépendances s'étendoient jusqu'à la rue Saint-

Augustin. Le duc avoit merveilleusement embelli cette demeure qu'il ornoit « la plus grande partie de l'année de tableaux exquis tirés du cabinet de Sa Majesté. On peut assurer que cet hôtel surpasse tout ce que l'on voit à présent dans cette ville, » dit Germain Brice. S.

11. La princesse de Léon, fille aînée du duc de Roquelaure, mariée malgré son père et sa mère, au duc de Rohan-Chabot, prince de Léon, étoit une des deux filles que la duchesse de Roquelaure eut en une même couche et au sujet desquelles Roquelaure s'écria : « Mesdemoiselles, je ne vous attendois pas sitôt. » C'est qu'elle en accouchoit sept mois après son mariage, et on prétend qu'elles étoient du roi (Louis XIV). L'autre fut mariée au prince de Pons, de la maison de Lorraine. La princesse de Léon qui soupoit souvent avec le Régent et ses amis, fut une nuit victime d'une plaisanterie atroce. « Dans la chaleur du vin, » on la déshabilla de tous vêtements et on dressa le signalement de toute sa personne. La princesse n'en étoit pas plus honteuse le lendemain.

Le président Hénault dit qu'elle étoit bossue et fort laide, faisant avec son mari le plus singulier ménage, l'un violent, l'autre de la plus grande pétulance, tous deux vivant à grands fracas au milieu d'un océan de dettes. S.

12. Mlle de la Roche-Sur-Yon, Louise-Adélaïde de Bourbon-Conty, née à Versailles le 2 novembre 1696. S.

13. L'empressement que mettoient les amateurs du talent de la Rosalba à l'attirer à Paris est suffisamment constaté par les passages suivants des lettres de Crozat :

CROZAT A ROSALBA.

Le 15 mars 1727.

« Le comte de Morville, qui admire votre rare mérite, m'assure vous avoir écrit que si vous vouliez revenir à Paris, il se chargeroit de vous demander chaque année au moins pour deux cents louis de votre peinture. Vous trouveriez en même temps ici d'autres travaux à ajouter à ceux-là; mais nous ne sommes pas assez heureux pour nous flatter d'un tel retour. Ce seroit certainement pour moi un grand contentement de pouvoir jouir encore une fois de votre conversation avant de mourir. »

Le 12 mars 1728.

« Le comte de Morville ne manque jamais

de me dire qu'il prendroit chaque année pour lui seul au moins pour mille écus de vos ouvrages. Vous connoissez d'ailleurs le grand empressement que mettent nos Françoises à posséder leur portrait de votre main. Enfin vous ne serez pas loin des Anglois.

« L'appartement que vous habitiez est toujours dans le même état et prêt à vous recevoir en attendant que le Roi vous fasse loger au Louvre. Je voudrois avoir l'espoir de vous persuader. » Voir page 24.

Je dois dire ici, au sujet du profit que Rosalba retiroit de son art, que, bien qu'elle fût libérale de ses œuvres, elle réalisoit néanmoins de très-grands bénéfices, comme j'ai pu m'en assurer par ses journaux des années 1723, 1724, 1725, 1726, 1727 et 1728. Ses relations seules avec les Anglois qui venoient à Venise et ce que Joseph Smith, consul de cette nation, remettoit à Rosalba pour les ouvrages qu'il expédioit en Angleterre, lui auroient certainement permis de vivre en grande dame.

V.

Joseph Smith, consul anglois, étoit aussi grand amateur des arts et particulièrement des tableaux de Sébastien Ricci et de Carlo Cignani. Il en fit graver un recueil intitulé : *Descrizione dei cartoni designati da Carlo Cignani e dè quadri depinti da Sebastiano Ricci posseduti dal signor Giuseppe Smith; Venezia*, 1749, in-4. Ces ouvrages, apportés en Angleterre par Smith, se trouvent maintenant au palais d'Hamptoncourt. S.

14. Le maréchal ou le colonel dit Rosalba.

Voici un renseignement qu'il est impossible d'expliquer. Le maréchal pourroit dire Villeroi; quant au colonel, il faut le laisser dans l'obscurité. S.

15. Le père Attilio étoit le factotum de la duchesse de Bourbon. S.

16. Marie de Laval, épouse de Gaston-Jean-Baptiste-Antoine, duc de Roquelaure, commandant en chef de la province du Languedoc (voir la page 336).

17. On voit par là, dit Vianelli, que la Rosalba ne sortoit dans Paris qu'en carrosse. Aussi ne tient-elle pas compte de cette sorte de dépense à laquelle elle étoit étrangère, tandis qu'elle en note d'autres très-exactement. Une seule fois, en retournant de l'Académie, elle donne un louis au cocher et regarde ce don comme une libéralité insolite. Elle ne parle pas non plus des dépenses de table, soit pour elle, soit pour sa mère et pour Giovanna. Elles re-

cevoient, non-seulement chez Crozat un logement, mais l'hospitalité du Mécènes étoit chargée de tous les détails de la vie. Elle ne manque pas d'indiquer les étrennes qu'elle donne le jour de l'an tout en notant qu'elle fut reçue par Crozat et très-libéralement traitée dans sa maison ; rien ne témoigne qu'elle fut jamais payée de M. Crozat pour les travaux qu'elle fit pour lui et pour sa famille. L'échange étoit donc mutuel entre elle et ses hôtes.  V.

18. Nous verrons que cette princesse dont Rosalba n'écrit pas le nom, doit être Mlle de Charolois (note 24, page 348) M. de Caylus étoit chargé par elle de demander à Rosalba un portrait qu'elle désiroit. S.

20. Le prince Charles de.... a congédié sa femme après six mois de mariage, dit Rosalba, sans vouloir indiquer le nom de ce gentilhomme. Un journal de la Régence donne les détails qu'on va lire sur la séparation du prince Charles de Lorraine, comte d'Armagnac, né en 1684, avec sa jeune femme Françoise-Adélaïde de Noailles, fille du duc Adrien-Maurice de Noailles.

Le 17 février 1721, M. le prince Charles de Lorraine, grand-écuyer de France, fils du feu prince d'Armagnac, étant allé rendre visite à M. le duc de Noailles, dont il avoit épousé une fille depuis deux ans, ce prince dit au duc : « Beau-père, je vais vous dire une chose qui ne vous plaira peut-être pas : j'ai retranché depuis peu ma maison et plusieurs domestiques, parce que je ne me trouve plus en état de soutenir une si grosse dépense, et vous me feriez plaisir de reprendre votre fille chez vous. — Voulez-vous rire, mon gendre? dit le duc. — Nullement, » répliqua le prince Charles et le quitta brusquement là-dessus.

Le lendemain matin, le prince Charles demanda à madame son épouse si elle avoit vu monsieur son père. Ayant dit que non, « je croyois, ajouta-t-il, que vous l'auriez vu. Je lui dis hier qu'il seroit à propos que vous retournassiez dans sa maison, parce que je me vois obligé de retrancher beaucoup ma dépense. » Et lui ayant répété ce qu'il avoit dit à M. le duc de Noailles, cette dame, qui n'étoit encore âgée que de seize ans, lui représenta : « Monsieur, vous m'avez donné quatre laquais, je n'en réserverois qu'un seul et deux chevaux au lieu de six, et du reste à proportion. — J'ay tort, répliqua le prince, de parler de la dépense; mais nous ne nous convenons point d'humeur, vous et moy : nous aurions souvent du différend ensemble, et je n'en veux point; ainsi vous n'avez qu'à prendre le parti de retourner chez votre père. » La princesse lui repartit : « Dans l'état où je suis, la maison de mon père n'est plus la mienne. Si vous parlez sérieusement, monsieur, c'est un couvent qu'il me faut. Puis, fondant en larmes, elle ajouta : Je m'en vais de ce pas auprès de ma tante aux filles de Sainte-Marie, » où elle se transporta dans le moment. (*Journal de la Régence.*)

Barbier dit que le duc de Noailles avoit donné à sa fille huit cent mille livres, dont deux cent mille en billets de banque.

Marais (Mathieu), qui étoit le chef du conseil du prince Charles de Lorraine, donne l'explication qui suit de cette rupture.

« Depuis que l'on a vu la princesse Charles d'Armagnac renvoyée à ses parents, il a pris en gré à d'autres maris d'en faire de même; et M. de Lautrec, gendre de M. le premier président (de Mesme), a remis la sienne entre les mains de son père, qui la garde et ne la remettra point dans un couvent. Ils n'ont point d'enfants. Le mari vivoit mal avec elle. C'est un homme de grande qualité, mais sans mérite parmi les gens de guerre. La dame est assez belle et a un esprit lent, mais naturel. Elle est rousse, et on a dit qu'elle en a les défauts. Il y a aussi M. et Mme d'Estaing qui se sont quittés. Enfin la mode vient de quitter les femmes comme on quitte une maîtresse infidèle. Tout le monde cherche la raison de la brouillerie du prince Charles; on devine quelque galanterie avec le chevalier de Lorraine ou le duc de Richelieu; bien des gens prennent le parti de la dame, mais c'est ici où on peut dire ce que disoit cet empereur : « Vous voyez bien mon soulier, mais vous ne « voyez pas où il me blesse. » S.

20. L'ignorance de Rosalba sur les mœurs de la Régence, lui fait traduire d'une façon naïve les événements les plus déplorables de ce temps; ainsi Mme de Saint-Sulpice fut la victime, et elle y prêtoit, d'une horrible plaisanterie du duc de Bourbon. Ce prince la voyoit souvent à ses petits soupers; un jour, il lui prit fantaisie de mettre une traînée de poudre avec deux pétards sous le fauteuil de cette dame, qui eût brûlés le ventre et les jambes. Cet accident eut un grand retentissement dans la société, et les interprétations plus que malignes y furent données; c'est alors que Rosalba inscrit, elle, la version honnête et simple de son journal.

Mme de Saint-Sulpice étoit fille de Ragot la Coudraye, intendant de la maison de M. de

Pontchartrain et son frère, conseiller à la Cour des aides. Véret seigneur de Saint-Sulpice, son mari homme d'affaires et commissaire général de marine, lui avoit laissé de grands biens mort; elle étoit amie de Vergier, auteur des Contes libres.

On racontoit encore que l'auteur de cette atroce méchanceté étoit le comte de Charolois, qui avoit voulu se divertir à la suite d'un souper donné par Mme de Prie.

« Mme de Saint-Sulpice, dit Barbier, est une jolie femme et coquette, qui a l'imprudence de souper avec des princes du sang, et qui souffre d'eux de mauvaises scènes quand ils sont ivres. Il y a quelque temps que le comte de Charolois la déshabilla toute nue; elle étoit ivre morte, ils l'emmaillottèrent dans une nappe avec des serviettes, comme un enfant, et ils la ramenèrent ainsi dans un carrosse à sa porte. »

Marais, son ami, raconte plus décemment l'aventure de Mme de Saint-Sulpice, et l'attribue au feu pris à son *panier* et à sa jupe. Mme de Saint-Sulpice souffrit très-patiemment pendant de longs mois les phases alternatives de plusieurs rechutes, et guérit enfin sans jamais vouloir révéler les circonstances de cet accident, qui motiva une foule de lazzis du temps et jusqu'à des chansons fort gauloises.

La Peyronie, fameux chirurgien et médecin de Louis XV, parvint à guérir cette dame dont le portrait avoit été peint par Boulongne; elle en fit cadeau à Marais lorsqu'à sa guérison, elle se fut jetée dans une grande dévotion.

La collection de Maurepas renferme un couplet sur Mme de Saint-Sulpice, qu'on ne connoissoit pas avant la publication du journal de Barbier; le voici :

> La bonne dame Saint-Sulpice
> Sans penser aucune malice
> Étant seule et prenant son fard,
> Le feu prit à la cheminée;
> Cet accident me surprend, car
> Elle étoit souvent ramonée. S.

21. Un ancien usage de la cour de France, permettoit à toutes personnes qui désiroient voir le roi, d'assister au repas du *Grand Couvert*. Alors, petits bourgeois, étrangers, paysans même pouvoient, sans invitation, s'y présenter. On passoit sans s'arrêter devant la table royale et on se retiroit.

Cet usage subsistoit encore sous la Restauration. S.

22. Il est parlé de ce prince dans la lettre 102 du tome II de la *Raccolta*, de Bot-

tari. « Il achetoit volontiers des tableaux quand ils avoient une certaine réputation. »

V.

Victor-Amédée de Savoie, prince de Carignan, né en 1669, lieutenant général, obtint que le marché de la place Vendôme seroit transporté dans son jardin de l'hôtel de Soissons, où il fit construire plus de six cents baraques qui lui rapportoient trois cent mille livres par mois. « Elles étoient lignées, élégantes et ombragées par les arbres, ce qui donnoit à leur réunion l'aspect d'une ville indienne où l'on circuloit par des rues pavées, et où les grands mouvements se régloient au son de la trompette. C'est là que le papier perdit la qualité de monnoie et que dès le mois de septembre on acheta pour un marc d'or dix-huit mille livres de billets ou neuf actions qui, dix mois auparavant, se fussent vendues cent soixante mille livres en argent » (Lemontey). Voir page 156.

Le prince de Carignan joua toutes sortes de rôles, hors celui de prince. Il fut directeur de l'Opéra, amateur d'art, de chevaux, de musique, insolvable et jetant l'or, à pleines mains, saisi tous les matins et vivant impudemment sur cinq millions de dettes. Cet homme qui, suivant Saint-Simon, *tiroit à toutes mains de toutes parts*, mourut en avril 1741. Ses créanciers lui composèrent cette épigramme :

> Cy gist dans la tombe funèbre
> Un Savoyard juste et célèbre,
> Grand protecteur de l'Opéra,
> Qui des produits d'ut, re, mi, fa
> Savoit grossir son revenu.
> Hélas ! qu'est-il donc devenu
>   Ce prince qui payoit
>   Si bien ce qu'il devoit ?
>   Il est allé, dit-on,
>   Aux habitants du Stix
>   Montrer le Pharaon
>   Avec le passe-dix.

La collection de tableaux du prince de Carignan fut vendue en 1743 par l'entremise de Noël-Araignon, valet de chambre de la reine, et par un certain M. de Brays. Le cabinet du Roi acheta plus de trente tableaux, parmi lesquels se trouvoit la *Vierge au voile* de Raphaël et un Tintoret qui figurent sous les n$^{os}$ 354 et 376 du catalogue du Louvre. Auguste III, électeur de Saxe, roi de Pologne, acquit toutes les peintures de l'école flamande et hollandoise ; elles forment aujourd'hui une des parties intéressantes de la galerie de Dresde. S.

23. Sorte de robe abattue que Mlle d'Ancourt avoit imaginée pour son rôle de l'*An-*

*drienne*, pièce en cinq actes et en vers, traduite de Térence, représentée en 1704 au Théâtre-Français sous le nom de *Baron père*. La mode des robes à l'Andrienne, fort en vogue, n'avoit pas encore cessé en 1733.

24. Étoit-ce de la part de Mlle de *Charolois*, sœur de la princesse de *Clermont*, ou de la part de Mlle de *Vermandois*, troisième sœur de M. le duc de Bourbon? Nous pensons que l'âge de cette dernière, née en 1703, doit faire repousser cette anecdote secrète. Il faut plutôt supposer que c'étoit par Mlle de Charolois que M. de Caylus avoit été chargé de cette mission délicate près de la Rosalba. Elle désiroit sans doute faire faire son portrait pour une destination tout intime. L'heure choisie par la princesse, qui ne craint pas de se rendre à six heures du matin, au mois de février, chez Rosalba; le mystère que Caylus met à cette communication, en sont une forte présomption. Peut-être vouloit-elle offrir ce souvenir au duc de Richelieu, dont elle étoit déjà très-éprise et pour lequel elle fit peindre son portrait en récolette, portant une besace, et songeant tristement à son amant, près d'un monastère qui a grande ressemblance avec la Bastille, portrait qui rappeloit au duc que, lorsqu'il étoit prisonnier, elle alloit au pied de la vieille forteresse, avec les

dames de la cour, chercher un regard du roué des roués, pendant qu'il se promenoit, frisé et paré, sur la terrasse, pour reluir aux yeux de toutes ses conquêtes.

La date du 7 février signale le portrait de Mlle de Charolois et de L.... Faut-il y voir plutôt un rival au duc de Richelieu? Voir pages 329, 340 et 367. S.

25. Voir plus haut la note sur la famille *Villeroi*. Page 268.

26. Et à gémir sur ses inquiétudes. « L'esprit de cette illustre artiste étoit souvent en proie à des accès de tristesse au milieu des honneurs dont elle étoit accablée. Cette mélancolie se transforma en une réelle maladie qui la rendit vieille et affaiblie avant l'âge. Elle finit par en perdre la raison. » (Note extraite de l'*Histoire de la peinture vénitienne*.)

Il me semble, dit Vianelli, résulter des lettres de Rosalba et de celles des médecins qu'elle consultoit, que notre artiste étoit hypocondriaque au dernier degré. Une continuelle application à l'étude de son art, l'habitude d'entretenir aussitôt après son travail une correspondance très-exacte et très-suivie avec un grand nombre de personnes, il y avoit là des causes bien suffisantes pour irriter ses hypocondres et provoquer les tristesses dont elle souffroit. Voir page 280. V.

27. C'étoit au bal de l'Opéra que Rosalba et sa sœur étoient allées le 24 février. M. du Caylus lui prêta un domino qu'elle lui rendit. Le bal de l'Opéra étoit de nouvelle invention, et tout Paris s'y rendoit avec fureur. Malgré les désastres financiers du *Système*, on cherchoit à s'étourdir et à s'amuser. S.

28. Vianelli donne ici quelques détails sur les talents divers et les goûts du comte de Caylus. Il écrivit plusieurs fois à Rosalba, ajoute-t-il, et nous possédons ses lettres. Elle a parlé de ce célèbre amateur dans la 125e lettre du tome IV de la *Raccolta*, de Bottari (voir à la fin du volume les lettres du 4 avril et du 4 novembre 1727). Mariette, dans ses lettres à Bottari et à Gaburri, parle souvent du comte de Caylus; l'une d'elles contient des détails sur la dernière maladie de ce savant amateur qui mourut le 5 septembre 1765. Bottari y répondit en ces termes : « Je voudrois bien apprendre la convalescence du comte de Caylus. Je prie Dieu pour son rétablissement, et je crois agir dans l'intérêt du genre humain, parce que certains hommes devroient être immortels. »

Et ailleurs : « La mort de M. le comte de Caylus m'a fait la plus vive peine, c'étoit un homme d'un caractère héroïque ; toutes les vertus brilloient en lui. » (Tome V de la *Raccolta*). Il fut enterré à Saint-Germain-l'Auxerrois. V.

Anne-Claude-Philippe de Tubières de Grimoard de Pestels de Lévis, comte de Caylus, né à Paris le 31 octobre 1692, étoit le fils de la célèbre Marguerite de Villette Murçay, parente de Mme de Maintenon. Toute sa vie se passa en recherches et en travaux sur l'art antique et moderne ; ses collections furent immenses. Il les légua au roi. Ses œuvres sont très-nombreuses ; outre ses écrits, ses romans, ses facéties, ses mémoires scientifiques, il publia des eaux-fortes et des gravures d'après les monuments antiques, les maîtres anciens et modernes formant douze volumes in-folio que la Bibliothèque impériale possède. Il fut très-lié avec Watteau, Coypel, Bouchardon, Mariette, Duclos et n'aima jamais Voltaire. C'étoit un homme très-actif et plein d'enthousiasme, toujours à la recherche des monuments anciens et des artistes de talent. Souvent brusque et emporté, il n'en étoit que plus bienfaisant ; secouroit de son riche patrimoine les artistes malheureux et dépensant tout son revenu à l'accroissement de ses collections et à encourager les hommes d'avenir. Il avoit réduit son existence matérielle aux proportions les plus simples ; vêtu à la rustique, comme un quaker de Pensylvanie, il fréquentoit tous les centres littéraires; il étoit des *Dimanches* de Mlle Quinault et des *Lundis* de Mme Geoffrin. Il s'étoit créé un logement dans les vieux bâtiments du jardin des Tuileries; pour ses collections qu'il transporta ensuite rue de Bourgogne, dans un vaste hôtel appartenant aujourd'hui à M. d'Haussonville. Il vivoit là, entouré de momies, de temples d'Isis et d'Osiris, de restes de l'antiquité, au milieu desquels il avoit désigné un vieux sarcophage égyptien pour recevoir ses restes. Il se complaisoit à l'admirer et à en louer les beautés à ses amis. Caylus mourut le 5 septembre 1765, et fut inhumé, selon ses vœux, dans ce monument égyptien qu'on transporta à Saint-Germain l'Auxerrois. Diderot lui fit une épitaphe :

Cy gist un antiquaire acariâtre et brusque,
Ah qu'il repose bien dans cette cruche étrusque.

Mariette, Grimm, Marmontel, le Beau, Bottari et Diderot ont écrit sur le comte de Caylus.

Il étoit membre amateur de l'Académie de peinture. MM. de Goncourt ont trouvé, il y a quelques années, un manuscrit inédit de Caylus; c'étoit la vie de Watteau, sorte d'éloge posthume qu'il prononça à l'Académie de peinture et qui a été publié dans les *Portraits intimes du dix-huitième siècle*. S.

29. Mlle de la Roche-Sur-Yon dont il a été parlé. S.

30. On a vu que Mme d'Alincourt, quatre autres dames, puis Mme la duchesse de Bourbon, Mlle de Clermont et toute leur suite supplièrent Rosalba de faire le portrait de cette reine de beauté pour laquelle on lui donne un prix excessif, *cent piastres*, près de 1000 livres. S.

# MARS.

1ᵉʳ mars. M. Groan[1], trésorier du Roi vint chez moi et me donna trois mille francs en argent, et me commanda une miniature. J'en donnai le quart, 750 francs à Angela. Terminé M. le lieutenant civil.

Le 2, dimanche. Visite au palais, vu le grand hôtel du premier président[2], et la grande salle où sont les portraits.

Le 3. M. Crozat et son neveu partirent pour la Hollande[3].

Le 4. J'allai voir des étoffes. L'abbé Peroz vint chez moi, puis Mme Villeroi, couverte de bijoux. Je terminai le portrait de Mme de Parabère. J'achetai l'écharpe pour cinquante francs.

Le 5. Mlle de Charolois vint à mon appartement avec plusieurs dames et cavaliers, parmi lesquels étoit le Grand-Prieur[4] et Mme de la Motte[5]. Zanetti me rendit les dix-sept écus d'Espagne qu'il me devoit et je lui prêtai deux cents francs. Nous allâmes à la foire[6].

Le 6. Je terminai le portrait de Mme de Villeroi.

Le 7. Nous allâmes voir la salle des plans[7], puis chez Mme de Villeroi. Revenue à la maison, je terminai les portraits du prince de Conti, de Mlle de Clermont et de Mme la duchesse. Mme de l'Otreck me remit dix louis de Noailles et dix cavaliers[8].

Le 8. Je suis allée voir des étoffes; puis vinrent chez moi dans la matinée le cardinal de Polignac[9], M. Leblond, le prince d'Assia-Cassel (de Hesse-Cassel). J'allai à l'hôtel Crozat.

Le 9. Nous allâmes chez M. Coypel, puis à l'Opéra, à la faveur de Mme de Parabère qui étoit dans la loge voisine. Quand nous retournâmes à la maison je trouvai le portrait de la princesse, Mlle de Clermont, tout gâté par un accident, ce qui donna un grand déplaisir à la princesse sa mère et rendit malade la personne qui avoit été cause de ce malheur, M. de L.... [10]

Ce 10. Je donnai à Angela 300 francs. Mme de Charolois vint chez moi vêtue de drap d'argent avec des ornements de fleurs de Vicence.

Le 11. Je dépensai 400 francs pour l'habillement de Giovanna. Mme de la Carte, outre ce qu'elle m'avoit donné me remit quelque chose encore. Puis j'eus mille francs de l'abbé Peroz et vingt-quatre louis de Mme de Parabère.

# NOTES.

1. C'est *Gruin*, un des trésoriers des deniers royaux. Il demeuroit rue d'Orléans au Marais, près des Capucins. S.

2. L'hôtel du premier président du parlement de Paris se voyoit rue de Jérusalem. Il est devenu de notre temps l'hôtel de la préfecture de police et a été démoli en 1860, pour faire place aux grandes constructions qu'on élève aujourd'hui.

Sous la vieille monarchie, c'étoit à cette place qu'habitoient les anciens *concierges* du palais du roi; vinrent ensuite les *baillis du palais,* puis après les *chefs du parlement,* les *magistrats de la République* et les *Préfets de police.*

M. Labat, auteur d'un rapport très-curieux sur cet édifice, pense que l'ancien hôtel de la préfecture de police, par sa maçonnerie de moellons et de briques, date de la même époque que la place Dauphine, c'est-à-dire vers 1600 et il en donne des raisons déterminantes. Le même auteur suppose que c'est le président Achille de Harlay qui commença les constructions en 1607 et qu'elles furent achevées par son successeur le président de Verdun.

Dans la cour intérieure, une collection de portraits-médaillons placés et incrustés entre les croisées, présentoit l'ensemble des hautes juridictions dont le siége étoit au palais. *La connétablie* étoit représentée par Duguesclin et le duc de Bourbon ; *la cour des maréchaux* de France par Blaise de Montluc et Henri de Condé ; et *la grande chancellerie* par le cardinal du Prat, l'Hôpital et Chiverny.

Le premier président Lamoignon obtint en 1671, par arrêt du conseil, tout l'ancien jardin du bailliage à la condition d'y élever des constructions et de percer certaines rues aux abords du palais. Dans les nouveaux corps de logis, au premier étage, se trouvoit une grande salle décorée avec luxe qui s'étendoit vers la partie occupée par le dépôt, dite *Salle Saint-Martin* qui n'existe plus. A partir de la suppression des parlements (23 juillet 1789), l'hôtel de la présidence cessa d'être une résidence spéciale jusqu'en 1792, ou il devint la demeure des maires de Paris qui y établirent successivement la commission administrative de police de la terrible *commune de Paris* et le bureau central du canton de cette ville. Ce bureau dut céder la place à la préfecture de police, instituée par décret du 28 pluviôse an VIII.

Depuis Hugues de Courci, premier Maître du parlement de Paris (vers 1330) jusqu'en 1789, on compte cinquante-trois premiers présidents, quatre magistrats républicains, Pétion, Chambon, Pache et Fleuriot, et vingt-huit préfets de police.

Rosalba parle des portraits des présidents de la *grande salle*. Ils étoient placés dans la grande galerie du palais, décrite par Florent Lecomte (*Cabinet des singularités de la Peinture et de la Sculpture*, tome Ier).

3. Crozat partoit avec son neveu le marquis du Chatel pour chercher à s'éclairer, croyons-nous, sur les affaires de Law qui s'étoit réfugié d'abord en Hollande. On doit se rappeler que les Crozat avoient été avec les Paris-Duvernay très-opposés au système de Law.

Il arriva le 8 mars à Malines et y alla voir Corneille Huysmans, alors âgé de 66 ans, qui avoit été le collaborateur de van der Meulen pour ses paysages dans les grands tableaux de batailles que lui avoit commandés Louis XIV. Huysmans ne voulut pas être en reste de courtoisie avec le riche financier, il lui offrit quelques dessins. Son talent et son caractère plurent à Crozat. Mariette nous signale Huysmans comme un habile artiste « qui touche bien le paysage et peint les chevaux dans la manière de Wauvermans, et disciple de van Artois. » S.

4. Le chevalier d'Orléans, fils naturel légitimé du régent et de Mlle de Sery, fille d'honneur de la duchesse douariere d'Orléans, fut grand prieur de France. S.

5. Marie-Élisabeth de la Vergne de Montenard, femme de Charles de la Mothe Houdencourt, marquis de la Mothe, veuve en premières noces du comte de Vaillac, mariée à Chartres en 1687. C'étoit plutôt sa brue, la comtesse de la Mothe (Thérèse de la Roche Corbon), épouse du comte Louis-Charles de la Mothe Houdencourt, fils du marquis de la Mothe. Voir page 286.

6. La foire Saint-Germain commençoit ordinairement le 8 février; c'étoit le roi qui en ordonnoit la durée. En 1568, elle s'ouvrit le 26 mars; en 1595, le 6 février; du temps de Sauval, le 3 février. Elle duroit trois semaines sous Henri IV; en 1630 elle se pour-

suivit pendant six semaines et jusqu'à la semaine sainte; sous la Régence elle étoit en grande vogue. Elle se tenoit à peu près à l'endroit où se trouve maintenant le marché Saint-Germain, rue de Tournon. Les boutiques des marchands étoient placées sous des allées couvertes, disposées dans un carré, qui se coupoient assez régulièrement. On y vendoit de tout, excepté des armes et des livres. La foire étoit franche. Chaque profession avoit son quartier séparé. Le peuple y alloit le jour, la noblesse la nuit, masquée et déguisée, dans des carrosses sans armoiries, sans cortége et seulement avec des *grisons*, c'est-à-dire avec des cochers et des laquais uniformément vêtus de gris et le visage couvert. On profitoit de cet impénétrable incognito pour jouer aux banques et aux loteries, et s'écarter dans les allées sombres, pour s'intriguer ou se livrer à la galanterie. Elle avoit donné lieu en 1721 à une grande querelle entre les pages du roi et des princes du sang contre les pages des seigneurs et ambassadeurs étrangers. Les premiers ne vouloient pas que les autres entrassent sur le théâtre des danseurs de corde. Il y eut grand tapage; ils désarmèrent le guet et pendant trois jours, au nombre de deux cents, se promenèrent dans la foire avec des cannes. Les soldats aux gardes intervinrent; on se battit, mais tout se termina par l'arrestation de plusieurs serviteurs des grandes maisons princières. S.

7. Collection de plans en relief des grandes forteresses et villes fortes de France, disposée pour le roi dans la galerie du Louvre. Elle a été transportée aux *Invalides*. S.

8. Le Louis de Noailles étoit ainsi nommé parce que M. de Noailles, alors président du conseil des finances, avoit fait frapper cette nouvelle monnoie. Il valoit 92 livres.

L'argent à cette époque étoit augmenté de moitié. « La pièce, qui ne valoit que deux livres cinq sous, passoit pour quatre livres et ne valoit par elle-même qu'une livre. En sorte que le billet de banque acquitté par une pareille monnoie perdoit soixante-quinze pour cent. » (Barbier). Le *cavalier* d'argent, monnoie de Hollande, valoit 6 francs 30 c., celui d'Italie 1 fr. 60 c. L'*écu d'Espagne* et celui d'*Italie* (moitié de *Doppia*) 11 livres. Ces monnoies avoient aussi leurs subdivisions. La *piastre* du pape valoit de 6 fr. 20 à 8 fr., celle d'Espagne près de 10 fr. S.

9. J'ai remarqué, dit Vianelli dans les autres journaux de la Rosalba, qu'elle étoit en corres-

pondance avec le cardinal de Polignac; elle avoit exécuté plusieurs tableaux pour le célèbre auteur de *l'Anti-Lucrèce*, notamment deux pastels représentant : *la Philosophie* et *la Poésie*.

Il avoit un estime tout particulier pour Rosalba et pour son talent. Voici deux lettres de Crozat qui parlent de ce prélat et des tableaux qu'il possédoit de notre artiste :

### CROZAT A ROSALBA.

Paris, 15 septembre 1732.

« Je voudrois pouvoir vous répéter ici tous les éloges que le cardinal de Polignac et l'abbé Leblond font de vos rares talents et de votre aimable personne. Tous ceux qui voient vos ouvrages pensent de même sans vous connoître. Je suis resté dans l'admiration en voyant les merveilleux tableaux et les portraits appartenant au cardinal de Polignac. »

19 décembre 1732.

« Je considère comme un des trésors les plus précieux pour les beaux-arts, les belles figures et les superbes bustes antiques que j'ai vus, il y a peu de temps, chez le cardinal de Polignac, mais je vous en ai déjà parlé. En vérité la belle figure de l'aimable personne que vous m'avez si gracieusement envoyée (c'est du portrait de la Rosalba dont il parle), rivalise avec tout ce que les illustres Grecs ont dû faire de plus beau. Et il est vrai de dire que le caractère plein de noblesse et de gracieuse simplicité que vous savez donner à toutes vos œuvres, les rend égales à ces maîtres de l'art. »   V.

Crozat est ici plus complimenteur que connoisseur. L'amateur disparoît un peu trop sous les éloges de l'ami.

Le cardinal Melchior de Polignac eut un rôle important dans la diplomatie. Ambassadeur à Rome près Benoît XIII, il y donna de magnifiques fêtes en 1729, pour la naissance du dauphin, fils de Louis XV, fêtes que le pinceau de Panini a reproduites. Dans celui de *Saint-Pierre-de-Rome*, qui est au Louvre, l'artiste a représenté le cardinal de Polignac, ministre de France auprès du pape, entouré de sa suite, visitant la basilique romaine.

Le cardinal étoit grand chercheur de monuments antiques; il prétendoit avoir découvert la maison de Marius dans la campagne romaine et se proposoit, dans de gigantesques proportions, d'exhumer les vestiges de l'ancienne Rome. Il vouloit creuser les ruines du temple de la Paix pour y retrouver le chandelier à sept branches, la mer d'airain et les vases juifs que Titus y avoit déposés après la prise de Jérusalem. Il vouloit aussi détourner le Tibre depuis Ponte-Mole jusqu'à Testaccio, pour y mettre à jour toutes les choses précieuses qui y avoient été jetées pendant les guerres et les invasions des barbares. Benoît XIII lui accorda cette faveur. Les travaux commencèrent ; on nivela les terrains au-dessus de Rome pour créer au fleuve un lit artificiel, on mit à sec quelques alluvions, mais l'argent manqua au cardinal, et le vieux Tibre garda ses richesses.

Il composa l'*Anti-Lucrèce*, à son retour de Pologne, où il avoit été envoyé après l'élection du prince de Conti. L'idée lui en vint lorsqu'il se fut arrêté en Hollande et qu'il eut une conférence avec Bayle. Les passages d'Épicure et de Lucrèce, cités par l'auteur du *Dictionnaire critique* l'excitèrent à réfuter les principes du poëte latin. Deux exils dans ses abbayes lui en donnèrent le temps. Il remplaça Bossuet à l'Académie (1704).

Voltaire a célébré le prélat dans *le Temple du goût*. Il l'appelle : « Le cardinal oracle de la France, vengeur du ciel et vainqueur de Lucrèce. *L'Anti-Lucrèce* a passé et *Lucrèce* vit encore!

Les belles collections du cardinal de Polignac ont été achetées par le roi de Prusse après la mort du prélat, survenue en 1741. S.

10. Le 7 mars Rosalba promet de faire le double portrait de Mlle de Charolois et de L.... Le 9 mars, M. de L..., revient chez Rosalba et gâte le portrait de Mlle de Clermont. Le lendemain Mlle de Charolois tout étincelante de drap d'argent, apparoît chez notre artiste.

Faut-il voir, dans l'accident survenu au portrait de Mlle de Clermont et dans l'attitude presque triomphante de sa sœur, un effet de l'impatience qu'éprouvoit Mlle de Charolois de posséder son portrait des mains de Rosalba, et, par cet acte étrange, M. de L.... ne seroit-il pas le trop fidèle serviteur de la jalouse princesse. Les deux sœurs, on le sait, étoient souvent en rivalité dans leur succès. Peut-on aussi conclure par le rapprochement de ces deux noms : Mlle de Charolois et M. de L.... a une liaison *plus* qu'*amie*, comme dit Saint-Simon. Bien que l'histoire ait été généreuse sur le nombre des favoris de Mlle de Charolois, il paroît cependant qu'elle ne les a pas connus tous. Le journal de Rosalba devoit suppléer à cette lacune. S.

# NOTE FINALE

# NOTE FINALE.

C'est ainsi que Rosalba termine le journal de son séjour à Paris. Aussitôt après le départ de Crozat pour la Hollande, Rosalba par l'excès d'une convenance que nous n'expliquons pas, se décida à quitter avec sa famille Paris et la maison qui lui avoit été offerte. Elle se hâte alors de terminer les portraits des princes, des princesses et des personnes de haut rang qu'elle avoit commencés comme malgré elle et pour leur complaire. Elle en est aussitôt payée. Les dépenses qu'elle se presse de faire, les visites qu'elle rend à Antoine Crozat, à Ch. Coypel et à ceux qui la firent admettre à l'Académie, l'argent qu'elle compte à Angela et qui devoit être destiné à son voyage, sont, à mon avis, dit Vianelli, autant d'indices qui démontroient le prochain jour de son départ, il auroit encore pu ajouter le pastel qu'elle offre à l'abbé de Maroulle en signe d'adieu [1]. Mais un document authentique convertit, à ce sujet les incertitudes de Vianelli en certitudes, c'est un fragment du *Mercure* du mois de mars 1721, qui annonce en ces termes le départ de Rosalba :

« La signora Rosa Alba, dont on a admiré
« les portraits au *pastel* qu'elle a faits pen-
« dant son séjour en France, partit le 15 pour
« Rome avec le sieur *Peregrini*, son beau-
« frère, qui a peint la grande galerie de la
« Banque. Cette demoiselle, avant son départ,
« a été reçue à l'Académie de peinture, à qui
« elle doit envoyer son chef-d'œuvre de récep-
« tion, lorsqu'elle sera arrivée en Italie. »

Le *Mercure* se trompoit, Rosalba n'alloit pas à Rome mais à Venise. Elle partoit par la route de Strasbourg, qui, depuis la peste de Marseille, étoit la voie habituelle pour se rendre en Italie.

Elle s'arrête à *Fuessen*, petite ville de Souabe, d'où elle écrit à Charles Coypel. Elle s'amuse à décrire la procession du vendredi

---

1. Jean-Antoine de Maroulle ou plutôt *Marullo*, né à Messine, le 24 juin 1674, ami de Ch. Coypel et de Pierre Crozat, « le connoisseur le plus judicieux et le plus éclairé de son siècle, » dit Mariette. Il dessinoit, peignoit et gravoit ; il est mort en décembre 1726. Son portrait, peint par Ch. Coypel, a été gravé. S.

saint à laquelle elle assiste le 11 avril 1721.
Puis elle se dirige avec sa famille sur l'Italie,
par le Tyrol. Elle arrive à Venise dans les
premiers jours de mai et elle écrit le 10 de ce
mois à Pierre Crozat qu'elle et toute sa famille ont fait un heureux voyage et qu'ils sont
tous réunis dans leur patrie.

Elle écrit de nouveau à Charles Coypel, mais
elle n'en reçoit pas de réponse. La famille
Coypel étoit dans l'affliction, elle avoit perdu
tout récemment, le 7 avril 1721, un de ses
membres les plus aimés, Mme Marie-Jeanne
Bideau, épouse d'Antoine Coypel et mère de
Charles. Cette mort avoit été cruelle pour
les amis de Rosalba : Antoine Coypel ne
pouvant surmonter sa douleur, tomba dans
une maladie de tristesse, qui le conduisit
promptement au tombeau en 1722.

Rosalba revenue en possession de sa petite
maison de Venise s'empresse de peindre le tableau que chaque membre de l'Académie de
peinture de Paris devoit offrir au corps dont il
faisoit partie. C'est une muse qui porte une
couronne de lauriers. Rosalba vouloit que l'Académie comprît qu'elle chargeoit sa messagère de couronner l'illustre compagnie qui l'avoit si bien accueillie dans son sein, la jugeant,
comme elle l'écrit, digne de présider à toutes
les autres.

Le tableau de réception est fini vers le mois d'octobre et elle l'envoie à Antoine Coypel, à Paris, en lui adressant la lettre suivante en langue françoise : nous en respectons bien entendu le style et l'orthographe :

Venise, ce 10 octobre 1721.

« Monsieur,

« Je me suis donnée l'honneur d'écrire deux fois à M. votre fils, l'une de Fuessen, petite ville de Souabe, l'autre de Venise, lui mandant dans la première qu'on nous obligeoit à garder contumace, dans la deuxième notre heureuse arrivée à Venise, et notre ressentiment de la perte qu'il venoit de faire, aussi bien que vous et que je suis très-fâchée de rappeler à votre mémoire dans l'occasion de vous persuader que je n'ai pas manqué à mon devoir. Je n'en ai pourtant pas reçu de réponse, ce qui m'a fait croire qu'on ne vouloit pas de mes lettres.

« J'ai gardé donc le silence ; mais à présent, malgré qu'on en aie, je ne saurois plus le garder. J'envois le pastelle à l'Académie et comment oseroit-elle se présenter sans être protégée de vous. Je tâche donc de lui procurer par ces deux lignes cet avantage, et je croirois faire tort à la bonté que vous avez eu de porter tous ces illustres à m'accorder l'honneur bien grand d'être parmi eux, si je ne me flattois que vous leur persuaderez encore que j'ai fait tout mon possible pour leur témoigner ma reconnoissance, quoique cela ne paroît pas assez dans le tableau. J'ai tâché de faire une jeune fille, sachant que l'on pardonne bien des fautes à la jeunesse, elle représente aussi une nymphe de la suite d'Apollon, qui va faire présent de sa part à l'Académie de Paris d'une couronne de lauriers, la jugeant la seule digne de la porter et de présider à tous les autres. Elle s'est déterminée à s'arrêter dans cette ville, aimant mieux d'occuper la dernière place dans cette très-illustre académie que le sommet du Parnasse. C'est à vous donc à lui procurer cet avantage et à moi aussi de jouir de vos bonnes grâces et de tous les illustres de l'Académie, auxquels vous aurez la bonté de faire mes compliments et de me croire,

« Monsieur,

« Votre très-humble servante,

« ROSALBA CARRIERA. »

Le tableau fut présenté à l'Académie, le 31 janvier 1722. Avant de l'accueillir, les Académiciens, présidés par Boulongne, leur directeur, procédèrent d'abord à la réception de Robert Roettiers d'Anvers, graveur des Monnoies de France, et de Mlle Marguerite Hœverman, âgée de 28 ans, de Breda, épouse de

M. Jacques de Mondoteguy, élève de Van Huysum, qui présentoit un tableau de fleurs.

« Elle a pris séance et s'est engagée de donner un tableau dans le genre de peinture qu'elle a embrassé sans tirer à conséquence. On ajoute toujours ces mots ; car l'Académie, par une délibération authentique, avoit résolu de ne plus admettre de femme depuis la réception de feu Mlle Chéron, épouse de M. le Hay. La compagnie dérogea cependant à cette loy il y a deux ans, en faveur de l'illustre Rosa Alba dont nous parlerons plus bas. »

Le 22 février 1722, le tableau adressé à l'Académie de peinture avec sa lettre du 10 octobre 1721 est reçu. Le *Mercure* en rend compte en ces termes dans son n° de février 1722, page 114 à 116 :

« La signora Rosalba Carriere, vénitienne, vient d'envoyer à l'Académie le tableau qu'elle a fait en pastel pour sa réception dans cette célèbre compagnie. L'Académie, instruite de son rare mérite par le portrait du Roi qu'elle présenta pour être reçue, lui avoit fait expédier gratis des lettres de réception, sans qu'elle s'attendît de recevoir cet honneur : elle y fut très-sensible, et prit séance parmi les académiciens, le 26 octobre 1720.

« Les académiciens de Rome, de Florence et de Boulogne lui avoient déféré un pareil honneur, et le grand-duc de Toscane a voulu avoir son portrait, qu'on voit à Florence, placé dans la Galerie des peintres illustres, peints par eux-mêmes. La signora Rosalba s'y est peinte en **pastel**, avec une de ses sœurs qui exerce le même talent.

« Le tableau présenté à l'Académie est composé d'une demi-figure grande comme nature, représentant une Muse, c'est un précis de toutes les parties de la peinture, tant pour le dessin que pour le coloris et pour la finesse des touches, il contient toutes les grâces et les ornements dont une demi-figure est susceptible ; on peut dire en général que la Rosalba donne à tous ses sujets le **caractère de son esprit**, la vivacité de ses pensées et les grâces de ses expressions.

« Il faut convenir que cette demoiselle a trouvé l'art de traiter ce genre de peinture d'une manière où personne n'étoit arrivé avant elle ; ce qui a fait dire aux plus habiles que cette sorte de pastel, avec la force et la vérité des couleurs, conserve de certaines fraîcheurs et des légèretés dans les transparences, qui sont au-dessus de la peinture à l'huile.

« Elle vint à Paris au mois de mars 1720, pour satisfaire sa curiosité et profita de la compagnie du sieur Pellegrini, peintre vénitien, son beau-frère. Pendant son séjour d'une année, elle a fait plusieurs beaux ouvrages, entre autres le portrait en pastel du Roi, demi-figure au naturel, qui lui a acquis beaucoup de réputation par la parfaite ressemblance, par la noblesse de l'attitude, par la vérité des couleurs employées avec un art qui a fait l'admiration des connoisseurs et de nos peintres, et un autre en miniature accompagné d'une victoire, qui semble indiquer au jeune Roi le chemin de la gloire, destiné à mettre dans une tabatière, que Sa Majesté a donnée à madame la duchesse de Ventadour. Les princes, princesses et autres seigneurs et dames de la cour ont voulu avoir aussi leurs portraits, et l'ont vue partir avec regret : elle a peint aussi différents sujets historiés et groupes de figures en miniatures. »

Mariette ne manque pas de lui écrire le jour même, et lui adresse le numéro du *Mercure* de février 1722, qui contient le compte rendu qui vient d'être rapporté et qu'il avait probablement rédigé lui-même.

Rosalba lui répond, en septembre, la lettre suivante :

A M. PIERRE-JEAN MARIETTE, A PARIS.

Venise, 18 septembre 1722.

« Oh ! combien sont grandes votre bonté et votre amabilité. Je les reconnois toujours de plus en plus depuis votre lettre du 22 février que j'ai reçue, il y a quelques jours, avec le *Mercure* de France; elle est plutôt un éloge auquel je suis d'autant plus sensible qu'il m'est moins dû. Vous vous ingéniez trop à trouver du mérite dans mes foibles ouvrages; il ne me faut rien moins que la parfaite connoissance que j'ai de moi-même pour ne pas m'en enorgueillir. Plût à Dieu que j'eusse mérité tant d'honneur.

Je ne le dois qu'à la bonté de mes amis, à la générosité des artistes de l'Académie et de la nation françoise. Je ne saurois jamais trop reconnoître ce que je leur dois, et particulièrement à M. l'abbé de Maroulle, qui s'est montré si bienfaisant à mon égard, et a su faire tourner la plus petite chose à mon avantage. Je vous prie de lui en témoigner toute mon obligation. Je vous ai voué le même sentiment pour le souvenir que vous avez bien voulu conserver de ma famille.

Jamais je n'oublierai, ni Paris, ni Versailles et encore moins cet aimable poëte italien si attaché à Venise, notre patrie[1].

Puisqu'il l'aime tant, qu'il cherche vite une épouse, qu'il vienne ici avec elle pour lui en faire voir toutes les beautés; il fera à ses amis,

1. Mariette, auteur du sonnet cité page 167.

ainsi qu'à nous, un très-grand plaisir. M. Zanetti nous a invités hier à dîner; ensuite il nous a donné le plaisir de nous montrer la manière ingénieuse qu'il a retrouvée d'imprimer des estampes sur bois, en plusieurs teintes. Conservez-moi, je vous prie, vos bonnes grâces.

« Rosalba Carriera. »

Mariette ne se fait pas attendre pour lui écrire de nouveau, le 9 octobre 1722, une lettre dont Vianelli, malheureusement, ne nous donne qu'un passage : « O si nous pouvions nous flatter de vous revoir à Paris, ce seroit pour nous le plus grand des contentements. »

Ce document clôt les faits relatifs au voyage de Rosalba à Paris et de sa réception à l'Académie des arts de peinture et sculpture.

Pour donner un aperçu de la biographie de Rosalba, nous sommes obligé de revenir sur nos pas, de jeter un regard sur sa jeunesse et d'avoir recours à Vianelli, son compatriote, aux écrivains qui ont parlé d'elle et aux traditions que nous avons pu recueillir.

# NOTICE BIOGRAPHIQUE

# NOTICE BIOGRAPHIQUE.

L'abbé Vianelli avoit terminé le journal de la Rosalba et fait suivre les documents et annotations qui'il y avoit joints, par une note finale sur la vie de la célèbre artiste. Cette note compendieuse, ainsi que nous l'avons remarqué dans une rapide introduction, n'en contient pas moins des indications précieuses, mais malheureusement confuses. Du reste l'honorable chanoine de Chioggia, soit dans la préface, soit dans la note finale, semble se complaire dans sa confusion. Il a soin de décliner toute prétention à l'exactitude biographique ou historique. Son travail est une simple causerie, ayant l'intérêt et les inconvénients de ces expansions familières d'un auteur qui écrit au courant de la plume sans s'astreindre aux lenteurs, aux vérifications, ni aux précautions que demande une critique approfondie. A notre tour, nous nous hâtons de le déclarer, nous n'avons, pas plus que le chanoine de Chioggia, la prétention de publier une biographie de la Rosalba. Les matériaux manqueraient encore pour l'établir solidement. Nous n'avons voulu que la préparer en ajoutant quelques jalons à ceux de Vianelli.

Aussi avons-nous religieusement conservé tout ce qu'il nous a fourni sur la vie de la Rosalba, avant et après son voyage en France, nous efforçant seulement d'y introduire quelqu'ordre chronologique et de mettre à profit les documents inédits qui lui ont manqué, et que nous avons pu consulter ou publier.

---

Rosalba est née en 1675 selon les uns, en 1673 ou même en 1670, selon les autres.

On voit que la date de sa naissance est déjà une difficulté.

Lors de sa mort, en 1757, le comte Antonio Maria Zanetti, son admirateur et l'ami de toute sa vie, écrivoit à Mariette, qui constate le fait dans son *Abécédario*, qu'elle avoit quatre-vingt-quatre ans, ce qui feroit remonter sa naissance à 1673. Mais un mémoire dressé par la signora Angéla Pellegrini, sœur de la Rosalba, également envoyé à Mariette, fixe cette date à 1671, ce qui lui donneroit quatre-vingt-six ans et quelques mois à l'heure de sa mort.

Nous pensions que sur ce point, Vianelli étoit plus près de la vérité qu'Angela Carriera elle-même. Il avoit vu, en effet, sur les registres de Saint-André, qui lui avoient été communiqués par le chanoine Don Antonio Rodomonte, que le père de notre artiste, Andrea Carriera de Constantino, né à Chioggia le 4 mars 1645, et mort à Venise, le 1ᵉʳ avril 1719, avoit épousé Alba di Angela Foresti, de la paroisse de San Basilio, le 25 octobre 1671.

Il étoit improbable que la naissance de l'artiste eût précédé le mariage de son père et de sa mère; mais il ne l'étoit pas qu'elle eût aimé à se rajeunir. On étoit donc dans l'impossibilité de donner une date certaine à sa naissance; son vieil ami Zanetti n'avoit même pu soulever ce voile; quand, tout récemment, les Archives de Venise elles-mêmes nous ont fourni l'acte authentique de la naissance de Rosalba; ce document extrait des registres de l'église de San Gervasio e San Protasio fixe cette date au 7 octobre 1675[1].

1.  CHIESA PARROCCHIALE

    *Dei S. S. Martiri Gervasio e Protasio.*

Attesto io Sottoscritto che Rosalba Zuanna issia del Sig. Andrea Carriera di Costandin e della Sigʳᵃ Alba

Elle reçut les noms de Rosa-Alba qu'elle contracta en un seul, selon la coutume des Italiens, qui recherchent ces sortes d'élisions pour adoucir le langage : elle valut à la Rosalba un nom qui devoit porter bonheur à la petite fille d'un peintre, car Andrea Pasqualino étoit le père de son père.

Bien que pauvre, sa famille étoit dans une situation honorable.

Alessandro Zanetti, cousin du comte Zanetti, par conséquent bien informé à cet égard, constate que cette famille occupa des emplois

---

de Anzola Foresti; uno conste compare V. H. E. Ant° Longo fio del V. H. G. Franco della Contra di S. Vitale, naque li 7 di Ottobri 1675, e Battez, li 17 Ottobri 1675, alla chiesa Par° di Baseggio. — Il Parrocco.

On a cru que Rosalba étoit née à *Chioggia*, et ce qui a pu le faire supposer, c'est que sa famille qui en étoit originaire y demeura longtemps et que les héritiers des Carriera y vécurent toujours. Les Pedrotti, les Penzo et Vianelli lui-même étoient *Chioggiotes*. On montre encore dans cette ville la *maison de Rosalba*, où plutôt celle de son père.

Chioggia ou *Chiozza*, cité de 30 000 habitants sur l'Adriatique, à 12 ou 15 milles de Venise, est réunie à la plage de Brondolo par un pont de 43 arches. Elle n'a point encore été *embellie* et présente les restes vivants les plus curieux des vieilles municipes italiennes. Les pêcheurs forment la plus grande partie de sa population; on les regarde comme un des beaux types de la race primitive de l'Italie. Ils ont souvent servi de modèles à nos artistes, et entre autres à Léopold Robert dans son tableau des *Pêcheurs de l'Adriatique*. S.

importants dans la chancellerie et la magistrature vénitiennes. L'auteur de la *Vie de Rosalba*, dans la série des Portraits des Peintres de la *Galerie de Florence*, dit que le père de Rosalba exerça pendant quelque temps l'office de chancelier dans la petite ville de *Gambarare*[1], à douze milles de Venise et auprès des régiments publics de la République ; plus tard, on le retrouve capitaine et *Vicariato* dans les possessions vénitiennes du Frioul, où il résida avec sa famille dans plusieurs places fortes de ce pays[2].

Le même auteur[3] prétend même qu'Andrea Carriera avoit été admis à la bourgeoisie de Venise (cittadinanza)[4] ; le fait est contesté par

---

[1]. Ville de 2500 habitants, à l'ouest de Venise, sur la Brenda.

[2]. Galerie des peintres de Florence. Les régiments publics de Venise étoient recrutés chez les nations étrangères : en Hollande, en France et en Angleterre. La milice vénitienne ou *Cerniées* ne servoit qu'à garder les places fortes ; elle étoit très-peu exercée, ainsi que ses officiers. Elle représentoit à peu près notre garde nationale. S.

[3]. T. IV, p. 239.

[4]. La *Cittadinanza* se transmettoit par droit de naissance ou décision du grand Conseil. Elle conféroit des priviléges : les *Cittadini* pouvoient entrer dans les charges et les emplois secondaires de la République : secrétaire du sénat, des ambassades, des tribunaux, etc. On les choisissoit parmi les avocats, les médecins, les gros marchands, les fabricants d'étoffe d'or, de soie, les artistes et les verriers. Les *cittadini* avoient le droit de porter la *veste*. S.

Giuseppe Boërio dans sa *Raccolta di Parti*, publiée en 1791.

Ce qui vaut mieux que le droit de bourgeoisie, pour la mémoire du père de la Rosalba, ce sont les lettres qu'il écrivit à sa fille et qu'a possédées Vianelli : elles attestent la noblesse et la probité de son caractère. Le digne chanoine fait à ce propos une remarque naïve. Elles sont, dit-il, d'une bonne écriture, assez semblable à celle de la Rosalba. L'écriture du père ainsi que sa bonne âme aurait donc été léguée à la fille comme un patrimoine.

La Rosalba avait deux sœurs plus jeunes qu'elle : Giovanna et Angela. Toutes deux furent ses élèves et ses collaboratrices assidues dans la préparation de ses pastels. Angela, encore jeune fille, épousa Antonio Pellegrini, peintre vénitien, dont le talent consistoit à brosser avec une facilité inouïe des espaces immenses, et qui avoit une renommée dont le temps a fait justice.

L'enfance et la jeunesse de Rosalba n'ont pas été bien connues. Elle vivoit au milieu de sa famille, souvent aux prises avec le besoin. L'emploi de son père ne suffisoit pas à l'entretien du ménage. Sa mère dut par ses efforts personnels venir en aide aux siens. Elle s'étoit faite ouvrière en dentelles et s'adonnoit à ce travail de Pénélope qu'on a nommé *les points de Ve-*

*nise*, devenus si rares que les princesses de notre temps se les procurent difficilement, même à prix d'or. Andrea Carriera avoit une certaine aptitude pour l'art. Il dessinoit souvent, peignoit un peu, et aimoit à voir sa petite Rosalba l'imiter en copiant ses desseins, avec une fidélité et une justesse qui le surprenoient.

L'enfant avoit l'intelligence prompte et le cœur délicat, elle s'ingénia à venir en aide à sa mère, à dessiner, à composer et à peindre des modèles de dentelles, pour cette spécialité de points de Venise qui n'avoit pas d'égale en Europe[1]. Il ne faut pas oublier qu'un peintre avoit laissé des souvenirs de lui dans cette famille.

Cet atelier vivotoit ainsi au milieu des splendeurs de la décadence vénitienne et traversoit les guerres qui agitèrent le règne de Louis XIV et qui tenoient en émotion nos voisins d'Italie.

Vint le moment où le goût changea et où les points de Venise furent délaissés par les grandes dames. La famille Carriera subit dès lors les pénibles conséquences du chômage.

La mère reporta son activité sur les tapisseries pour meubles; mais Rosalba ne jugeant

---

1. La *Gazette des beaux-arts* a tout récemment publié plusieurs articles sur les livres à desseins des points de Venise, et a longuement expliqué combien les artistes les plus éminents alimentoient l'industrie de ces sortes de compositions. S.

pas cette seconde tentative plus sérieuse, ni plus lucrative que la première, avisa à se créer une profession nouvelle plus digne de son intelligence et de ses efforts.

Une mode surgissoit : l'empire du tabac avoit prévalu ; cette substance réjouissoit toutes les imaginations, et l'usage des tabatières avec leurs décorations si variées devenoit une nécessité de bonne compagnie.

Il y avoit alors à Venise un François nommé Jean Stève, peintre en miniatures sur tabatières. On l'appeloit M. Jean. Rosalba eut l'occasion de demander des conseils à notre compatriote, et bientôt, à son tour, elle se rendit capable de peindre et d'orner les tabatières comme son nouveau maître.

Son goût tout féminin ; son habileté dans l'exercice de ces petits ouvrages, lui avoient acquis une notoriété à Venise.

Vleughels, artiste françois, d'origine flamande, un des premiers parmi nos compatriotes qui la connurent à Venise même, eut l'occasion d'entretenir Mariette de ces essais de la Rosalba.

Ce détail biographique est pourtant contredit par Ant. Mar. Zanetti, mais plus jeune que Rosalba de près de dix ans, et éloigné de Venise pendant son adolescence, il a bien pu l'ignorer.

Néanmoins cette industrie artistique ne suffisoit pas encore aux ambitions légitimes de la jeune fille. L'illustration des tabatières lui avoit fait entrevoir quelque chose de plus élevé que le côté mercantile de l'art; elle dédaigna bientôt un métier puéril. Elle s'adonna donc à la miniature et y fit preuve d'un véritable talent. Ce qui nous en est resté a toute la légèreté, toute la finesse qui justifient les succès du début de Rosalba et si on veut se placer au point de vue raffiné des miniaturistes du dix-huitième siècle, Rosalba, il faut le reconnoître, doit compter au nombre des plus habiles.

Alessendro Zanetti lui donne pour maîtres Antonio Lazzari, Diamantini et le Balestra; ce qui est certain, c'est qu'elle prit plus tard la manière de Pietro Liberi; si elle n'eut pas dans ses sujets la construction savante de son émule, du moins s'efforça-t-elle de leur imprimer plus de fraîcheur et d'éclat [1].

En remontant le cours de l'existence de Rosalba, on remarque que pendant les séjours que faisoit à Venise Andrea Carriera, il conduisit sa fille chez Diamantini, qui lui donna les

---

1. Mariette. — Basan, dans le Catalogue du cabinet de Mariette, dit au nom de Federico Bencowich : « Ce fut cet artiste qui, quoique Hongrois, séjourna longtemps à Venise, et y donna les premiers principes de dessin à la Rosalba. » S.

premières notions de peinture. Elle fit même avec beaucoup d'habileté, et toute jeune encore, plusieurs copies d'après ce maître. Plus tard, ce fut Pietro Liberi, parvenu à l'apogée de ses succès, qui occupa toutes ses pensées d'artiste.

Pietro Liberi est une personnalité à part. Juif de religion, cet artiste avait un vif sentiment de l'art, qu'il entendoit subordonner toutefois à l'amour des richesses. Après avoir étudié les grands maîtres de l'Italie, il s'étoit fait un système à part, dans le but de fixer la fortune. Devançant la poétique de Raphaël Mengs, hébreu comme lui, Liberi avait trouvé la recette pour composer et peindre le tableau sans erreur. Il prenoit le dessin à Léonard, la composition à Raphaël, la couleur à Titien la grâce au Corrége et ainsi de suite. Cet éclectisme lui réussit; cette absence d'originalité fut victorieuse. Pietro Liberi, parvenu au but de ses désirs, très-riche et très-heureux, à sa manière, vécut à Venise dans un magnifique palais qu'il se fit bâtir, entouré d'objets d'art et au milieu d'un luxe digne d'un petit fils de Salomon [1].

On conçoit qu'au bruit de pareils triomphes, Rosalba dut être très-préoccupée des moyens employés par cet ingénieux spéculateur, qui

---

1 Pietro Liberi, mort en 1687, âgé de 82 ans.

n'en étoit pas moins un artiste remarquable, bien supérieur à sa méthode ; car il y avoit en lui et malgré lui comme un précurseur de Watteau. L'imagination de la Carriera voyagea facilement dans le monde de cette fausse gloire. Jeune encore, elle n'en comprit pas tout l'artifice ; elle n'en vit probablement que le brillant. Elle se mit alors à étudier les œuvres de Liberi et à s'en approprier les combinaisons factices à l'aide du pastel pour lequel elle se sentoit une attraction réelle.

Rosalba n'avoit pas cependant négligé la peinture à l'huile ; il paroît même qu'à Venise, où elle s'y étoit adonnée ; on avoit remarqué dans ses portraits une grande délicatesse de touche et « un *fondu* de couleurs qui enchantoient[1]. »

Mais on ne peut fixer une date à cette tentative.

Il en restoit encore du temps où vivoit Vianelli un curieux spécimen chez les dames Pédrotti, de Chioggia, héritières de Rosalba et d'Angela Carriera : c'étoit un portrait à l'huile d'Auguste III, roi de Pologne, en forme ovale, demi-nature, qu'elle peignit, lorsque ce prince, qui passoit pour un des plus beaux hommes de son temps, n'étoit qu'électeur de Saxe. Ce por-

---

1. Vianelli.

trait représentoit Auguste III, avec une grande perruque, et vêtu d'un habit rouge avec une croix sur la poitrine [1].

Le roi de Pologne joua un grand rôle dans la carrière de Rosalba. Il s'éprit avec passion du talent de l'artiste, et sa constance ne se ralentit jamais. Il vint même plusieurs fois la visiter à Venise et choisit dans son atelier diverses miniatures pour son cabinet de Dresde.

Rosalba en avoit été profondément touchée, comme le constate le passage suivant d'une de ses lettres : « La fortune m'a permis de connoître, et de connoître véritablement ce prince pour un des hommes les plus magnifiques, les plus bienveillants et les plus pieux qui aient existé. »

Vleughels nous fournit aussi un témoignage de l'habileté de Rosalba dans la peinture à l'huile. C'étoit en 1712, lorsqu'il étoit à Modène. Il envoyoit à son amie, le 16 novembre, un tableau qui représentoit un *Jugement*, en la priant de vouloir bien l'accepter, il ajoutoit : « Conservez, je vous prie, ce tableau en mé-

---

1. Frédéric-Auguste, électeur de Saxe. Élu roi de Pologne en 1736. Né en 1676. Mort en 1763. Ce portrait passé entre les mains du chanoine *Ravagan*, a été offert par ce dernier à François Ier, empereur d'Autriche, en échange d'une tabatière d'or dont ce prince lui fit présent. S.

moire de moi et comme une preuve de l'estime que j'ai vouée à la plus habile femme du monde; retouchez-le comme il vous plaira, dans les parties qui vous paroîtront défectueuses. Vous peignez à l'huile avec assez de talent pour corriger les ouvrages de ce genre. »

C'est en 1698 que Rosalba commence à être connue comme habile miniaturiste.

C'est en 1700 que sa réputation se répand au dehors de l'Italie, dans le nord de laquelle la guerre avoit conduit les étrangers. Venise, neutre au milieu des belligérants, voyoit visiter ses palais et ses artistes par les officiers des deux armées ennemies. Rosalba, dont le talent avoit une séduction toute particulière, fut comblée de commandes. Chaque visiteur vouloit emporter avec lui sa miniature et montrer dans son pays natal comment une artiste italienne avoit ainsi annobli sa figure. Ce fut pour Rosalba une propagande merveilleuse. A dater de ce moment, les miniatures absorbèrent tout son temps; mais aussi elles fatiguèrent sensiblement sa vue.

A cette époque, Rosalba, avoit déjà, paroît-il, renoncé à la peinture à l'huile, car il n'en est plus question chez ses nombreux biographes.

Elle voyoit à côté d'elle, sans même remonter au passé, des peintres d'une trop grande force, pour accepter la lutte là où elle reconnoissoit son infériorité relative; elle aperçut dans le pastel une voie où ses qualités personnelles pouvoient se déployer et lui créer une position éminente et elle s'y consacra tout entière.

Il est difficile cependant de déterminer l'époque où fut prise sa résolution. Vianelli croit pouvoir la fixer vers 1704. Il cite, en effet, les paroles suivantes d'une lettre de Felice Ramelli, qui lui écrivoit de Rome, le 5 juillet 1704 :

« Je ne sais comment vous expédier les pastels. »

Elle avoit été en relations, même avant 1704, avec un Anglois nommé Colle, qui voyageoit en Italie. Vianelli a eu en sa possession quatorze lettres de cet artiste; quoique écrites en mauvais italien, elles étoient pleines d'enseignements précieux relatifs à l'art. La plus ancienne, datée de Padoue, 9 septembre 1704, étoit ainsi conçue : « Je vais à Rome; de cette ville je ne manquerai pas de vous envoyer quelques pastels; si vous désirez encore autre chose, soit du papier brun (Carta bruna), veuillez me le mander. » — Il lui écrivoit encore, la même année : — « Rome, 1704. — Je vous enverrai quelques pastels par les premiers Anglois. » Et, l'année suivante :

« Rome, 2 mai 1705.

« Le porteur de cette lettre, M. Frankland, gentleman anglais, grand amateur de peinture, ne voudroit pas passer par Venise sans voir la signora Rosalba, justement reconnue pour une des gloires de l'Italie et pour la *prima pitrice* de l'Europe. Je vous prie de lui faire voir ce que vous aurez de terminé soit en miniature, soit au pastel; vos œuvres commanderont l'admiration de cet amateur qui restera votre obligé. »

L'A. (sans doute l'abécédario d'Orlandi), dit Vianelli, à la *Vita di Rosalba*, déjà cité, a donc eu tort de fixer les relations de Rosalba avec Colle en 1708. Elles étoient antérieures, comme on le voit.

« C'étoit en l'année 1708, y est-il dit, époque à laquelle vint à Venise un certain M. Colle ou Cole, Anglais, qui se plaisoit à peindre au pastel.... Tous deux, lui et notre artiste, raisonnoient un jour sur l'art, l'Anglais lui conseilla de peindre à sec (dipignere à secco).... Il lui fit cadeau des restes d'une série de pastels.... Il lui donna en même temps des conseils sur la manière de les employer avec opportunité. »

Il y a donc là au moins une erreur de date, puisque les correspondances de Felice Ramelli et de Colle sont datées de 1704. Mais déjà la célébrité étoit venue à Rosalba. Quoi qu'il en soit, on raconte qu'elle n'eut pas plutôt été initiée aux ressources du pastel, qu'elle se retira à la campagne, chez Gabrielli, vieil ami de sa famille[1]; et là, décidée à se tenir à l'écart de toute influence, elle se prit à peindre d'après nature tout ce qu'elle voyoit. Son premier portrait fut celui de la servante de la maison, puis elle ne s'arrêta que lorsqu'elle eut peint tous les membres de la famille.

Sûre alors de ses forces, elle revint à Venise, où cette nouvelle transformation grandit encore sa célébrité. On la cite bientôt, après Colle, comme la *prima pitrice* de l'Europe en miniature et en pastel.

Ce n'étoit cependant ni l'Anglais Colle, ni Rosalba qui avoient fait la découverte du pastel, dont la trace pourroit être retrouvée jusque dans les temps les plus reculés. La peinture à l'eau (à la détrempe, *al Guazzo*, à la gouache) devoit tout naturellement faire songer à l'emploi des couleurs sèches. De la détrempe au pastel il n'y avoit que la distance d'une journée de soleil; c'étoit l'emploi des mêmes éléments.

La gomme et la colle, agents de liaison des

1. Le *Journal de Rosalba* en fait souvent mention. Voir aussi page 135.

couleurs à la détrempe, donnoient aussi au pastel la solidité et la fermeté. Les couleurs *détrempées* à l'eau, devinrent *pastel* quand elles purent se fixer en pâte (*pasta*) et sécher à l'air.

Les plus anciens maîtres avoient évidemment connu ce procédé. Il ne seroit pas difficile d'en constater les vestiges dans les esquisses, les cartons et les études qu'ils nous ont laissées. Plus tard Léonard de Vinci, Corrége, Mantegna, Baroche, le Guide ; les peintres françois Janet Clouet, Dumonstier, Lagneau s'en étoient approprié certaines qualités. On pourroit affirmer que le pastel étoit dans le domaine public de l'art; et que les artistes l'employoient habituellement dans la plupart de leurs travaux préparatoires.

Nous pourrions encore retrouver l'application du pastel dans les besoins des peintres à la fresque.

La fresque, cette disposition plus compliquée mais plus durable de la peinture à l'eau, obligeoit les artistes à réaliser avant le travail précipité de l'enduit *fresco*, le tableau que leur imagination s'étoit créé. L'opération de la fresque ne devoit rien laisser au hasard, tout devoit être prévu, écrit et fixé devant les yeux du peintre avant le moment où il exécutoit son œuvre dans la pâte *fraîche* (*fresca*).

Le carton à la détrempe en offroit bien l'image anticipée.

Mais la couleur à la pâte sèche s'en rapprochoit encore davantage ; elle rendoit les mots et les fortes clartés de la fresque ; elle s'harmonisoit merveilleusement avec le sentiment des quatorzième, quinzième et seizième siècles et avec les douces et robustes colorations de la nature dont on étoit alors fortement pénétré.

On ne peut donc douter que la *pasta* ne fût une très-ancienne pratique, une relation correspondante aux nécessités absolues de la peinture à *fresca*.

Mais à la fin du dix-septième siècle le pastel étoit plus qu'un sens méthodique ; il devenoit un goût. Nanteuil avoit déjà produit grand effet par ses portraits au pastel[1]. Lebrun s'en étoit servi pour peindre quelques célé-

---

1. Robert Nanteuil fut un des peintres qui vulgarisa le plus les portraits au pastel. Il en fit beaucoup, et de très-remarquables. « Lorsque le Prince héréditaire de Toscane vint en France, en 1670, il alla visiter Nanteuil, lui demanda son portrait pour la célèbre collection de portraits d'artistes que réunissoit son oncle, le cardinal Léopold de Médicis, et lui acheta beaucoup d'autres de ses ouvrages, si j'en crois le nombre des beaux pastels de Nanteuil qui sont encore aujourd'hui au Musée des Offices à Florence. » (Cabinet de l'amateur, p. 245.) S.

brités et Vivien s'en étoit déjà rendu familières les finesses et les ressources. Domenico Tempesta, collaborateur de Nanteuil et des Edelinck, trouvoit le temps de faire quelques pastels qui étonnoient Paris et ses amis d'Italie. A Florence, *Giovanna Fratellini*[1], miniaturiste comme Rosalba, qui l'avoit précédée dans le succès, se sentoit attirée vers ce mirage. Elle produisoit autour d'elle un bruit que la Vénitienne dut souvent envier, et si nous groupions quelques faits et quelques dates, peut-être ne seroit-il pas difficile de constater que ce fut Giovanna Fratellini qui excita le plus son émulation.

Déjà livrée aux entraînements du grand monde par la vogue de ses miniatures, Rosalba jugea bien vite ce que cette voie nouvelle promettoit. La palette du miniaturiste lui avoit révélé l'intensité des carmins, des outre-mers, des verts d'iris; ces couleurs riches en vivacité l'amenèrent à la recherche des séductions du pastel[2].

C'est donc par le côté brillant, par la fraîcheur et l'éclat, qu'elle entreprit de conquérir

---

1. Née le 27 octobre 1666, à Florence, morte le 12 octobre 1729.

2. Lorsqu'on examine les miniatures ébauchées de Rosalba, on est tout étonné de voir combien sous sa main, cette manière de peindre, prise en elle-même, renferme de charme et d'éclat. Ses préparations ne sont que des

la faveur universelle ; et de doux et de sobre qu'il étoit, le pastel devint sous sa main chatoyant et magique. Les transparences nacrées, les veloutés moëlleux, les colorations ardentes, les gris argentins, captivèrent le public. Tout le monde fut pris à ce prisme éclatant, à ce charmant artifice, qui masquoit avec une disposition tout inconnue, l'insuffisance des compositions et du dessin de Rosalba.

En 1703, on voit déjà tout l'attrait qu'elle inspiroit aux artistes :

La *Clementina* de Bologne la recevoit au nombre de ses membres, et Ferdinando Niccolini lui écrivoit à l'occasion d'un tableau qu'elle lui envoyoit, sans doute pour sa réception, la lettre suivante, qui nous a été conservée par *Zanotti* le poëte et l'historiographe :

NICOLINI A ROSALBA.

« Bologne, 26 juin 1703.

« Pendant que Giuseppe Cresta dit *lo Spagnuolo* (c'est sans doute Cresti ou Crespi[1] dont

---

*frottis*; mais jetés sur l'ivoire clair et mat, elles fournissent déjà une puissance de coloration inconnue aux autres miniaturistes, restés dans les pratiques plus sourdes quoique plus savantes, des maîtres du dix-septième siècle.   S.

1. Giuseppe Maria *Crespi*, dit *Lo Spagnulo*, né à Bologne, en 1665, mort en 1747.

il est question à l'*Abecedario*) admiroit votre bel ouvrage et louoit particulièrement la fidélité du dessin et la *deligenza* du coloris ; quelqu'un s'écria : « Oh ! quelle fortune pour un « peintre qui auroit pour épouse une si vir- « tuose émule de l'art ! » et Cresta dit aussitôt : « Pour que ce couple fût complet, il faudroit « ressusciter Guido Reni lui-même. »

Guido Reni passoit alors pour un parangon de l'art. Le temps l'a bien fait déchoir. L'expression de Nicolini n'en constate pas moins quelle place occupoit la Vénitienne dans l'estime des artistes du dix-huitième siècle.

C'est en 1705, au mois de mars, qu'elle est agrégée à l'*Académie de Saint-Luc* à Rome. Elle y envoie son tableau de réception, et Colle l'Anglais se hâte de l'aller porter chez le peintre Chiari.

### COLLE A ROSALBA.

« Rome, 19 septembre 1705.

« Hier, je suis allé chez Giuseppe Chiari[1], peintre, où je trouvai le chevalier Carlo Maratti, prince de l'académie. Je lui présentai votre tableau que tous deux admirèrent. Maratti le tint plus d'une demi-heure en mains en di-

---

1. Né à Lucques, mort à Rome, âgé de soixante-treize ans.

sant que vous aviez choisi un sujet d'une grande difficulté, blanc sur blanc (lumière sur lumière veut-il dire: le jeu, la force de la lumière est vraiment remarquable dans ce tableau). Vous avez fait preuve d'une grande maestria que Guido Reni lui-même n'auroit pas surpassée. Je n'ose pas répéter toutes les louanges que Carlo Maratti ce grand peintre faisoit de votre mérite; votre modestie croiroit y reconnaître une flatterie.

« J'ai encore fait voir votre tableau au Sig, Giuseppe Ghezzi[1], habile peintre et secrétaire de l'académie, qui y a aussi beaucoup applaudi. Il le fera voir au Pape[2], qui se complaît beaucoup aux choses d'art. Le prince de l'académie et le secrétaire m'enverront un brevet que je vous porterai moi-même à Venise... Je voudrois, et toujours, faire bien plus pour vous donner une immortelle renommée. »

En 1709, le roi de Danemark, Frédéric IV, passe à Venise; il commande à Rosalba son portrait ainsi que ceux en miniature des douze plus jolies Vénitiennes. Ce prince se dirige ensuite vers Florence et demande à Giovanna Frattellini une seconde miniature de sa per-

---

1. Mort âgé de quatre-vingt-sept ans.
2. Clément XI.

sonne : mais la lutte n'est déjà plus possible pour la Florentine ; Rosalba est en plein succès ; elle a maintenant conquis l'admiration européenne. Il ne lui reste plus qu'à conserver cette renommée fragile soumise pour les artistes à une si périlleuse instabilité.

Rosalba n'épargnoit rien pour fixer la fortune. Le nombre considérable de ses correspondances en Italie ou en Allemagne atteste combien elle soignoit et cultivoit ses relations. Nous la voyons écrire à l'Électeur palatin le 25 juillet 1710 à propos d'une médaille d'or qu'elle en avoit reçue par l'entremise de *Riparini*[1], en retour d'un pastel que ce prince allemand lui avoit demandé.

Cette médaille suspendue à une chaîne et à un anneau d'or pesant 200 onces étoit renfermée dans une boîte en vermeil de 600 écus. Voici la lettre de Rosalba :

Venise, 25 juillet 1710.

Très-Sérénissime Prince,

« Je pensois que mes pauvres travaux pouvoient à peine arriver à une aussi grande fortune que celle d'être admis sous les yeux très-cléments de votre Altesse sérénissime ; je

---

1. Giorgio Riparini : il en est parlé au *Journal de Rosalba*, page 173.

vois au contraire mon humilité toute confuse d'une abondance de faveurs qui témoigne si hautement du royal caractère de celui qui en fait don. Vraiment votre Altesse sérénissime agissant en grand prince ne pouvoit prendre mesure que sur elle-même.

« Je m'incline avec la plus profonde soumission devant les effets de sa haute générosité ; je reçois ses faveurs dans un pieux silence. Elles suffiroient à donner du prix à la plus simple de ses actions et seroient encore bien supérieures au témoignage le plus humble de mon profond respect.

« Qu'il vaille donc une action de grâces ce vœu solennel que je forme pour que le Seigneur accorde à V. A. S. de longues années de vie pour la félicité de ses États florissants et pour la gloire de ses très-fidèles sujets, parmi lesquels je la prie très-humblement de me compter, si ce n'est par droit de nature, du moins par le choix de mes sentiments. De Votre Altesse Sérénissime Électorale

« La très-humble, très-dévouée et très-obéissante servante

« ROSALBA CARRIERA. »

Nous avons dit que Rosalba se faisoit aider par ses deux sœurs, Giovanna et Angéla, avec lesquelles il paroît qu'elle vécut dans la plus douce et la plus constante intimité.

Giovanna, plus jeune qu'elle, avoit aussi peint la miniature; c'étoit sa préférée et son amie par excellence. Elle aimoit son caractère doux et simple, son courage incessant au travail. Angéla d'ailleurs fut naturellement appelée à se séparer souvent de ses sœurs; elle s'étoit mariée de 1710 à 1712 avec Antonio Pellégrini, peintre vénitien, grand importateur de la peinture facile dans les palais et les châteaux de l'Europe.

Vianelli possédoit de cet artiste un dessin à la plume qui représentoit les deux nouveaux mariés, c'étoit le couple le mieux assorti sous tous les rapports, Angéla étoit belle et Pellégrini un cavalier d'excellente mine [1].

Le recueil des portraits gravés des peintres à Florence accorde à Pellégrini une physionomie expansive et cordiale, mélange de franchise et de finesse de la belle race vénitienne.

En 1713, le petit cercle de famille se diminua d'un de ses membres; Angéla dut partir pour l'Allemagne avec son mari qui alloit exécuter de grands travaux de peinture à Dusseldorf.

1. Note de Vianelli. Voir aussi à l'*OEuvre* de Rosalba.

L'affection des sœurs n'en fut pas pour cela atteinte ; le succès de Pellégrini ne fit pas oublier à Angéla la maison paternelle ; et une longue suite de lettres à Rosalba affirment la constance de leur amitié.

L'année 1715 marque heureusement dans la vie de Rosalba. C'est celle où Pierre Crozat faisoit ce fameux voyage d'Italie, et s'occupoit de cette moisson de tableaux et de dessins de maîtres qui rendit son cabinet si célèbre.

Il vit à Venise Rosalba et fut, comme tous, charmé de son talent et de son caractère.

Il étoit déjà le plus grand amateur d'art de l'Europe, le plus riche et le plus passionné ; ses collections avoient une réputation européenne, il aimoit à les communiquer à tous les artistes et en vrai financier à les produire et à en vulgariser les beautés. Son cabinet provoquoit l'attention et la curiosité de tout ce qui s'occupoit d'art[1]. Rosalba fut certainement très-attirée vers ce grand centre, excitée par les récits des artistes voyageurs. Crozat lui-même lui proposoit de la transporter au milieu de ses richesses et de lui donner son hôtel pour demeure ; il ne quitta pas Venise sans obtenir

---

1. C'est à Mariette que sont dus le goût et la recherche des dessins. Avant lui on les dédaignoit beaucoup et sauf quelques rares amis des arts ils n'étoient conservés que dans les familles des artistes. S.

de Rosalba la promesse de faire un voyage à Paris.

Ce dut être à peu près à cette époque 1715 à 1716) qu'elle fit la connoissance de John Law, le fameux financier écossais qui devoit plus tard précipiter la France dans le plus funeste des leurres financiers.

John Law, exilé, fuyoit la justice de son pays. Il s'étoit fixé assez longtemps à Venise, la ville où il pouvoit le plus librement jouer en grand ses coups de pharaon et combiner ses projets de banque et de crédit universels. On sait que Venise étoit alors le plus vaste marché de commerce de l'Europe et la cité où tous les riches négociants comme les aventuriers se réunissoient de préférence. Law visant plus haut, au temps de la mort de Louis XIV, se rendit à Paris, où son commerce familier avec Rosalba fut une suite naturelle de leurs relations à Venise.

En ~~1721~~ 1719 le 1ᵉʳ avril, Andrea Carriera de Constantino, père et chef de la famille, mourut à Venise. Vianelli nous dit que Rosalba en ressentit une douleur cruelle. Elle aimoit beaucoup ce digne père dont la vie avoit été si difficile, et elle se réjouissoit d'avoir pu par son travail adoucir les jours de sa vieillesse. Pellégrini étoit en ce moment en Angleterre, où lord Cadogan l'employoit à décorer sa maison de campagne. Il revint aussitôt à Venise, et c'est en passant par Paris que, rendant visite à Law, il s'engagea à peindre pour le nouveau contrôleur général, le plafond de la grande salle de la Banque où l'heureux spéculateur devoit assembler les hauts fonctionnaires de son administration.

Pellégrini étoit un terrible prestidigitateur. En quelques mois il composa et exécuta son gigantesque travail. Mais Law étoit encore arrivé plus vite au dénouement de son système. Il avoit ruiné la France, fui et disparu avant de liquider le pauvre Antonio.

Lorsque Crozat pressoit la Rosalba de tenir sa promesse; quand il lui offroit la princière et généreuse hospitalité de son hôtel; quand en février 1720 [1] il la félicitoit de la détermination qu'elle avoit prise enfin de se rendre à son appel et de venir à Paris : Paris et la France entière étoient sous le charme; Law étoit tout-puissant, le monde entier admiroit celui que la Rosalba avoit connu à Venise réduit pour vivre aux expédients du baccarat et de la bassette.

Ce fut donc en mars 1720 que Rosalba avec sa mère, ses deux sœurs et Pellégrini, qui étoit revenu à Venise, s'éloigna de sa ville natale et

---

1. Lettre de Crozat, note 22, pages 18, 22.

se dirigea vers Paris, où elle arriva en avril, après s'être arrêtée à Lyon [1]. Zanetti, dont les collections prenoient une extension considérable, impatient de connoître Paris et ses objets d'art, Zanetti, partit aussi avec eux.

Zanetti, plus jeune que Rosalba, avoit été à la fois l'ami de sa jeunesse et celui de sa famille. Il resta fidèle à la Vénitienne jusqu'à son lit de mort. Fut-il quelque chose de plus qu'un admirateur platonique pour la « *casta diva* »? A cet égard aucun éclaircissement ne nous est fourni par les nombreux documents que nous avons compulsés. S'il y a ici un mystère du cœur, il est enseveli dans la tombe. Il n'est point levé par le testament de la Carriera qui n'y prononce pas le nom de Zanetti, et il laisse intacte et pure la mémoire de la femme à laquelle Antonio-Maria Zanetti survécut dix ans encore.

Nous avons nécessairement peu de chose à dire sur le séjour des Carriera à Paris, d'avril 1720 à avril 1721. Le Journal et les notes qui l'accompagnent remplissent complétement et minutieusement cette période.

Les moindres actions de l'artiste y sont rappelées, jour par jour et heure par heure; il suffit que le lecteur s'y reporte.

---

1. Introduction de Vianelli, pages 18, 22.

Il y retrouvera sa réception chez Pierre Crozat; ses visites, ses dîners chez Law; les fêtes que son hôte donna pour elle; ses relations avec tous les artistes et les amateurs du temps, les portraits qu'elle peint et toutes les illustrations qui posent pour elle, sa réception à l'Académie royale de peinture, en un mot, l'engouement de tout Paris pour la célèbre Vénitienne, puis son retour à Venise par Strasbourg et la Souabe, ainsi que tous les faits qui se rattachent à son inscription solennelle et définitive sur le registre des membres de l'Académie, lorsque, selon l'usage, elle lui adresse son tableau de réception.

On la revoit dans son atelier de Venise au mois de mai 1721. Rendue à elle-même, elle ne cesse de correspondre avec ses amis de Paris, Crozat espère toujours qu'elle y reviendra et lui répète dans ses lettres que son appartement est encore dans l'état où elle l'a laissé et tout prêt à la recevoir.

Mariette avec sa galanterie toute françoise lui écrit que les « deux tableaux envoyés par elle à Rigaud sont admirables, et qu'il faudroit être insensible aux grâces pour ne pas être touché de celles qu'elle répand dans ses ouvrages [1]. »

---

1. Note, p. 284 du mois de décembre.

Law que nous avons vu s'enfuyant de France, poursuivi au dedans par la fureur populaire, et au dehors de nos frontières par ses plus puissants créanciers [1], s'efforçoit surtout d'échapper à deux curieux persécuteurs, l'un lord Londonderry, à qui il devoit des sommes considérables; et l'autre, l'envoyé du czar de Russie, qui vouloit l'accaparer par raison d'État pour se faire enseigner la manière d'enrichir et de réchauffer ses peuples [2].

L'homme au système recula devant les perspectives de la Sibérie.

Après avoir dépisté ses ennemis, comme un renard écossais, et s'être hardiment montré à Bruxelles, à Cologne, à Bonn [3] après de fausses marches et contremarches, il apparoissoit tout à coup à Venise en 1721. Revenu dans ce foyer de toutes les industries européennes, et sur le théâtre de ses premiers succès, c'est sous le nom françois de Dujardin qu'il y déguisoit encore sa trop célèbre personnalité.

« Il préféroit cette ville pour retraite où son indigence faisoit taire la calomnie et désarmoit

---

1. Lord Londonderry, à qui il devoit une grosse prime, suivoit Law à la piste par toute l'Europe.
2. Lemontey.
3. Marais, janvier 1721.

l'espion [1] que Dubois avoit attaché à ses pas pour découvrir les trésors qu'on lui supposoit à l'étranger. » Venise étoit en outre un lieu d'asile pour celui qui ne cherchoit pas à surprendre les secrets du conseil des Dix. Law y étoit presqu'en paix tentant pendant la nuit la fortune du pharaon, son pain quotidien, et rêvant le jour à ses théories financières. Mme Law l'avoit rejoint à Venise avec ses deux enfants que nous avons vus à Paris si choyés par les Mississipiens ; mais les temps étoient bien changés pour le grand alchimiste [2]. Il n'étoit plus alors que le mauvais génie de la France.

Pellégrini n'avoit été payé par Law qu'en monnaie de faillite ; il n'hésita pas, voyant son débiteur à Venise, à le poursuivre judiciairement. Crozat avoit vent de l'itinéraire de son ancien adversaire ; il écrit à Rosalba (19 juillet 1721) pour lui conseiller de ne pas laisser passer cette occasion. « Il estime trop l'habileté de Pellégrini pour ne pas croire qu'ayant pour ainsi dire M. Law entre ses mains, il ne profite de cette situation.... vous devez savoir mieux que personne ce qu'il en est. Il est impossible que M. Law ne vous ait pas fait

1. L'abbé Rivière (Lemontey).
2. Voir notes de Mlle Law, *Journal de Rosalba*, p. 36.

visite[1]. » Le bruit courut même à Paris que Law avoit payé à Pellégrini une somme de 25 000 francs. Mais on faisoit tant de contes à Paris sur ce malheureux Law que cette liquidation posthume peut bien avoir été inventée par les faiseurs de nouvelles.

Quant à Rosalba, elle paroît avoir voulu garder le silence sur cette question délicate, car Crozat reste, dans ses lettres, ignorant du résultat des poursuites de Pellégrini.

Il se pourroit bien que Law, dans un de ces moments de veine qui visite les joueurs, ait pu s'acquitter envers un peintre auquel la qualité de citoyen de Venise donnoit une arme puissante contre un débiteur étranger.

Ce qui est plus certain, c'est qu'à dater de 1721 les relations entre Rosalba et Law semblent cesser; malgré le tact de la Vénitienne, elle n'avoit pu sans doute, autant qu'elle l'eût désiré, rester étrangère aux griefs de son beau-frère contre l'Écossais.

La question d'argent se seroit ainsi dressée entre eux.

En tout cas, on ne peut que poser ici un point d'interrogation.

Law, déchu de ses grandeurs, se déroboit peut-être aussi à ses amitiés d'autrefois.

1. Lettre de Crozat à Rosalba, p. 317.

Quoi qu'il en soit, son flegme tout britannique ne l'avoit pas abandonné, et son ardeur pour les spéculations, pour les brouillards d'un nouveau Mississipi ou pour quelque pactole imaginaire ne s'étoit pas ralentie.

« Il eut encore le courage de présenter aux chefs de sa nouvelle patrie des projets économiques, mais il n'obtint qu'un froid silence de ce gouvernement immobile [1]. » La mort arriva pour Law en 1729, au moment où il voyoit que ses plus vastes conceptions ne rencontroient plus que l'indifférence et l'ironie. « *Barbarus qui bene loquitur, sed nihil probat,* » disoit-on à Venise [2].

Rosalba, muette sur l'existence de Law, redoubloit de soins pour ses amitiés de Paris. Elle envoie à Rigaud plusieurs dessins au pastel pour reconnoître le don de ses portraits, qu'elle avoit reçus de lui en décembre 1720. Elle entretient avec Crozat et Mariette une correspondance très-suivie. Ce dernier la charme sans cesse par ses compliments et ses éloges.

---

1. Lemontey.
2. Lemontey. — John Law fut enterré dans l'église de *San Germiniano*, et après la démolition de cet édifice (vers 1802), ses restes furent transportés à *San Mosè*, où son tombeau se voit encore. S.

## P. N. MARIETTE A ROSALBA.

« 22 octobre 1722.

« Vous pouvez être modeste tant que vous voudrez ; vos ouvrages vous démentiront toujours assez. Si vous répudiez les louanges, pourquoi vos ouvrages sont-ils si parfaits ; tant il est vrai qu'un grand génie se cache en vain. »

1723 est encore une année triomphante pour Rosalba.

Rossi[1] lui propose de faire les portraits des six princesses de Modène. Mariette dit que ce fut sur la sollicitation de Mme d'Hanovre, leur grand'mère, que Rosalba avoit connue à Paris, « et qui avoit en cela ses vues, car elle leur vouloit chercher des maris[2]. »

Vianelli a trouvé la proposition de Rossi dans une note très-incomplète de Rosalba :

« 29 juin 1723.

« Rossi vint me proposer de faire les six
« portraits des princesses modénaises. »

Malheureusement ce journal, interrompu du 10 juillet au 4 décembre 1723, nous enlève

1. Quirico Rossi, poète, né en 1696, mort en 1760 à Parme.
2. Mariette. Notice de l'*Abecedario* (Rosalba Carriera), page 168.

tout l'intérêt de son voyage à la résidence ducale, où elle se rendit avec Giovanna.

Nous le recomposons à peu près avec les fragments des lettres qu'elle adressa à sa sœur Angéla au milieu des efforts qu'elle faisoit pour satisfaire la famille des princes souverains de ce duché.

« Modène, 23 octobre 1721.

« Bénies soient ces princesses et leur père[1], qui ne pensent à autre chose qu'à m'être agréables et qui me prient de ne partir d'ici que selon mon bon plaisir; à tout ce que je fais, ils ne cessent de dire : *C'est superbe, c'est de plus beau en plus beau*, et puis encore : *Mais elle travaille trop; personne ne peint avec tant d'habileté*... Je ne dors pas depuis deux nuits, je ne sais si c'est pour avoir trop travaillé ou si je me suis enrhumée. »

Rosalba dut trouver dans cette petite cour une des filles du Régent, Mlle de Valois[2], qui depuis peu de temps avoit épousé le prince héritier de Modène[3] : elle avoit quitté la France avec un si vif regret, que toutes les étapes de son voyage furent marquées par des crises de

---

1. Renaud, duc de Modène et de Reggio, fils du duc François II, de la maison d'Est, régna de 1694 à 1737.
2. Charlotte Aglaé d'Orléans.
3. François d'Est, connu plus tard sous le nom de François III.

désespoir, des fièvres, des maladies, ou même allongées par des fêtes, le tout dans le but de voir le plus longtemps possible le pays de France, où elle laissoit le jeune duc de Richelieu et où tant de plaisirs avoient occupé sa jeunesse.

Rosalba fut tout particulièrement bien traitée par le prince héréditaire, qui, plus tard, sous le nom de François III, la revit à Venise, lorsque, chassé de ses États après avoir pris part contre la France dans la guerre de succession de 1745, il dut demander un refuge à la république Sérénissime.

Il y avoit à Modène une riche collection de tableaux appartenant au duc régnant, parmi lesquels on voyoit la *Madeleine* du Corrége[1], maintenant à Dresde, qui dut singulièrement la préoccuper, car elle en fit une copie réduite au pastel qui eut à Venise une grande réputa-

---

[1] Cette Madeleine fut achetée par Algarotti avec deux autres portraits de Rosalba, pour le roi Auguste III. Dans une lettre qu'Algarotti écrit à Mariette de Potsdam, le 13 février 1751, à propos des acquisitions qu'il avoit faites pour le roi de Pologne, il lui dit : « On diroit « qu'elle a été dessinée (la Madeleine) par *le Guide*, co- « loriée par *Van Dyck* et animée par *le Dominiquin!* »

Il lui annonce aussi que c'est à Zanetti qu'il a acheté deux beaux tableaux de Seb. Ricci, « destinés pour la ga- « lerie d'un prince qui jugeoit des arts en artiste et les « récompensoit en souverain, je parle du duc régent. Il « mourut dans le temps qu'on y travailloit. » S.

tion. Ce cabinet princier étoit riche de cinq autres Corrége, parmi lesquels se trouvoit *la Nuit*, de plusieurs Titien et d'un Paul Véronèse[1], dont nous aurons occasion de constater la destinée.

Rentrée dans sa famille, Rosalba n'est occupée qu'à répondre aux exigences, peut-on dire, de toute l'Europe.

Les Anglais surtout ne veulent pas traverser Venise sans conquérir un ouvrage de la Vénitienne. Le consul britannique, J. Smith, lui aussi, amateur d'art et fanatique des peintures de Seb. Ricci, est sans cesse occupé à diriger sur l'Angleterre les pastels que ses nationaux sont impatients d'acquérir. Les grandes dames veulent peindre à la manière de Rosalba. Une jeune princesse de Rocca Colonna, fixée à Palerme, vient à Venise pour apprendre cet art nouveau qui séduisoit le monde. Rosalba suffit à cet empressement universel; toujours bonne et charitable, elle veut qu'une enfant, qu'une petite servante qu'elle avoit recueillie chez elle et dont elle étoit depuis longtemps la bienfaitrice, devienne la véritable héritière de son talent et de son bonheur.

Il lui avoit semblé reconnoître chez cette petite fille d'heureuses dispositions et une in-

---

1. Livre du musée de Dresde.

telligence précoce. Elle se passionnoit à l'instruire, et lui apprenoit toutes les finesses du pastel. Cette orpheline n'est rien moins que *Félicita Sartori*: celle-ci devoit devenir célèbre à son tour et enthousiasmer l'Allemagne. La passion pour sa personne et son talent mit à ses pieds M. de Hoffman, le vieux conseiller de l'Électeur de Saxe, réputé comme le type achevé, et le plus précieux modèle des hommes de cour. Conquis par la petite fille de Venise, lorsqu'il vint prendre possession d'une partie de la collection du consul anglais J. Smith, le diplomate lui fit hommage de son blason, de ses richesses et de ses cheveux blancs. Devenue veuve, Félicita Sartori continua ses ravages dans les cœurs saxons et séduisit de nouveau un second de Hoffman, neveu du précédent, qu'elle épousa, dit-on, en souvenir de la vénérable galanterie de son premier mari.

Rosalba n'oubliera jamais son élève, et jusqu'à son dernier soupir elle se souviendra de sa Félicita Sartori.

Une autre jeune Vénitienne avoit montré dès son enfance beaucoup de goût pour la poésie, c'étoit *Luiza Bergalli*[1]; comme Rosalba, elle avoit souffert d'une enfance pauvre et labo-

---

1. Née le 15 avril 1703.

rieuse, fidèle à l'affection de ses parents et pour se consacrer à leur vieillesse, la jeune fille avoit refusé d'être présentée à la cour de Vienne, malgré les instances du poëte Apostolo Zeno. Luiza Bergalli vouloit aussi devenir peintre. C'est à Rosalba qu'elle demanda des conseils, et c'est d'elle qu'elle apprit à peindre le portrait.

Luiza venoit de faire jouer son *Agide di Sparta* que Venise acclamoit comme une grande espérance littéraire. Tout en s'initiant au talent de la Carriera, elle adressoit à son maître ses admirations rimées, dont le chanoine de Chioggia n'a pu nous conserver que quelques fragments, à côté de celles de son mari, le comte Gasparo Gozzi, qu'elle épousa plus tard [1].

Ces faits se passoient vers 1725.

En 1726, Vianelli nous montre Rosalba très-occupée de ses correspondances avec Paris; Mariette lui avoit envoyé le portrait d'un amateur qu'elle aimoit et respectoit, l'abbé de Maroulle, peint par Charles Coypel.

Voici ce qu'elle répond avec son empressement habituel :

---

1. Elle épousa, en 1738, le comte Gasparo Gozzi, poëte, noble vénitien. Luiza Bergalli, outre de nombreuses tragédies et drames, a traduit en italien les tragédies de Racine. S.

« Venise, le 29 juin 1726.

« J'ai reçu avec un bien grand plaisir le cadeau que vous avez bien voulu me faire ; il m'est doublement cher, puisque c'est le portrait de l'abbé de Maroulle que je vénère, et qu'il est l'ouvrage de M. Coypel que j'estime beaucoup. Recevez-en tous mes remercîments ; je vous serois encore plus redevable, si vous vouliez avoir la complaisance de m'indiquer en peu de mots quelle est la manière d'employer le pastel que possède M. le comte de Morville. Si c'est une bonne chose, je l'attribuerai à la fortune, qui me vient de la nation françoise ; elle m'aime plus que je ne le mérite, mais je le lui rends de tout mon cœur. Il faudroit que je fusse Françoise pour répondre dignement à toutes les aimables expressions de votre lettre. Mais simple Vénitienne, si je suis réduite à garder le silence, je n'en sens pas moins combien je vous suis obligée.

« Rosalba Carriera. »

La pratique du pastel passionnoit le siècle. Toute la société s'en occupoit, comme elle s'occupe aujourd'hui de la photographie.

Avec cette peinture à sec, matte, mais toujours claire et facile à retoucher ; avec ces gammes toutes préparées d'avance, de tons, de demi-tons les plus insaisissables de la palette, on croyoit avoir fait une grande découverte, et un grand pas dans le sens matériel de l'art : on n'avoit créé qu'un moyen de plus pour sa trop grande et trop facile vulgarisation.

Il n'y avoit personne qui ne se crût capable de copier la nature, on en avoit sous la main toutes les tonalités et les dégradations les plus subtiles. Tout le dix-huitième siècle se sentoit inévitablement attiré vers cet aimant, tous mettoient la main à ces crayons en pâte, depuis les jeunes demoiselles de notre cour de France, jusqu'à cet homme de fer, Frédéric le Grand, qui distrayoit dans sa prison de Custrin, ses ennuis de Prince-Royal par la portraiture du pastel[1]. On n'y voit que trop qu'un grand capitaine peut faire un très mauvais peintre.

Aussi chacun avoit-il son système, chacun sa découverte. Le comte de Morville, comme

---

1. *Les Musées d'Allemagne*, par Viardot. Dans la *Kunsthammer* ou Cabinet de curiosités, au milieu des vieux émaux de Limoges, de Murano et de Bohême et des outils de Pierre le Grand, laissés à Saardam, de la chaise de Gustave Adolphe et l'épée de Charles XII, on voit quelques peintures de Frédéric le Grand, qu'il fit lorsque son père le tenoit prisonnier, entre autres le portrait d'une jeune femme ouvrant un livre sur lequel Frédéric a écrit ces deux vers :

Si je pourrois vous complaire ;
C'est là tout ce que j'espère.         S.

les autres, se faisoit alchimiste pour trouver une vertu nouvelle dans les secrets du pastel, et ses recherches intriguoient Rosalba. Cependant, sa raison toujours solide ne la trompoit pas à ce sujet : « J'aurois bien à dire sur le pastel [1], répondoit Rosalba à ses interrogateurs, mais je sais bien que la réussite d'une œuvre tient à autre chose qu'aux crayons ou au papier d'un artiste. Les recettes sont de bonnes indications pour les peintres, mais le travail matériel n'est qu'un aide secondaire. »

Du reste, elle avoit scruté depuis longtemps les éléments et les ressources du pastel. Toute une correspondance s'étoit échangée, dès 1719, entre elle et son ami le chanoine Casotti. Celui-ci désiroit connoître les doses et qualités de la gomme pour lier les couleurs ; elle lui répondoit que « les artistes spéciaux ne lient pas les pastels avec la gomme, mais bien avec de la craie de tailleur et de l'écaille pilée ; elle a essayé de ceux de Frandres et de Rome [2] ; » mais les pastels de Paris lui semblent supérieurs à tous.

C'est encore à propos de M. de Morville que Crozat lui écrit, le 15 mai 1727 [3], pour obte-

---

1. Vianelli.
2. Vianelli.
3. Voir à la page 270, le fragment de lettre.

nir un pastel comme pendant de celui que M. Roland d'Aubreville a offert au comte de Morville. M. de Morville lui avoit écrit lui-même pour solliciter cette faveur; mais il falloit l'intervention de Crozat pour que Rosalba se détachât de ses nombreux travaux et pour qu'elle consentît à se prêter à la fantaisie du célèbre amateur qui, non content d'un tableau de Rosalba, vouloit avoir un pendant; c'est en 1728, vers le mois de mars, que Rosalba terminoit ce second ouvrage. Crozat et Mariette sont toujours les affectionnés auxquels elle ne refuse rien, même quand elle doit supporter une contrainte ou une peine pour les satisfaire.

Elle avoit renoncé aux miniatures depuis longtemps, sa vue affaiblie par le travail et la ténuité de ce genre de peinture, lui en avoit interdit la pratique. M. de Caylus, qu'elle a vu à Paris, dont elle a pris les conseils et qui a été un de ses plus chauds admirateurs, à ce point qu'il insistoit si vivement, pour lui faire exécuter le portrait d'une des plus belles dames de Paris, près de laquelle il étoit fort assidu; M. Caylus brûle encore du désir d'avoir une miniature de la main de Rosalba. C'est Mariette qui se charge de cette délicate commission et qui en reçoit cette réponse :

A M. Pierre Jean Mariette.

« Venise, 4 avril 1727.

« En lisant les premières lignes de votre si estimable lettre, je me disois : l'avantage d'être connue pour l'amie de M. Mariette n'est pas pour lui ; il est pour moi, et j'en aurai un plus grand encore dans l'honneur de le servir. Mais en continuant à lire, comprenant qu'il est question d'une miniature, une difficulté bien grande s'est présentée à moi, qui ai cessé de m'exercer depuis si longtemps dans ce genre de peinture. Cette difficulté augmente encore lorsque je comprends qu'elle est demandée par une personne de goût qui s'y entend et qui dessine elle-même ; déjà je me déterminois à la prier de ne pas me donner cet embarras qui pouvoit ne pas me faire honneur. Mais lorsque j'arrivai au nom vénéré de M. le comte de Caylus, je restai toute surprise, sans oser rien décider, si ce n'est de faire tout ce qui me seroit possible pour lui être agréable, mais que pourrois-je entreprendre lorsque je réfléchis que ce que je ferai sera vu par des yeux aussi intelligents ? Quoique j'aie depuis longtemps abandonné la miniature, je tenterai quelque chose pour prouver tout mon respect à M. le comte de Caylus, et ma bonne volonté à mon bon génie, M. Mariette. Certaine que mon ouvrage ne méritera pas la moindre approbation, j'espère cependant quelque indulgence pour ma bonne volonté. Les seigneurs Anglais m'occupent beaucoup à faire des portraits au pastel, j'en ai plusieurs à finir en ce moment et j'ai le regret de ne pouvoir m'occuper immédiatement de votre demande. Je ne puis assez vous dire combien j'ai ressenti la perte de M. l'abbé de Maroulle et combien vous me faites rougir de faire tant de cas du petit ouvrage qu'il tenoit de moi! Je vous écris à la hâte, la commission pour M. Zanetti en est la cause. Je me réserve de vous dire, dans une autre lettre, combien je vous suis reconnoissante, ainsi que ma mère et mes sœurs.

« ROSALBA CARRIERA. »

La miniature tant désirée est achevée au mois de décembre suivant, et Rosalba l'expédie à M. de Caylus par les soins de l'ami commun, A. M. Zanetti. Elle en avise Mariette en prenant toutes les précautions possibles pour que son ouvrage soit jugé dans les conditions toutes particulières où il a été exécuté [1].

Elle n'oublie ni Mme de la Fosse, la veuve du peintre qu'elle a connue lors de son voyage à

---

1. Voir à l'*OEuvre* de Rosalba aux ventes de *Caylus*, *Vassal* et *Saint-Hubert* et *Blondel de Gagny*, la miniature de Rosalba. S.

Paris, ni Mme Mariette, qu'elle n'avoit pu connoître en 1720 ; car Mariette, à cette époque, étoit encore garçon ; mais Mme de la Fosse et Mme d'Argenon, qui recevoient de Crozat, dans son hôtel même, la faveur d'un logement, s'étoient naturellement liées avec Rosalba.

A M. Pierre Jean Mariette, a Paris.

« Venise, 14 novembre 1727.

« Vous n'avez pas besoin d'excuses, puisque c'est à moi de vous remercier de ce qu'en m'écrivant vous m'avez appris que votre épouse et Mme Lafosse avoient recouvré la santé ; j'ai été bien heureusement délivrée de l'inquiétude où j'étois à leur égard. Je vous prie de présenter à l'une et à l'autre mes compliments, en les assurant de tout le contentement que j'éprouve de les savoir guéries. Quant à nous, Dieu merci, nous nous portons bien, mais ce que je crains le plus c'est que l'on croie que je sois habile à quelque chose et de ne pas l'être ; de sorte que, lorsqu'il s'agit de servir un ami ou un maître, je suis réduite, à mon grand déplaisir, à ne pouvoir accomplir ce que je voudrois et je me vois forcée de les faire attendre, comme le comte de Caylus et M. Mariette qui ont eu la bonté de se prêter à mes lenteurs.

« Autrefois, si mes miniatures n'étoient pas

bonnes, au moins elles étoient faites avec soin. A présent, elles n'ont ni l'un ni l'autre mérite. Je vous prie de présenter mes hommages à M. le comte de Caylus et lui dire que M. Zanetti s'est chargé de lui faire passer la miniature par un moyen sûr, et d'en chercher tout de suite l'occasion. Je rends mille grâces au souvenir de M. *Gravelle* [1], avec d'autant plus de raison que je le mérite moins. J'admire aussi en lui l'affabilité de votre nation. Quant à M. Mariette, ne trouvant pas de termes qui puissent lui exprimer combien je lui suis redevable, je lui proteste seulement que je me croirois trop fortunée si je pouvois, comme M. de Gravelle, avoir l'honneur de lui dire de vive voix, etc.

« R. Carriera. »

Rosalba, nous l'avons dit, avoit de puissantes attaches avec l'Allemagne; l'électeur palatin[2], le duc de Meckenbourg[3] et plusieurs princes souverains correspondoient avec elle: mais une plus grande satisfaction lui étoit réservée. Charles VI, empereur d'Allemagne, dernier

---

1. Amateur de pierres gravées, connu par son recueil en deux volumes in-4°. Ouvrage rare, dont il a été tiré très-peu d'exemplaires.
2. Charles-Albert Cajetan, Électeur de Bavière.
3. Christian-Louis (voir page 144).

rejeton de sa maison, voulut, comme le roi de France, se faire peindre par notre artiste, et la fit appeler à Vienne par l'antiquaire Domenico Bertani, où elle se rendit en mars 1730.

Ici se présente une contradiction avec Mariette, qui fixe ce voyage en 1735, et avec Alessandro Zanetti, qui lui assigne la même date. Vianelli établit la vérité en produisant une lettre de Pellégrini ainsi conçue :

« Vienne, 8 février 1730.

« J'ai déjà avisé Sa Majesté l'impératrice du désir que vous éprouviez de vous mettre à son service; cette nouvelle lui a causé le plus grand plaisir. J'irai donc à votre rencontre aussitôt que vous m'aurez prévenu. »

Le chanoine étoit plus que personne à même d'affirmer cette date de 1730, puisqu'il tenoit en mains les lettres de Giovanna et Rosalba, à leur mère alors à Venise, pour l'entretenir de leurs travaux et de leurs succès à la cour de Vienne, où elles étoient occupées à peindre les portraits de l'empereur, de l'impératrice et de l'archiduchesse : « Précieux témoignage, dit-il, des bontés dont Rosalba fut l'objet, des prévenances qu'elle rencontra non moins que de tout ce qu'elle vit et de ce qu'elle fit dans cette capitale.

« J'y vois aussi, dit-il, combien elle se recommande aux prières de sa mère, afin de pouvoir répondre à tant de travaux ; comme elle soupire après l'époque où les grands seigneurs abandonnent la ville pour lui laisser quelque répit. » Elle fournit aussi quelques détails sur l'habitation qui lui avoit été offerte, et elle dit à sa mère : « Si on pouvoit d'un coup de baguette enchantée quitter cette demeure et nous rendre notre petite maison de Venise, comme nous serions heureuses ! »

Cette petite maison qu'elle préfère à tous les palais, elle y étoit revenue au mois d'octobre 1730. Une lettre de l'abbé Ramelli du 10 décembre de cette année, est, en effet, adressée à Rosalba à Venise.

« J'ai reçu dernièrement les plus agréables nouvelles de Vienne du signor Sampellegrini[1]. »

Le voyage de Rosalba à Vienne est l'apogée

---

[1] Don Bartolomeo Sampellegrini, prêtre de Plaisance, peintre de mérite et qui n'a jamais été cité par personne. Rosalba l'avoit connu à Vienne et vu très-souvent à Venise. Clément XII lui donna des marques de sa satisfaction, lors de son séjour à Rome; Sampellegrini se rendit ensuite à la cour de Naples, où il reçut des témoignages de la munificence royale. Je possède de lui douze lettres pleines d'admiration pour le talent de Rosalba. Il lui dit son désir ardent de la voir revenir à Vienne. Il la félicite des honneurs qu'elle recevoit de l'empereur d'Allemagne et lui souhaite que Dieu les lui multiplie et lui permette d'en jouir longtemps. V.

de ses succès. L'impératrice régnante[1] y mit le comble en voulant devenir son élève. « Cela se met volontiers dans une vie d'artiste, dit Mariette, quoique appréciée à sa juste valeur ce ne soit pas grand'chose. »

De 1732 à 1737, rien de caractéristique ne parut troubler ni varier la vie uniforme et laborieuse de Rosalba. Son existence se passe dans un travail incessant avec sa sœur Giovanna. La féconde artiste ne se dément pas un instant.

Elle remplit l'Europe de ses œuvres : elle continue sa correspondance avec Pierre Crozat et lui envoie son portrait au pastel[2].

Pendant ces cinq années si bien occupées, elle est absorbée par d'autres travaux sans se douter peut-être du malheur qui la menace.

Le 9 mai 1737 devient pour elle une date fatale, et va cruellement compter dans sa vie : sa compagne, son aide, son amie Giovanna, sa sœur, lui est enlevée par la mort.

« C'étoit la plus excellente fille du monde, qui étoit la meilleure amie de la Rosalba et qu'elle n'a jamais oubliée[3] », dit Mariette.

L'année suivante, Rosalba perd encore sa mère, la signora Alba di Angelo Foresti Car-

---

1. Élisabeth-Christine de Wolfenbuitel-Blakenberg, née le 28 août 1691.
2. Le 15 décembre 1732.
3. Mariette, *Abecedario*.

riera. Elle mouroit dans un âge très-avancé, entourée de l'affection et du respect des siens. D'une grande énergie de caractère, diligente et ordonnée entre toutes, elle avoit été pour ses filles un exemple de ce que peut une mère quand elle veut faire des femmes de bien, autant et plus que de talent.

Les annales de Rosalba, en dehors de ses efforts d'artiste et de ses relations du monde, n'offrent donc qu'une tranquille uniformité. Comme toutes les Vénitiennes cependant elle aimoit la musique; elle chantoit avec un goût parfait. Le prince de Mecklenbourg venoit souvent l'entendre et l'accompagnoit sur le violon, dont il étoit grand amateur. Cet instrument, comme le clavecin, étoit également familier à Rosalba. Nous l'avons vu jouer du violon chez Crozat, et nous constatons encore par la correspondance de ce dernier, qu'excellente musicienne, elle composoit des airs sur les poésies que ses amis lui adressoient.

Il ne doit pas être douteux que son amie, Luiza Bergalli, qui fit l'admiration de Venise, ne fut souvent sa collaboratrice, comme elle l'étoit de la célèbre cantatrice Faustina.

Elle chantoit aussi avec infiniment de goût, et, fidèle à ces traditions des grands peintres du seizième siècle à qui tous les arts étoient familiers, elle aimoit à faire des vers. Le sonnet étoit en Italie la forme privilégiée des poëtes amateurs. Rosalba ne manqua pas d'en rimer quelques-uns; Vianelli conservoit un fragment autographe de l'une de ces pièces qu'il nous a transmis. Il est difficile de juger l'inspiration de Rosalba sur ce sonnet presque informe, composé dans le dialecte vénitien, mais il témoigne au moins de sa facilité et il est une nouvelle preuve de la variété de ses aptitudes.

C'est à propos d'une joûte au sonnet entre elle et sa sœur Giovanna, que Rosalba, se sentant vaincue, avoue humblement sa défaite. Giovanna avoit le trait railleur et la pointe incisive; elle réussissoit assez bien à ce jeu de l'esprit. Rosalba l'intitule :

PETITE CONSOLATION POUR LA SIGNORA ZUANNA.

A deux sonnets je ne fais d'autre réponse
   Sinon que je cède volontiers.
Oui, à cette lutte je me vois toujours vaincue
   Aussi, je mets de côté tous débats,
     Je n'irai plus exprès,
Je n'irai plus l'attaquer de sang-froid,
Puisqu'auprès d'elle, je ne vaux même pas
   Une châtaigne rôtie.
Ah! je croyois avoir la langue bien fine,
Mais j'ai une sœur qui est mon maître
Et qui a l'esprit plus satirique que le mien.
On me demandera qu'elle est cette demoiselle;

Ne le devinez-vous pas? C'est une *Chietine*[1],
Elle seule peut être plus maligne que moi.

Gasparo Gozzi[2], l'impressario universel de Venise, le mari de Luiza Bergali, le poëte burlesque et jovial ne manqua pas d'offrir à Rosalba un échantillon de son talent. C'est à propos d'une friandise envoyée à Gozzi par notre artiste que le surintendant des impressions de la République lui adresse les remercîments d'un palais reconnaissant. On doit se mettre au diapason des enthousiastes gourmets de l'Italie pour savourer un morceau d'une poétique aussi gastronomique. Il faudroit être Berchoux ou Brillat Savarin pour le traduire dignement.

A TRÈS-GRACIEUSE SIGNORA ROSALBA CARRIERA
GASPARO GOZZI.

Croquons ces doux morceaux, ô mes mâchoires,
Jusqu'à ce que nous ayons dégusté ce délicieux présent,
 Gosier, entrailles, soyez en joie.

[1]. *Chietine* est un mot vénitien dont on ne peut rendre l'expression malicieuse c'est une petite sournoise, pour ainsi dire. S.

[2]. Né à Venise en 1713, mort en 1786, réviseur des livres et surintendant des impressions de la République, rédacteur en chef de l'*Osservatore Veneto periodico* (1768). *Lettere famigliari*, 1765. — *Mondo morale*, 1760, etc., etc. Directeur d'un des trois théâtres de Venise. S.

Réjouissez-vous rate, poumons et foie,
  Là n'est besoin de cuisinier, ni de charbons,
Tout est prêt, il n'y a plus qu'à y mettre la dent.
O tartelettes, de vous je garderai le souvenir,
Et vous fruits à manger à genoux.
Ainsi je parlois, et mes crocs s'approchoient
Quand vint ma femme qui me dit : Laissez,
Que j'envoie ces chateries à mes bambins.
Oh! alors je me donne deux coups de poing et
  deux soufflets,
De désespoir je m'arrache les cheveux,
En criant, hélas! hélas! O Christ, que ne suis-je
  moine!
A ces marmots il ne suffit pas que vous leur donniez
Berceau, nourrice, pain, bouillie, breuvage et viande,
  Et lange et bas et pelisse :
  Tout en moi se hérisse,
    Quand je songe qu'il me faut rendre grâce
    Pour toutes ces bonnes choses
    Que les bambins vont croquer à ma barbe.

Nous avons vu aussi le grave Mariette se soumettre au tribut des sonnets[1] et déposer aux pieds de Rosalba l'hyperbole italienne, qui la comparoit à Orphée et la proclamoit fille des roses et de l'aurore; Luiza Bergalli ne ménageoit pas sa fécondité poétique. Pour célébrer Rosalba, nous avons déjà cité[2] quelques vers de cette amie des bons et des mauvais jours.

1. Page 167.
2. Page 88.

Ses passe-temps littéraires et musicaux, ses relations avec Zanetti, son compagnon infatigable, type de l'artiste amateur; ses attentions pour ses proches parents, Pédrotti et Penzo et leurs enfants, ses lectures de tout ce qui se publioit en ouvrage d'art : telles étoient les seules récréations de Rosalba; et elles ne réussissoient pas toujours à vaincre ses tristesses. Elle étoit absorbée aussi par la continuité des visites qu'elle accordoit aux voyageurs de distinction qui passoient à Venise et qui, tous, s'empressoient d'aller considérer la *Prima Pitrice*.

Les *Libri di Ricordi* qu'elle ne cessoit de tenir et que Vianelli a vus, seroient de précieux documents sur elle-même et sur son époque, si nous avions pu en retrouver la trace. Ils nous auroient conservé les particularités curieuses de ce temps où l'électeur de Saxe, épris de ses ouvrages, où tous les princes allemands, enchantés de ses pastels, faisoient le voyage de Venise pour obtenir la faveur d'une séance, heureux de retourner à leurs cours après s'être vus traduits et transfigurés par l'enchanteresse italienne.

Parmi les plus intéressantes visites, auroit dû figurer en première ligne l'entrevue qu'elle accorda à un de nos plus spirituels écrivains, le président de Brosse, lorsqu'il fit, en 1739, ce voyage d'Italie qu'il a raconté dans des lettres restées comme un monument de verve gauloise.

Le président, au milieu de ses bons mots sur la ville des doges, consacre quelques lignes à Rosalba ! « Mais, dit-il, ne seroit-on pas fâché de ne m'entendre rien dire sur la Rosalba, cette fameuse peintre de portraits au pastel, qui a tout surpassé en ce genre ? J'étois tenté de lui faire faire le mien, si je n'avois pensé que ma figure ne valoit pas *trente sequins*. En récompense, j'eus la folie de lui offrir vint-cinq louis d'or d'une *Madeleine* grande comme la main, qu'elle a copiée d'après le *Corrége*; et, par bonheur pour mes vingt-cinq louis, elle ne veut pas s'en défaire[1].

Cette *Madeleine* est celle qu'elle a reproduite au pastel d'après le tableau de la galerie de Modène, devenue celle de Dresde, alors qu'elle faisoit le portrait des princesses de la famille d'Este.

Nous revoyons Rosalba en 1745. C'étoit l'époque où l'Europe étoit en feu. Louis XV, dans la guerre de la succession d'Autriche, gagnoit la bataille de Fontenoi, et envahissoit le Milanais et le nord de l'Italie contre les princes alliés de la maison de Lorraine. Le duc de Mo-

---

1. Lettre du président de Brosse à M. de Quintin, 26 août 1739.

dère, François III, étoit un de ces derniers. Trop faible pour résister longtemps à l'invasion ennemie, il étoit allé demander asile au doge Pietro Grimani, à Venise.

Sans nul doute, il revit Rosalba, qu'il avoit connue à Modène en 1723, peu après son mariage avec Mlle de Valois, car on constate les relations de ce prince, avec Zanetti.

François III, réduit aux tristes ressources de l'exil, dut faire argent de tout ce qui lui restoit. Son duché envahi et mis sous séquestre, il lui étoit difficile de réaliser ses richesses. Il trouva cependant en Auguste III, électeur de Saxe, roi de Pologne, allié au roi de France, un acquéreur capable, par sa position politique et par le rôle qu'il avoit joué dans la dernière guerre, de prendre possession de ses tableaux.

Il lui vendit plus de cent toiles pour 96,000 sequins.

Nous voyons figurer encore dans cette grande affaire, qui sera la source du *Musée de Dresde*, notre Zanetti, négociateur du roi de Pologne avec le comte Villio, ministre de Saxe à Venise, Ventura Rossi, peintre du roi Auguste, Piétro Guarenti de Dresde; Zanetti estimoit excessif le prix de 96,000 sequins, et prétendoit que s'il avoit été seul chargé de la négociation, il auroit obtenu de bien meilleures conditions :

« Au lieu de sequins, dit le Vénitien qui connoît son monde, on auroit dû faire les offres en florins. *Perche fa piu strépitoso il numéro*[1] ».

Auguste III, l'amateur roi fut, nous l'avons dit déjà, un des plus constants admirateurs de Rosalba. On sait ce que le musée de Dresde doit à ce prince. Indépendamment de son goût pour les anciens maîtres, ses entraînements le portoient à rechercher tout ce qui sortoit des mains de Rosalba. Il passoit sa vie à commander, à suivre et à recouvrer les œuvres de la Vénitienne. Les pastels, les miniatures, les portraits, les dessins, ne suffisoient pas aux désirs du roi. Son ministre, le comte Brühl[2] agent de cette œuvre de collectionneur, est toujours en quête de Rosalba et de ce qu'elle produit[3]. Un jour, Au-

---

1. Le sequin d'or de Venise en 1720 valoit 11 fr. 81 c. de notre monnaie. Les 96 000 sequins formoient donc un total de 1 133 760 fr.
Le florin de Saxe ne valoit que 8 fr. 08 c. Il falloit 140 310 florins pour faire la valeur de 96 000 sequins. Le nombre de pièces de monnaies étoit donc plus considérable et devoit produire plus d'effet *piu strepitoso* comme disoit Zanetti. Cette transaction importante fut signée en 1745 et 46. S.

2. Le comte de Bruhl avoit une très-belle galerie. Un recueil de ses principaux tableaux a été gravé à *Dresde* (1754). Il contient 68 estampes. S.

3. C'est Leleu qui étoit à Paris l'agent de la cour de

guste entend dire que le plus charmant portrait de Rosalba est celui qu'elle a peint pour une amie, la donna Marina Capitana. On affirme que l'artiste s'est encore surpassée et que le portrait est une merveille peinte et parlante. Le roi le demande à la donna Marina, qui le refuse ; mais il revient à la charge et lui fait offrir 150 sequins d'or et un service magnifique de porcelaine de Saxe d'une valeur égale. La tentation fut trop vive. Les tasses et les cafetières de Meissen tournoient toutes les têtes. L'original subjugué par le plus bel échantillon des manufactures royales, livra son portrait contre le service et les sequins.

La galerie de Dresde est encore toute parlante des goûts du roi Auguste.

C'est là que l'on peut juger les portraits des

Saxe pour les objets d'art et les articles *Paris*. Presque tous les tableaux de l'École flamande et particulièrement les Womermans qui sont à Dresde ont été acquis par Leleu. Il envoyoit ensuite des dentelles précieuses pour la princesse royale et jusqu'à des pâtés de Périgueux et d'Angoulême en quantité. Il recevoit de Dresde en retour, pour Madame la Dauphine, fille du roi de Pologne, des porcelaines de Saxe, fabriquées à Meissen, qui mirent toute la France en goût de cette curiosité céramique. On sait que la princesse Marie-Joseph de Saxe, fille de Frédéric-Auguste III, roi de Pologne, avoit épousé Louis, Dauphin de France, fils de Louis XV et père de Louis XVI, de Louis XVIII et de Charles X. (*Livret de Dresde.*) S.

princesses de Modène : *Anne-Amélie Henriette*, *Anne-Amélie-Joséphine*, et celui de leur père, le duc *Renaud*. Portraits qu'une convention secrète livroit peut-être forcément au royal amateur. On y trouve aussi ceux de l'impératrice *Élisabeth*, épouse de Charles VI, et de l'impératrice *Amélie*, épouse de Joseph Ier.

Mais l'œuvre capitale de Rosalba dans ce Musée est le portrait de *Metastase* qui, peint en vive lumière, donne à l'illustre Italien comme une seconde vie; on sent que le peintre a eu sous ses yeux un modèle digne de ses efforts.

La correspondance de Rosalba nous laisse quelques documents sur ses relations avec le cardinal Alessandro Albani[1], de l'ancienne famille Albani de la branche d'Urbain, neveu du pape Clément XI. D'abord nonce extraordinaire auprès de l'empereur d'Allemagne, Albani étoit resté collecteur passionné; et mettoit une ardeur extrême à rassembler dans sa villa Albani, les tableaux, les statues, les bronzes de prix qu'il pouvoit acquérir.

Comme tous les amateurs de cette époque, il aimoit le talent de la Rosalba et recherchoit ses œuvres. Vianelli cite la lettre suivante qu'elle en reçut en 1745.

---

1. Né le 15 octobre 1692, mort aveugle le 11 décembre 1779, âgé de 87 ans; cardinal en 1721.

Signora Rosalba.

« Rome, 1er mai 1745.

« Le tableau, représentant *la belle Muse*, que vous m'avez envoyé, m'est arrivé en bon état, il vous concilie toute ma gratitude, c'est vraiment une œuvre digne de votre excellente main ou du plus grand goût. C'est délicat au delà de toutes mes espérances, bien que ma confiance dans votre rare mérite fût sans bornes. Vous avez déjà reçu les quarante sequins et une autre somme, que je vous ai envoyée antérieurement, il ne me reste donc maintenant qu'à accomplir la promesse que je vous ai faite, pour le chocolat ; je vous l'enverrai à la première occasion. Je vous remercie d'ailleurs cordialement de la bonté que vous avez eue pour moi, et de la diligence que vous avez mise à m'envoyer les quatre tableaux. Ils sont le plus bel ornement de ma demeure et n'ont fait qu'augmenter le désir d'avoir de vos ouvrages ; plus j'en possède, et plus je voudrois en posséder. Vous pouvez donc être certaine que ce sera pour moi une faveur singulière quand vous aurez le temps de m'en envoyer quelques autres ; que ce soit des sujets d'imagination, des portraits ou tout autre chose qu'il vous plaira de peindre. Je vous prie du meilleur et du plus vrai de mon cœur d'être persuadée que je saisirai toutes les occasions de vous être utile et agréable et de croire à l considération distinguée que j'ai pour vous. Je prie Dieu de vous combler de ses biens selon votre désir.

« ALLESS. CARD. ALBANI. »

Le second tableau représentoit une Cléopâtre. — Les quatre tableaux étoient au pastel.

A partir de 1745, Rosalba entre dans le déclin de son talent et de ses forces. Le mal d'yeux dont elle avoit souffert toute sa vie se transforme en une infirmité déplorable; elle est menacée de perdre la vue.

Venise elle aussi atteignoit la vieillesse de l'art. Ses artistes, les derniers enfants de la grande race, s'éclipsoient et ne renaissoient plus. Mais c'étoit encore Venise qui tenoit la tête de l'art italien; Canaletti, Guardi, Marieschi étoient dans la force de leur talent. Tiépoli, Sébastien Ricci, Piazetta, Bernardo Belotto, Angeli, tous Vénitiens, devoient être les derniers des artistes de l'Italie.

Si cette notice ne menaçoit pas de nous entraîner trop loin, nous pourrions évoquer les contemporains de Rosalba, nous la retrouverions avec Zanetti, avec Joseph Smith, le consul d'Angleterre, qui se glorifioit de posséder le portrait de la Carriera et le faisoit graver pour en populariser les traits [1]; avec Capretta, le marchand d'objets d'art de Venise qui lui achetoit souvent ses pastels, avec Algarotti le gentilhomme-brocanteur qui disputoit à Rossi, l'honneur et le profit du titre de pourvoyeur des acquisitions de Sa Majesté Auguste III.

Goldoni et Métastase vivoient aussi à cette époque qui voyoit naître Alfieri.

Mais réduit ici à d'obscures probabilités, nous devons nous abstenir à regret, et laisser au lecteur compétent le soin de faire revivre lui-même ces brillantes personnalités qui projetèrent sur Venise un dernier éclat.

Les documents les moins incertains nous sont encore fournis par ses amis de Paris. Pierre Crozat étoit mort le 24 mars 1740 en léguant aux pauvres le produit de ses immenses collections [2]. Mais Mariette ne cessoit d'écrire à Venise, sentant que Rosalba s'affoiblissoit : il insistoit pour obtenir un pastel de sa main affoiblie [3]. Rosalba veut mettre à ce dernier travail tout ce qu'elle conserve de force

---

1. Par Wagner. Voir au *Portrait* de *Rosalba*.
2. Testament de Crozat, p. 109.
3. Mariette lui écrivoit : « Si vous vouliez peindre pour moi quelque belle figure de jeune homme avec la grâce et le naturel qui n'appartient qu'à vous et à Corrége.... Tout ce qui sort de vos mains est prodigieux. »

et de savoir, et elle le termine dans les premières semaines de 1746. Elle écrit à Mariette pour le lui annoncer. Elle s'informe de Mlle d'Argenon qu'elle n'avoit pas vue depuis vingt-cinq ans, mais dont la voix et le talent musical l'avoient vivement émue à Paris: elle félicite Mariette sur le mariage de sa fille aînée; vingt-quatre ans auparavant c'étoit lui-même qu'elle engageoit à prendre épouse. Une nouvelle génération s'est élevée entre le mariage du père et celui de la fille, et cet événement la reporte au bon temps de Paris, à ses succès, à ses amis frappés de mort; aux survivants qu'elle aime davantage, mais dont elle est éloignée; puis aussi à son âge avancé, à son impuissance dans les jours mauvais qui s'approchent : douce et triste mélancolie des vieillards.

Cette lettre à Mariette est l'avant-dernière qu'elle écrivit de sa main : elle reste aussi comme un dernier écho de ses plus chères affections.

A M. Pierre Jean Mariette, a Paris.

« Venise, 5 février 1746.

« M. Zanetti, en vous faisant espérer le petit tableau que je préparois pour vous être offert, mais qui n'est peut-être ni beau ni bon, sera la cause, qu'en le voyant vous le trouverez misérable et indigne de vous. J'y ai mis toute ma bonne volonté : mais vous savez bien que cela ne suffit pas toujours ; enfin vous le verrez, et je vous prie d'avance de compatir à ma peine. Je vous remercie de votre bonne intention de m'envoyer des pastels ; quoique je sois presque certaine que je ne pourrai jamais user tous ceux dont vous m'avez fait présent. Je vous remercie encore plus d'avoir bien voulu me faire participer aux joies de votre famille, en m'apprenant que vous aviez fait choix pour mademoiselle votre fille d'un digne époux ; je me le figure d'un mérite égal, mais non supérieur, à celui de sa fiancée. Je me réjouis avec ma sœur de cet heureux événement, et je vous prie d'offrir aux mariés toutes les bénédictions que notre ancienne amitié peut désirer pour eux. Lorsque vous voudrez bien me faire l'honneur de m'écrire, je vous prierai de me donner des nouvelles de Mme d'Argenon, afin qu'elle sache que la caisse qui contient le pastel, représentant un jeune garçon, est prête. Je n'attends qu'une occasion favorable que me trouvera mon ami Zanetti. J'ai heureusement perdu celle que je croyois bonne, mais qui n'étoit pas sûre pour beaucoup de raisons. Je voudrois que ce tableau fût déjà parti, puisque vous avez la bonté de le désirer. J'espère que vous ne l'attendrez pas longtemps. Je serai bien heureuse de penser que vous trou-

verez dans cet objet un bien faible témoignage
de l'estime avec laquelle je suis votre servante

« ROSALBA CARRIERA. »

L'occasion ne se présenta que quelques mois
après. Mariette reçut le pastel annoncé vers la
fin d'août 1746 ; c'étoit bien le testament d'artiste de la Rosalba. Il appartenoit de droit à
l'admirateur de toute sa vie. Aussi Mariette le
trouva-t-il digne du Corrége [1].

Rosalba ne travaille plus ; elle se repose, ou
plutôt elle gémit de cette infirmité terrible pour
tous, plus terrible encore pour elle qui a tant
usé et abusé des yeux. Elle entend le bruit se
faire autour des pastels de Raphaël Mengs[2], qui

1. Il a été vendu 350 livres à sa vente. Numéro 6 du
catalogue de Mariette
2. Mengs (Antoine-Raphaël), surnommé le *Raphaël
de l'Allemagne*, né en 1728, mort en 1779. Son père,
Ismaël Mengs, étoit peintre au pastel et en émail du roi
de Pologne Auguste. Il eut pendant un temps une immense renommée. — Son rôle fut considérable dans
le siècle dernier. On le proclamoit l'égal de Raphaël
Sansio. En lui se réunissoient toutes les qualités des
grands maîtres. Mariette, qui ne se payoit pas de paroles,
le juge avec son œil infaillible. « Il a fait de retour à
Dresde, dit-il, des portraits au pastel qui ont reçu de
grands applaudissements, et plusieurs ont mérité de
trouver place dans un cabinet où le roi de Pologne en
a beaucoup rassemblé de la *Rosalba*. Ceux de Mengs se
distinguent par un grand fini ; mais on m'assure qu'il s'en
faut de beaucoup qu'ils approchent, pour la fraîcheur,

veut peindre l'époux de *Felicita Sartori*; elle assiste au succès universel, immense de *la belle Chocolatière* et de *la belle Lyonnaise*, de Liotard[1]; succès qui projette tant d'éclat sur des teintes et la fermeté de la touche, de ceux de *Rosalba*... Mengs, il faut l'avouer, est correct dans son dessein, et sa façon de peindre est séduisante ; il peint avec une *propreté* et un soin qui font l'admiration et l'étonnement des *demi-connaisseurs*. Mais pour ceux qui ont des yeux et qui sont en état de juger du vrai mérite, cet artiste ne passera jamais que pour un peintre froid et sans verve, bien éloigné de la place qu'occupe Raphaël, et dans laquelle ses partisans voudroient le faire asseoir. J'ai vu de ses académies dessinées ; elles sont de glace. Il avoit une sœur nommée Thérèse qui a peint aussi au pastel. » Raphaël Mengs est aujourd'hui à peu près oublié, lui, ses peintures et ses *considérations sur le beau* ainsi que les pensées de Winckelman dont il étoit l'inspirateur ; « cet antiquaire ne voyoit que par ses yeux, » dit Mariette. Le musée de Dresde possède les meilleurs pastels de Mengs. S.

1. Liotard (Jean-Étienne), né à Genève en 1702, eut un grand succès dans le siècle dernier pour ses pastels, ses miniatures et ses portraits en émail. On l'appeloit le *peintre Turk*, parce qu'il étoit resté plusieurs années à Constantinople, et qu'il garda toujours le costume oriental : la barbe et la lévite ; très accueilli à la cour de Marie-Thérèse, il vit aussi la France, l'Italie, la Hollande, et mourut à Genève en 1776. Sa *belle chocolatière* fait encore l'admiration et le bonheur de tous les touristes, au musée de Dresde. Et c'est par des milliers d'exemplaires que la gravure en a été vendue. Le modèle de ce tableau a été *Mlle Baldauf*. Mais celui de *la belle Lyonnaise* a été *Mlle Lavergne* nièce de Liotard.

« A Paris, dit Mariette, on estima ses pastels pour ce qu'ils valoient, on les trouva secs et faits avec peine ; la

la jolie *Baldauf*, que le comte *Dietrichstein* amoureux du portrait, épouse le modèle. Elle pressent enfin *La Tour*[1] qui sera le prince des pastellistes.

couleur tiroit presque toujours sur celle du pain d'épice; de plus, ses têtes parurent plates et sans rondeur, et si la ressemblance y parut assez bien saisie, on crut reconnaître que cela ne venoit que de ce qu'il avoit plutôt pris la charge que la véritable forme du trait qu'il imitoit. L'Académie de peinture, dans laquelle il auroit fort désiré être admis lui fit sentir qu'elle n'y étoit pas disposée, il prit sur cela son parti, etc.... »

Jean-Michel *Liotard*, son frère, étoit graveur et travailla longtemps à Venise pour le consul Smith, ami de Rosalba.

A côté de la critique sévère de Mariette il est intéressant de voir celle d'Algarotti.

« J'ai acheté, dit-il à Mariette, du fameux Liotard un tableau de pastel d'environ trois pieds de hauteur. Il représente en profil une jeune fille de chambre allemande, qui porte un bassin sur lequel est un verre d'eau et une tasse de chocolat. Cette peinture est presque sans ombre, dans un fond clair, et elle prend son jour de deux fenêtres dont l'image se réfléchit dans le verre. Elle est travaillée à demi-teintes avec des dégradations de lumière insensibles, et d'un relief parfait. La nature qu'elle exprime n'est point maniérée; et quoique peinture d'Europe, elle seroit du *goût des Chinois*, ennemis jurés de l'ombre, comme vous le savez. Quant au fini de l'ouvrage, pour tout dire en un mot, *c'est un Holbein en pastel*. » S.

1. Latour (Maurice-Quentin de), né en 1704 à Saint-Quentin, est considéré comme le plus remarquable des pastellistes. Mariette dit de lui : il n'a pas dans sa couleur la fraîcheur qu'a mis dans la sienne *Rosalba*, mais il dessine mieux. Il entre dans le plus grand détail, et il

Rosalba comprend que son rôle est fini ; sa vue est compromise, si elle n'est à peu près perdue. C'est bien l'heure opportune pour elle et pour son prestige de disparaître en un pareil moment.

Le voile s'abaisse jour par jour sur son regard ; les ténèbres l'envahissent, et bientôt une cataracte épaisse la condamne à l'immobilité.

Cependant elle ne désespère pas encore de revoir le jour. Au mois d'août 1749, elle subit l'opération de la cataracte sur un œil seulement ; et elle profite de cet éclairci éphémère pour écrire à Mariette et pour lui annoncer le résultat en apparence favorable.

A M. Pierre-Jean Mariette, a Paris.

« Venise, 23 août 1749.

« Notre ami commun, Zannetti, vous aura fait savoir comment, pendant l'espace de trois ans, j'ai été privée de la vue, et vous apprendrez de ma propre main comment, grâce à la bonté divine, je l'ai recouvrée. J'y vois, mais, comme on peut voir après l'opération de la cataracte, bien confusément ; c'est cependant un grand bien pour qui a éprouvé le malheur

a le talent précieux de faire parfaitement ressembler.... mais il n'a jamais mis cette fraîcheur et cette facilité de touche avec laquelle la *Rosalba* s'est rendue si recommandable. » Il est mort en 1788. S.

de la cécité. Quand j'étais aveugle, je ne me souciais de rien ; à présent je voudrois tout voir, et cela m'est défendu jusqu'au 37 mars, époque où je dois subir la seconde opération. J'éprouve donc pour le moment peu de plaisir par mes yeux, et j'en espère peu pour l'avenir ; faites en sorte que mes oreilles m'en procurent au moins en entendant lire vos lettres ; faites-moi connoître l'état de votre santé et comment se portent les personnes que j'ai eu l'honneur de connoître à Paris ; assurez-les, lorsque vous les verrez, qu'en toute occasion ils trouveront en moi l'amie la plus dévouée.

« Veuillez faire agréer, tout particulièrement à M. le comte de Caylus, mon respect inaltérable et mon estime, et à vous, monsieur, l'amitié et l'estime de votre très-dévouée et très-obligée servante.

« ROSALBA CARRIERA. »

Mais ce fut là une fausse joie. Rosalba étoit trop âgée pour que l'organe affaibli pût conserver plus longtemps la lumière ; et l'année 1750 la trouva aveugle, mais cette fois aveugle complétement sans retour et sans espoir.

Mariette, prévenu de l'opération avant même que Rosalba l'en avisât par sa lettre du 23 août, avoit déjà écrit à son amie pour l'en féliciter. Zanetti fut encore chargé de remettre sa lettre à Rosalba, mais le bonheur de la pauvre femme avoit été de courte durée, elle comprit bientôt qu'elle n'avoit plus rien à espérer des médecins; voici sa dernière lettre à Mariette, mais dictée à Angéla :

A M. Pierre-Jean Mariette, a Paris.

« Venise, 2 janvier 1750.

« Il y a deux mois que M. Zanetti m'a remis votre lettre du 20 août, par laquelle je connois combien votre bonté est grande et aussi votre gracieuseté, et tout ce que je vous dois. Plût à Dieu que je fusse en état d'y voir comme vous le croyez! Je suis entièrement privée de la vue. Je n'y vois pas plus que si j'étois plongée dans les ténèbres de la nuit. Pensez quelle est ma douleur de ne pouvoir lire votre bel ouvrage [1]. Ma sœur, ma famille et mes amis sont impatients de le recevoir, et je n'aurai que le plaisir d'entendre sa lecture. Je prévois déjà les applaudissements et les louanges que cet ouvrage excitera.

« Je ne saurois donc assez vous remercier. Cependant je vous demanderai une grâce nouvelle; ce sera celle de me donner les moyens de correspondre, au moins en quelque chose, avec vous; votre beau génie fait honneur à vo-

1. Publication des gravures de Crozat et notice de Mariette.

tre nation ; c'est une vérité que je ne cesserai de publier ainsi que l'excellence de votre mérite.

Rosalba Carriera[1].

« *P. S.* J'ai reçu votre livre ; je vous en renouvelle mes vifs remercîments, et pour cette nouvelle année je prie Dieu de vous accorder toutes sortes de félicités. »

Ainsi finit la correspondance de Rosalba avec Mariette. Depuis ce moment, notre compatriote n'eut plus que des nouvelles indirectes de Rosalba.

On la disoit retombée dans ses grandes mélancolies qui jadis n'étoient que passagères.

Passée à l'état de curiosité artistique et d'astre éteint, les touristes cherchoient à l'entrevoir, mais simplement pour recueillir une impression de voyage sur cette pauvre vieille, qui avoit été si recherchée jadis ; la mourante avoit encore la force de refuser le spectacle de sa décrépitude ; elle se déroboit aux regards indiscrets dans une solitude profonde, avec sa sœur Angéla

---

1. Nous avons recherché les autographes de Rosalba. En France, ils sont fort rares. M. Jules Boilly est le seul, que nous sachions, qui en possède. C'est la lettre à l'Académie de peinture citée page 374. Nous ne nous expliquons pas la disparition des lettres de Rosalba à Mariette. Peut-être celui-ci en a-t-il adressé les originaux à Bottari. S.

et ceux des siens qui lui restoient. Enfermée dans sa petite maison du quartier de Dorso-Duro, près de la place de San Vito, elle se faisoit lire les publications nouvelles et dictoit à Angéla les lettres que ses infirmités lui interdisoient d'écrire.

L'existence de Rosalba aveugle et cette extrême caducité donnoient à ses derniers jours l'amertume et la mélancolie d'une maladie noire. Aussi la résolution qu'elle avoit prise de se soustraire au public banal et curieux faisoit dire qu'elle étoit tombée presqu'en enfance, qu'elle n'avoit plus ni souvenir ni pensée. On se trompoit; son testament prouve la parfaite santé de son intelligence, un esprit toujours lucide, un cœur toujours attentif.

C'est encore à un Français que nous devons une brève et dernière expression sur Rosalba : M. de Marigny, frère de Mme de Pompadour, ministre et directeur général des bâtiments, voyageoit de 1749 à 1751 en Italie, avec Nicolas Cochin, le peintre à la mode et l'improvisateur de ces dessins qui ont fait le bonheur du dix-huitième siècle. Nicolas Cochin passe à Venise et écrit à un de ses amis de Paris :

« Je n'ai point encore eu occasion de voir la
« *Ros'alba*, elle a perdu la vue et on assure
« qu'elle n'aime point à être vue dans cet
« état. Je feray cependant mon possible pour

« voir une femme aussi illustre que je n'ay jamais vue[1]. »

Rosalba avoit sans doute répondu par un refus à la demande de Cochin, car la correspondance du peintre ne mentionne aucune visite à la vieille artiste.

Son grand âge avoit aggravé ses infirmités, mais on ne peut lui reprocher un égoïsme oublieux. A la dernière heure elle pense encore à ceux qu'elle désire voir heureux après sa mort, et le 9 décembre 1756 elle leur consacre un souvenir et un bienfait dans son testament.

Ce n'étoit pas la première fois qu'elle avoit songé à la mort, elle s'y étoit préparée dès longtemps ; déjà même elle avoit formulé ses volontés alors que la vue lui restoit, et c'est par cinq ou six testaments, dit-on, qu'on peut les compter et les constater ; néanmoins, dans l'état de cécité complète où elle est réduite, elle veut encore affirmer sa vie et ses derniers vœux.

Elle fait demander le notaire Lodovico Gabrieli, et de son lit de mort lui présente son testament qu'elle se fait lire ; elle remercie Dieu de l'avoir faite riche « *par la voie de la peinture* », et c'est ce bien que l'art lui a dévolu qu'elle distribue à ses affectionnés.

---

1. *Archives de l'art français*. — British muséum fonds Egerton.

D'abord elle règle ses funérailles avec l'ordre qui a présidé à toutes les actions de sa vie, et elle désigne le lieu de sa sépulture.

Angéla, veuve de Pellegrini, sa sœur (Amatissima Sorella) est son héritière : c'est vers elle que son cœur se porte d'abord. « Que Dieu lui conserve une longue vie ! » ajoute-t-elle. La pauvre Angéla étoit déjà bien vieille. Elle dépassoit aussi quatre-vingts ans.

Viennent ensuite ses parentes : Angéla, Giovanna et Élisabetta Pédrotti qui, plus tard, recueilloient l'héritage de la signora Pellegrini, que Vianelli a vues et dont il a reçu les traditions et les documents qu'il a publiés.

Elle n'oublie pas les petits enfants de ses alliés. La petite fille de Mateo Penzo. Elle établit un service de messes perpétuelles pour le repos de son âme, et elle veut que les Pédrotti et les Penzo, ecclésiastiques, ses parents, soient préférés à tous autres prêtres pour le célébrer. Elle donne 200 ducats à Félicita Sartori, épouse du conseiller Hoffmann, son élève chérie. Elle n'oublie ni les pauvres ni les serviteurs et, par une dernière disposition, elle distribue aux plus intimes de son entourage sa tabatière de Lapis Lazuli, sa montre, sa chaîne et son bougeoir d'argent.

Angéla reçoit encore, tout particulièrement, sa boîte de douze couverts d'Angleterre.

Elle recommande à ses commissaires, ou exécuteurs testamentaires, certaines dispositions secrètes qu'elle ne confie qu'à leur loyauté.

Puis elle signe d'une écriture un peu tremblée, mais ferme :

AFFERMO[1] ROS ALBA CARRIERA.

Un testament semblable, digne de celle qui l'a signé, exclut toute supposition d'aliénation mentale. Il nous permet de repousser toutes les allégations qui ont pu se produire à cet égard. La vue physique étoit perdue, mais le souvenir du cœur est resté intact chez Rosalba, jusqu'au jour suprême de l'agonie.

Rosalba vécut encore plus de cinq mois après ce grand effort.

Elle mourut le 15 avril 1757.

Ce jour même, devant le lit de mort où elle étoit étendue, Lodovico Gabrieli ouvrit et lut son testament.

On porta son corps à l'église de San Vito et San Modesto ; et elle fut ensevelie dans son tombeau de famille, près de sa bien-aimée sœur Giovanna.

———

Au moment où nous écrivons, San Vito e

---

1. *Affermo* J'affirme, j'approuve.

San Modesto[1] n'est plus debout. Le temple est tombé en ruines, et les messes perpétuelles n'ont pas duré plus longtemps que le tombeau. Rosalba n'a pas survécu cent années dans sa pensée de mort.

Il règne à Venise une tradition lugubre sur la fin de Rosalba. On dit que, devenue vieille, elle se seroit retirée dans un des riches hospices de la République, après lui avoir fait don de toute sa fortune, et qu'abandonnée, même de ceux qui devoient protéger sa vieillesse, elle seroit morte de misère et de désespoir.

Il n'est pas besoin de faire justice d'un pareil bruit. Son testament atteste assez que la légende populaire plus dramatique que réelle, n'a aucune espèce de fondement.

———

Le génie de Rosalba Carriera ne fut sans

---

1. San Vito e San Modesto étoit une toute petite église située dans *Dorso Duro*, derrière le palais *da Moula*, non loin de l'Académie des beaux-arts. Fermée depuis longues années pour une cause que nous ignorons, elle étoit tombée tout à fait en ruines. On assure que la ville de Venise se propose de faire rétablir la petite église. Les monuments tumulaires auroient été sauvés des décombres, conservés et numérotés. M. Biondetti, architecte chargé du travail de restauration, seroit sur le point de recomposer le tombeau de Rosalba Carriera et celui de sa famille. S.

doute pas d'une aussi forte trempe que son caractère. Mais on peut dire que ce fut là une vie bien et noblement remplie.

Naissance obscure, famille pauvre, jeunesse difficile, travail obstiné, ressources ingénieuses, tel fut le début de cette femme supérieure. Puis la voie trouvée dans cet enfantement laborieux, elle ne marche plus que de succès en succès, sans chute, sans défaillance, comme un enfant gâté par le destin. Tout le monde est à ses pieds comme aux pieds des femmes qui ont conquis et maîtrisé l'opinion, et elle se maintient dans cette position périlleuse avec un bonheur surprenant : ce qui pour tout autre seroit une cause de défaveur, c'est-à-dire la rapidité de l'exécution, et la collaboration d'autrui, devient pour elle la source d'une prospérité sans fin.

Rosalba n'a donc pas subi, comme les grands combattants de l'art, ces oublis ou ces retours de la mode.

Artiste d'une attrayante valeur, quelque rang qu'on lui assigne, elle a plu pendant un demi siècle, sans voir apparoître la moindre altération dans la sérénité de son ciel.

Laissons à Rosalba sa place de favorite pour ne songer qu'à ses qualités et à ses côtés d'art.

Rosalba n'avoit pas évité le défaut de son temps : l'amoindrissement des types. Mais il faut cependant reconnoître que ses ouvrages recèlent une attraction particulière. Ses figures calmes et douces ont une sorte d'ingénuité que les artistes de son époque avoient perdue et que ses successeurs ne retrouveront plus.

Sous leurs costumes empanachés, sous les flots de draperies dont Rigaud s'étoit fait l'inventeur, et dont Rosalba imita trop souvent la manière, ses portraits conservent toujours une mélancolie d'attitude, une rêverie paisible dont le secret se perd après elle. Rosalba mettoit un peu de sa personne dans ses ouvrages. Elle vouloit que ses créations fussent à son image, simples et inoffensives; son idéal étoit dans la bonté et dans la quiétude.

Son dessin, quoique insuffisant, tenoit encore de loin à la belle école vénitienne, dont elle avoit l'aisance et la liberté d'exécution.

C'est Rosalba qui fut le véritable premier peintre au pastel; c'est elle qui vulgarisa cette peinture, dont les côtés châtoyants dans les colorations brillantes, furent une révélation pour la plus spirituelle des décadences.

« C'étoit au pastel que ces personnages de-
« voient être peints; le pastel étoit bien la cou-
« leur de leur siècle, les couleurs poudreuses
« du papillon convenoient à ces papillons vola-
« ges, à ces voluptueux Phalenès! Qui auroit

« jamais pu les reproduire à l'huile[1]. *Pulvis*
« *et umbra sumus*, leur avoit dit Diderot. »

La faute n'en est point au pastel, mais au goût d'une époque pour qui la gamme fade et grimaçante, *aimable*, comme disent les chercheurs de riens, étoit le comble du beau. Depuis longtemps on avoit oublié que l'art est fait pour émouvoir et non pour amuser. Tout instrument, comme tout système ne veut-il pas un grand ouvrier. Demandez à Nanteuil, à Chardin, quelles ressources leur a fourni le pastel, et voyez si de notre temps Eugène Delacroix et d'autres grands peintres n'ont pas su les retrouver.

Rosalba choisit cette voie parce que c'étoit celle du succès et qu'elle n'avoit que la puissance de le suivre et non de le diriger. Une fois sur cette pente, elle tira partie de sa situation avec un talent véritable.

Elle s'inspira de Pietro Libéri, qui cherchoit à renouveler la grâce de Corrége et à la fusionner avec les grandes qualités des maîtres de Florence et de Venise. Triste problème qu'on ne résoudra jamais. Elle-même jetoit sans cesse les yeux sur le grand maître, et s'ingénioit à s'en approprier les transparences et les ombres profondes. Si la construction de ses

---

1. Julius Hubner, livret du musée de Dresde.

personnages manque d'ensemble et de solidité. « leurs belles couleurs fait oublier leurs incorrections, car, il faut l'avouer, Rosalba est incorrecte; mais il en est d'elle comme du Corrége, ses incorrections visent au grand[1]. » Nous laissons à Mariette la responsabilité de ce jugement.

Il ne faut donc point trop élever Rosalba pour ne pas être obligé de revenir sur les éloges du temps. Corrége fut le modèle de toute sa vie. On comprend ses grandes aspirations; mais à quelle distance est-elle restée de son initiateur? Corrége ne pouvoit être remplacé, ni même reflété; les peintres efféminés ont vu en lui le créateur de la grâce lumineuse, de l'irrésistible séduction, mais on ne devine pas toujours combien de tempérament et de science se cachent sous les robustes langueurs d'Antonio Allegri.

Les sujets de Rosalba sont peu variés. En dehors de ses portraits, ce sont des compositions religieuses ou mythologiques, qui prêtent à la beauté plastique ou au sentimentalisme de son temps. Les Vierges, les Madeleine, les Jésus, les Saint-Jean enfant, quelques têtes de Christ, les figures allégoriques des Muses, des Saisons, de la Verité, de la Sagesse, de la Justice, des quatre parties du Monde, telles sont ses composi-

---

1. Mariette.

tions les plus habituelles. Elles ont rarement plus d'une figure. Leur dimension est de grandeur naturelle, diminuée quelque peu dans une proportion qu'on affectionnoit alors.

La plus vaste composition de Rosalba est une *Mort de Clorinde*, tableau qui comporte quatorze figures et dont le style ressemble tout à fait à celui de Coypel[1]. L'originalité de ses types, ne se retrouve plus dans cette mise en scène théâtrale, nous ne serions pas étonné qu'Antoine Coypel ne lui eût fourni cette composition lors de son voyage à Paris, genre de service que son beau-frère lui rendoit souvent. En général, les sujets qui composent un certain nombre de personnages sont le côté foible du talent de Rosalba; sa gloire relative est dans le portrait.

Le Louvre possède diverses œuvres de Rosalba, parmi lesquelles figure sa *Muse* ou tableau de réception à l'Académie de peinture, tableau, dont le temps a altéré les couleurs. Dresde a soixante-cinq tableaux ou miniatures. Venise, plusieurs pastels dont deux à *l'Académie des Beaux-Arts* et un à *San Gervasio*, sans compter le grand nombre de ceux que les familles tiennent par succession et dont il est difficile de constater l'identité; nous n'essaye-

---

1. Gravé par Voyez.

rons pas cependant d'en présenter un relevé exact ni complet. Ce travail nous mèneroit trop loin. Il faudroit compulser tous les musées d'Europe, toutes les collections particulières, déterminer le degré d'authenticité des attributions et retrouver les noms des personnages que les portraits représentent. « Aucun artiste ne fut plus féconde, ni plus heureuse, dit Locatelli. Venise est non-seulement remplie de ses œuvres, et ses voisines, Chioggia et Padoue et la douce et hospitalière *Valdobbiadene*[1], mais aussi les galeries de Turin, de Florence, de Paris, de Copenhague, de Dresde et de Pétersbourg. » Nous publions seulement la liste de ses ouvrages exécutés ou conservés ou passés en vente à Paris, ceux de la galerie de Dresde et ceux que nous avons pu relever à Venise, parce que c'est dans ces trois centres, où se trouvoient d'un côté Mariette et Crozat, de l'autre côté Auguste III, que Rosalba a été le plus admirée.

S'il étoit possible de dresser régulièrement l'œuvre de Rosalba Carriera, la liste en seroit immense. Le pastel qu'elle avoit réellement mis à la mode chez les gens du monde, lui imposoit

---

1. Bourg de la province de Trévise de 2500 âmes, situé au pied des montagnes et sur la rive de *la Rimonta*, patrie de Fortunato Venanzio, poëte latin du sixième siècle. S.

une tâche sans fin ni trêve. Elle défrayoit toute l'Europe de portraits qu'elle peignoit avec une rapidité surprenante. Aidée par ses sœurs Giovanna et Angela, et par Felicita Sartori, elle pouvoit satisfaire à toutes les demandes des princes, des seigneurs et des voyageurs, qui ne partoient contents de Venise que munis de leurs portraits exécutés par la grande célébrité du temps. L'Angleterre doit par-dessus tout posséder de nombreux ouvrages de la Carriera, car les aïeux de nos voisins étoient particulièrement épris de ses pastels. Ceux qu'elle a peints en France, pendant son séjour à Paris, sont au nombre de trente-six suivant son *Journal*.

Nous n'avons retrouvé la trace d'aucuns d'eux. La Révolution a sans doute contribué à les disséminer; biens de princes, de nobles ou d'émigrés, ils auront été perdus dans le grand naufrage de la société du dix-huitième siècle. Ceux dont nous regrettons surtout la perte sont les portraits de Louis XV enfant; celui de Law qui ne figure à Versailles que sous l'aspect d'une copie infidèle; celui de Watteau, et surtout ceux des deux Crozat, les vrais Mécènes de ce temps, dont les traits sont complétement oubliés maintenant; celui de l'intéressante comtesse d'Évreux et des lionnes de la Régence, Mmes d'Alincourt, de Parabère, de Prie, et peut-être celui du Régent.

Rosalba n'avoit pas conquis le succès du grand monde sans une longue étude de ses caprices. Elle mettoit tous ses soins à ménager les forces et la bonne humeur de ses modèles, à leur épargner l'ennui des poses et l'impatience de l'immobilité. Elle s'étoit ingéniée à abréger le travail du portrait par une suite de renseignements qu'elle prenoit rapidement sur le caractère ou la coloration de ses personnages. Tantôt c'étoit un dessin au crayon noir ou rouge, à la pierre d'Italie ou à la plume qu'elle exécutoit lestement; tantôt c'étoit une vive ébauche au pastel qu'elle saisissoit d'après l'ensemble ou l'impression générale de son modèle. Puis elle exécutoit le portrait avec l'aide de Giovanna ou d'Angéla et ne terminoit d'après nature que pour accentuer les détails qu'elle n'avoit pu fixer. Elle causoit alors avec ceux qu'elle peignoit, soutenoit leur attention; et le portrait, exécuté beaucoup plus d'après ses ébauches que par la fixité de la pose, devenoit une surprise et ravissoit les grandes dames et les seigneurs.

Aussi ne falloit-il pas demander à ces œuvres légères un sérieux d'ensemble ni une précision de dessin que ces clientes n'auroient pas compris. L'art de Louis XIV avait trop *mignardisé*, trop *annobli* le portrait pour qu'on pût revenir aux fortes lois de la nature. Les portraits de Rosalba étoient donc médiocrement dessinés; on s'accordait à dire qu'ils étoient peu ressemblants; mais l'artiste sauvoit les défauts par un charme d'attitude, par une disposition de couleurs, par un goût tout féminin qui amnistioient sa faiblesse.

A cette époque où l'œil ne sembloit plus voir la nature que par un objectif rapétissant, les grands aspects étaient oubliés. On ne reprochait pas à Rosalba l'indigence de ses structures que l'époque lui imposoit; on s'extasioit devant un moelleux de touche, devant une prétendue grâce corrégienne qui réalisoit des types de convention; cependant les œuvres de Rosalba sembloient s'élever encore au-dessus de ses modèles par une honnêteté de conception, si on peut s'exprimer ainsi, qui idéalisoit encore la société de son temps.

Les miniatures de Rosalba étoient aussi très-recherchées. Elles tenaient à la fois des traditions du dix-septième siècle et des innovations du dix-huitième qu'elle avait elle-même introduites. Leur dimension est ordinairement plus grande que celles de l'époque de Louis XV. Elles sont souvent peintes sur vélin, tantôt de forme carrée longue, tantôt ovale. Leur exécution est réellement attrayante; c'est avec le plus grand soin, avec une exquise délicatesse de pinceau qu'elles sont terminées.

Comme toutes les miniatures sur vélin du temps de Louis XIV et de ses prédécesseurs, elles sont peintes à la gouache ; ce système procédait directement des artistes imagiers, peintres de manuscrits des siècles antérieurs dont les miniaturistes avaient conservé les pratiques.

On trouve aussi des miniatures de Rosalba sur ivoire. Il y en est dans le nombre qui sont très-librement peintes.

Nous avons de fortes présomptions de croire que lorsqu'elle vouloit faire un portrait à la miniature, elle agissoit comme pour ses pastels et peignait vivement une ébauche de son modèle d'après nature. Ensuite elle faisoit préparer par ses sœurs la peinture qu'elle destinoit à l'œuvre finale.

C'est ce qui explique que les miniatures de Rosalba sont souvent d'une impression toute contraire ; les unes froides, étudiées, lentement et minutieusement exécutées ; les autres vives, limpides et transparentes conservent la fleur du travail que donne la franchise d'une œuvre prise sur la nature.

En terminant cette Notice, il ne nous reste plus qu'à donner l'appréciation d'un des hommes qui a le plus connu Rosalba, Alessandro Zanetti. Nous ne voulons rien retrancher de l'enthousiasme qui l'a dicté et des exagérations qui y fourmillent.

« Le génie de l'illustre Rosalba fut des plus
« nobles. Les inspirations d'une rare beauté
« lui étoient naturelles et donnoient à ses
« œuvres un caractère de force et de vivacité uni
« à la solidité et à l'élégance d'un esprit, plus
« brillant chez elle que profond. Malgré ce
« défaut, son pinceau conservoit encore les
« qualités de la vérité et de la ressemblance.

« Sa manière étoit éclatante, agréable et fa-
« cile ; la teinte chaleureuse (vaghissima), sans
« s'écarter de la nature ; son dessin correct avoit
« une grâce native et une noblesse qu'il est
« difficile de retrouver chez d'autres peintres.

« Autant la nature avoit été avare de ses
« dons extérieurs, autant elle l'avoit comblée
« en lui prodiguant ceux de l'intelligence, et
« Rosalba les avoit cultivés avec le plus grand
« soin. Ce ne fut pas sans peine et sans un
« travail assidu qu'elle parcourut, depuis son
« enfance, le chemin qui la conduisit au som-
« met de l'art.... Élève de Lazzari, de Diaman-
« tini et de Balestra, elle prit aussi conseil de
« son beau-frère Pellegrini, qui ne dédaignoit
« pas de lui préparer parfois ses compositions
« et de lui ébaucher ses pastels.... Avec la vue
« elle perdit la raison. Ce fut un grand malheur
« pour la peinture italienne, car plus elle s'a-
« vançoit dans la vie, plus on remarquoit de
« chaleur et de vivacité dans ses œuvres ; les

« dernières égaloient en vigueur même les ta-
« bleaux à l'huile. Cette femme remarquable a
« porté le pastel à une si grande élévation qu'un
« professeur a pu dire d'elle à juste titre : que
« jamais aucun maître ne l'a surpassée, et qu'il
« est peu d'artistes qui aient pu l'atteindre. »

Pour clore cette étude au diapason de Vianelli, nous citons comme lui les vers de Salvator Rosa, en l'honneur des femmes-peintres :

Furon le Done ancor chiare in quest' arte....
Ma che l' antiche in ciò nessun rimentri,
Poichè le nostre son più dotte.

(*Salvator Rosa.*)

# PORTRAIT DE ROSALBA

# PORTRAIT DE ROSALBA.

I

Rosalba s'est peinte plusieurs fois elle-même. Le portrait qui peut-être considéré comme le plus authentique, fait partie de la galerie des portraits des peintres à *Florence*. L'auteur en avoit fait don à cette collection iconographique. La Carriera n'était pas belle [1]; et ce portrait ne nous la représente pas dans sa jeunesse; elle y est grave, un peu guindée, enveloppée de soieries, d'accessoires, tenant de la main droite un crayon, et de la gauche un dessin qui représente la tête de sa sœur Giovanna.

1. Lorsque Domenico Bertani introduisit Rosalba près de l'empereur Charles VI, celui-ci lui dit : « C'est une vaillante artiste que la Rosalba, mais elle est bien laide. (*Ma ella e molto brutta.*) » Rosalba était alors âgée de 55 ans. S.

## II

La galerie de *Dresde*, possède aussi un portrait de Rosalba vue de face et jusqu'aux genoux. La tête coiffée d'un bonnet de fourrure de loup cervier à la polonaise, terminé par un gland d'or retombant, n'a pas l'attrait d'une physionomie heureuse ; le visage est inquiet et pensif. Une robe bleue enveloppée d'une grande pelisse de fourrure blanche et noire, laisse voir le cou et la naissance de la poitrine. Le teint a passé, mais les traits sont restés fermes et arrêtés, les yeux gris bleus très-vifs, fixes et presque menaçants, la bouche serrée exprimant la décision et la volonté.

## III

Le Catalogue de la Galerie de *Pomersfelden*, nous signale aussi un portrait de Rosalba, par *Jacques Carré*[1]. Cette peinture presque inconnue, la représente en robe rouge, une palette à la main. (Dimension 3 pieds 1 pouce, sur 2 pieds 7 pouces)[2].

---

1. De l'Académie de peinture, né à Paris, mort le 23 octobre 1694. Rosalba n'aurait donc eu que 19 ans au plus lorsque Carré fit son portrait. Ce peintre alla à Constantinople et il a bien pu passer à Venise. S.
2. Il ne manque pas dans les collections particulières,

## IV

La galerie de feu M. le comte *Pourtalès-Gorgier* renferme un portrait de Rosalba peint par elle-même.

Voici ce que mentionne le catalogue publié en 1865 avant la vente de cette riche collection.

### ROSALBA.

N° 330. — Portrait de l'artiste peint par elle-même tête nue, une légère dentelle mêlée à ses cheveux (poudrés et coupés) des pendants d'oreille en perles. — Pastel (grandeur naturelle vu un peu au-dessous du cou).

Ce portrait est suivant nous une des œuvres les plus réussies de Rosalba. Le dessin est ferme sans être dur, le regard naturel et comme surpris, l'ensemble général grave et vivant; les sourcils rares, le front large, les yeux gris, le nez gros et rond, la bouche serrée, le menton

---

de portraits de Rosalba qui sont attribués à sa main même; mais il n'est pas difficile de constater que ses imitateurs, ses copistes ou ses contrefacteurs en ont fait seuls les frais. Nous n'avons pas vu le portrait de la galerie de Pomersfelden, mais nous lui donnons place parmi les portraits de Rosalba à raison de l'importance de cette collection, considérée comme une des plus remarquables de l'Allemagne. S.

énergique. Le charme des crayons de l'artiste disparaît sous le sérieux de l'œuvre; il est certain que ce portrait donne l'idée d'une femme supérieure.

M. Ch. Blanc croit qu'il vient de la vente E. P. citée plus loin; de son côté M. J. Boilly l'aurait vu à la vente Réville.

## V

Un des meilleurs et très-authentique, est celui que Rosalba avoit donné à Joseph Smith, consul d'Angleterre à Venise. Nous n'avons pu retrouver trace de l'original; mais la gravure nous l'a heureusement conservé[1].

Nous devons à ce portrait gravé par Wagner vers 1730, de la voir dans une attitude moins froide et moins compassée. Un bel air d'intelligence et d'élévation anime le visage, les yeux grands et perçants décèlent une vive clairvoyance. Le nez gros, rond, fortement attaché au front affirme la volonté. La bouche est bien dessinée, accentuée et railleuse; le menton rond, solide et obstiné. Ici tout l'ensemble porte l'empreinte d'une femme supérieure, et

---

1. J. Smith fit passer ses collections en Angleterre, et elles sont maintenant à Hampton-Court. Peut-être, ne serait-il pas impossible de retrouver le portrait de Rosalba dans les fonds de la collection royale. S.

d'une bonne créature. Suivant la mode du temps le cou est nu, une chemisette brodée accompagne un corsage à brandebourgs que recouvre un pardesus en velours brodé de fourrures. Le portrait est de forme ovale et porte l'inscription suivante :

Rosalba Carriera Effigiem
Manu ipsius pictam; sibique dono datam
Joseph Smith magnæ Britanniæ cos.
Aenea Tabula Propagari Curavit.

## VI

Le portrait de la galerie de Florence a été gravé. Il la représente comme nous l'avons dit, tenant d'une main le portrait de sa sœur et son aide, Giovanna Carriera, et de l'autre un crayon. L'artiste a une rose sur la tête ; et deux boucles de cheveux frisés lui descendent sur le front. Il porte cette inscription :

ROSALBA CARRIERA
PITTRICE

*Gio. Dom. Camp. Del. — M. Pitteri fecit.*

La gravure, loin de valoir celle de Wagner, donne cependant à ce portrait, un côté grave et ferme qui attache. Ses défauts d'expression tiennent sans doute à la manière froide et académique des graveurs officiels chargés d'exécuter cette suite considérable de la galerie de Florence.

## VII

Un plus petit de forme ovale in-octavo, a été gravé par Flipart, dans un caisson à rinceaux, accompagné de roseaux. La figure intelligente est loin de donner l'impression de celle de Wagner. Le galbe de la tête est large et modelé; mais les traits ont moins de calme. Les regards sont tournés vers la gauche. Il y a là comme une préoccupation des figures de Watteau. Deux boucles de cheveux descendent sur le front. Il est gravé d'après Rosalba, suivant la mention du graveur.

## VIII

Un autre portrait copié sur le précédent, et presque calqué a été gravé par Lepicié. Il porte cette inscription :

ROSA ALBA CARRIERA

DE L'ACADÉMIE ROYALE DE PEINTURE

*Nè (sic) à* VENISE

*A Paris, chez Odieuvre marchand d'estam-*

pes, *quai de l'école vis-à-vis de la Samaritaine, à la belle image.* C. P. R.

## IX

Un dernier a été gravé à l'eau forte par Denon. Il est petit, très-monté de ton et assez expressif. Les yeux sont grands et pleins de feu ; les autres traits plutôt esquissés que dessinés. — Denon n'avoit pas connu Rosalba, mais il a pu avoir en sa possession un de ses portraits en miniature. Il aurait une certaine ressemblance avec un petit portrait en miniature de l'artiste, qu'un amateur a rapporté récemment de Venise à Paris.

# TESTAMENT

## DE

# ROSALBA CARRIERA

## AB EXTRA.

### LE 19ᵉ JOUR DU MOIS DE DÉCEMBRE 1786.

#### SECTION 5ᵉ DE RIALTO.

La signora Rosalba Carriera, fille de feu Andrea, reconnue saine d'esprit, d'intelligence et de corps, se trouvant dans une chambre de la maison par elle habitée, située dans cette ville rue de San Vio, étant spontanément présents les témoins soussignés, a présenté à moi Lodovico Gabrieli, notaire public vénitien, la présente cédule, laquelle étant écrite par une main étrangère, après avoir fait sortir de la chambre les susdits témoins, lui a été lue par moi, seul à seule, elle l'a signée à la fin, le mieux qu'elle a pu, attendu qu'elle est privée de la vue, et après avoir rappelé les mêmes témoins, elle me l'a présenté de nouveau en affirmant que son testament et sa dernière volonté sont contenus dans cette cédule; me priant de

## AB EXTRA.

### LE 19e JOUR DU MOIS DE DÉCEMBRE 1756.

#### INDITIONE 5ᵉ RIVOALTI.

La signora Rosalba Carriera q.ᵐ Andrea da me conosciuta sana della mente intelleto e corpo stando in una camera della casa di sua abitazione posta in questa città contra di S. Vio spontaneamente presenti gl'infrascritti testimonj, ha presentato a me Lodovico Gabrieli publico Notaro Veneto la presente cedola che per esser scritta d'aliena mano fatti uscir dalla camera li detti testimonj gl'è stata da me letta da solo a sola, e l'hà nel fine, nel miglior modo ha potuto stante esser priva della vista, sottoscritta, e richiamati li stessi testimonj me l'a di nuovo presentata confermando in essa contenersi il su testamento, e l'ultima sua volontà; pregandomi sigillarla come ho fatto, custodirla ed al caso di sua morte aprirla, publicarla, e

la cacheter, ce que j'ai fait, de la garder et dans le cas de sa mort de l'ouvrir, la publier et lui donner force, conformément à la loi. Interrogée, si elle vouloit tester également en faveur des quatre hospices de la ville et des autres établissements de piété, comme il est prescrit par la loi, elle a répondu qu'elle ne vouloit ordonner autrement.

« Moi Marco Bordigato, *fils de feu Andrea Bordigato, témoin présent appelé pour les causes cy-dessus.*

« Moi Giacomo Saponello, *fils de feu Francesco, témoin présent appelé comme cy-dessus.* »

Le quinzième jour du mois d'avril 1757, le testament a été publié à la vue du cadavre de la susdite signora Rosalba Carriera, fille de feu Andrea, sur la demande de la signora Angela Carriera Pellegrini, sœur héritière et commissaire de la testatrice susdite; en présence de l'Illus.<sup>me</sup> signor Gia. B<sup>a</sup> Fanello, autre commissaire, auxquels j'ai notifié la taxe du cinq pour cent qui doit être payée à l'Excell.<sup>me</sup> *magistrat du Conseil des Eaux* [1].

E. C. C. C. C. C. R.

Ce 20 avril 1757.

Copie a été présentée à l'Ecc. Magistrat du Conseil des Eaux.

roborarla conforme le leggi. Interogata d'altra simile, de quattro Ospitali della Città, ed altri luochi pij ordinati dalla legge, rispose non voler ordinar altro.

« *Io Marco Bordigato q*$^m$ *Andrea Bordigato fui presente testimonio casi prégatto a Con*$^{te}$ *di sopra.* »

« *Io Giacomo Saponello di Franceseo fui presente testimonio casi pregato quato di sopra.* »

Die 15 mensis Aprilis 1757 publicato visto il cadavere della sudetta sig. Rosalba Carriera q$^m$ Andrea ad istanza della Sig$^a$ Angela Carriera Pellegrini Sorella Erede e Commissaria della testatrice sudetta présente anco l'Ill$^o$ Sign. Gio. B$^a$ Fanello altro comissario a quali hó notificato la parte delle 5 p. cento dà pagarsi al Mag$^o$ Ecc$^o$ *dell'Aque*$^s$.

E. C. C. C. C. R.

Ad 20 Aprile 1757.

**Fu presentata copia all' Mag. Ecc.** *all' Aque.*

# INTUS VERO.

## LE 19 DECEMBRE 1756. VENISE.

L. D. M.

Moi Rosalba Carriera, fille de feu Andrea me trouvant, grace à Dieu, saine d'esprit, d'intelligence et de corps, et dans la difficulté où je suis de me rappeler aujourd'hui de quelle façon je me suis expliquée dans un testament que j'ai fait, il y a quelques années, par devant l'Illus<sup>me</sup> notaire Gabrieli, et dans un codicille subséquent fait par devant l'Illus<sup>me</sup> notaire Todeschini. J'ai pensé à répartir ici la petite fortune qu'il a plu à Dieu de m'accorder par le moyen de mon travail dans la peinture; et en conséquence.

En premier lieu je recommande mon âme à mon Créateur, à la B. Vierge Marie, aux Saintes et aux Saints mes Protecteurs : Je casse, révoque et annulle tout ce dont j'ai disposé soit dans le susdit testament, soit dans le codicille ci-dessus cité, voulant que le présent seul, reçoive son entière exécution.

Aussitôt après ma mort, je veux être inhu-

## INTUS VERO.

### A 19 DECEMBRE 1756. VENEZIA.

L. D. M.

Rittrovandomi Io Rosalba Carriera q.m Andrea sana per la Dio mercè di mente, intelletto, e corpo, ne essendomi agevole il ramentarmi di presente, come mi sia spiegata in un testamento, che feci anni sono in atti dell'Ill.mo nodaro Gabrieli e d'un susseguente codicillo in atti dell'Ill.mo nodaro Todeschini, penso ora di restringere qui la distribuzione dette poche sostanze che piacque a nostro Signore concedermi, per mezzo del mio impiego nella Pittura; E però.

Raccomando in primo luogo l'anima mia al mio creatore, alla B. Vergine Maria, Santi e Sante miei Protettori: casso, revoco, ed annullo quanto per avanti avessi disposto, tanto nel sud.o testamento, quanto nel precitato codicillo volendo, che solo il presente abbia la sua intiera essecuzione.

Seguita la mia morte, voglio esser sepolta

mée dans mon tombeau de famille qui se trouve dans l'église de S. S. Vito e Modesto de cette ville, où a été inhumée ma sœur feue Giovanna. Et si par hasard celle-ci ne se trouvoit pas dans le même tombeau, néanmoins je veux y être ensevelie.

Pour tout ce qui regarde mes funérailles, mes commissaires trouveront dans une bourse à part, la somme que j'ai destinée à être employée suivant la manière et la forme prescrites par un écrit placé dans la dite bourse.

Les produits ou intérêts maintenant exigibles ou reçus et à moi remis par l'Ill$^{me}$ signor Lodovico Gabrieli des deux capitaux, l'un de douze mille ducats placés sur la *Scola di San Rocco*, et l'autre de trois mille ducats sur *le Arte de Luganegheri*[2], seront continués à être recouvrés par le susdit signor, même après ma mort, afin qu'ils soient consignés aux mains de la signora Carriera, veuve du feu signor Antonio Pellegrini, ma sœur bien aimée, que Dieu garde longtemps, afin qu'elle s'en serve, sa vie durant, voulant que lesdits capitaux restent ainsi consignés pour qu'elle jouisse de l'usufruit.

Mais lorsque la mort de ma sœur sera survenue, je veux que lesdits capitaux soient distribués de la manière suivante :

Mille ducats à Giulia Pedrotti ; six cents ducats pour chacune des nièces de la même, qui

nell'Arca di mia casa che s'attrova nella chiesa di S. S. Vito e Modesto in questa citta, dove anco fu sepolta la q$^m$ Giovanna mia sorella. E se al caso questa non s'attrovasse nell'arca medema, ciò non ostante voglio io stessa esser in questa sepolta.

Per quanto appartiene al mio funerale, dalli miei commissarj sarà ritrovato, in una borsa a parte il soldo, che ho destinato dovere impiegarsi nel modo e forma, che in una carta nella sudetta borsa inclusa sarà dichiarito.

Li prò, ch'al presente dal'Ill$^{mo}$ Sig$^r$ Lodovico Gabrieli sono riscossi et a me consegnati sopra due capitali, l'uno di ducato dodeci mile investiti nella *scola di S. Rocco*, et l'altro di D$^{ti}$ tre mile nelle *arte de Luganegheri*, sarà dal medesimo prosseguito a riscuoterli anco dopo la mia morte, per consegnarli nelle mani della sig$^a$ Angela C$^{ta}$ del q$^m$ sig$^r$ Antonio Pellegrini mia amatissima sorella, che Dio lungamente conservi, perche se ne vaglia sua vita durante, volendo che detti capitali stiano sempre investiti perche essa ne goda l'usufrutto.

Seguita poi la morte della stessa mia sorella; voglio che detti capitali siano disposti nel modo seguente e non altrimente.

D$^{ti}$ Mile a Giulia Pedrotti. D$^{ti}$ sei cento per cadauna alle nipoti della medema che sono

sont Angela, Giovanna et Élisabetta; six cents ducats à Valeria Penzo : ducats de monnaie courante [3].

De la susdite somme de quinze mille ducats, il restera encore onze mille ducats de ce capital. Je veux que quatre mille ducats soient attribués à la famille Pedrotti, et quatre mille à la famille Penzo, et cela pour le commun entretien soit des garçons soit des filles de la même famille.

Deux mille ducats devront rester consignés pour le service quotidien de messes perpétuelles qui devra être célébré pour le repos de mon âme et de celles de mes parents défunts, lequel service devra être officié, en premier lieu par le très reverend D[n] Giorgio Pedrotti, mon parent, et ensuite par les seuls ecclésiastiques de la même famille tant qu'il en existera, avec la faculté de célébrer ce service dans le lieu où il leur sera le plus commode de le faire : dans le cas où les ecclésiastiques de la famille viendroient à manquer, le dit service sera célébré par ceux de la famille Penzo, s'il en existe, et ainsi de famille en famille. Dans le cas où les prêtres viendroient à manquer dans les dites familles, ce service sera transporté uniquement dans l'église de S. S. Vito et Modesto de cette ville, afin qu'il soit célébré dans cette église par un prêtre, au gré du révérend curé *pro tempore*.

Angela, Giovanna e Elisabetta. Altri D.<sup>i</sup> sei cento a Valeria Penzo et altri D<sup>ti</sup> sei cento alla picciola figliolina di Matteo Penzo, tutti ducati correnti.

Restando della predetta summa di D<sup>i</sup> quindicimile, altri D<sup>ti</sup> undicimile correnti, di questo corpo voglio, che D<sup>i</sup> quattro mile siano assegnati alla famiglia Pedrotti et altri quattro mile alla famiglia Penzo, e ciò per mantenimento comune, tanto de maschi quanto delle femine delle famiglie stesse.

D<sup>i</sup> due mile e cinque cento debbano restar investiti per la mansoneria quotidiana, che voglio sia perpetuamente officiata in suffragio dell'anima mia, e de mie parenti defonti, quale mansonaria dovera esser celèbrata in primo luogo dal M.º Rev.º sig. D<sup>n</sup> Giorgio Pedrotti. mio Parente, et indi da soli religiosi della famiglia stessa fino ve ne saranno. Con facoltà di officiarla dove alli medemi sara di magior comodo: e mancando li religiosi della famiglia Pedrotti resti detta mansoneria officiata da religiosi della famiglia Penzo se ve ne saranno, e cosi di famiglia in famiglia. Nel caso poi che in dette famiglie mancassero li sacerdoti, sia tale mansoneria trasportata unicamente nella chiesa dei S. S. Vito e Modesto di questà città perchè resti in tale chiesa officiata da un sacerdote a benefidacito del R<sup>do</sup> sig<sup>r</sup> Pievano *pro*

Et dans le cas où le capital de 2,500 ducats valeur courante, seroit devenu libre, il devra être placé de nouveau en sorte qu'il reste toujours hypothéqué comme fonds du service susdit, ainsi qu'il a été ordonné cy-dessus.

Des cinq cents ducats restant, je dispose de la manière suivante :

Cinquante onces d'argent seront consignées au sig" chanoine Lamberti, et cinquante onces d'argent au révérend sig" D" Amorò Contarini, curé de San Vito. Cent ducats à Felicita Sartori; cent autres ducats aux serviteurs de ma sœur.

Les Ill$^{mes}$ sig$^r$ Gabrieli ayant entre leurs mains la somme de mille deux cents ducats, valeur courante, ainsi que cela résulte d'un acte sous seing privé, à mon profit, je les prie d'accepter cette somme comme un faible témoignage des obligations contractées par ma famille envers la leur. Je leur recommande encore tout ce que je leur ai communiqué de vive voix.

Et comme je désire que, pour tout ce que j'ai légué et ordonné ci-dessus et pour tout ce dont je pourrois disposer dans la suite, le Conseil des Eaux soit payé d'avance de sa taxe, en sorte que chaque légataire puisse entrer en possession de ce que je lui laisse, sans qu'aucun legs soit grevé pour le paiement de la dite

*tempore*. Et in caso, che seguisse l'affrancazione del predetto capitale di D$^i$ 2500 d. corr. doverà essere reinvestito, cosi che debba sempre stare ipotecato per fondo nella predetta mansonaria, come sopra ordinata.

Delli rimanenti D$^i$ cinque cento dispongo nel modo seguente, siano consegnate oncie cinquanta d'argento al sig$^r$ can$^{co}$ Lamberti, et altre oncie cinquanta d'argento al R$^o$ sig$^r$ D$^n$ Amorò Contarini Pievano di S. Vito. Ducati cento a Felicita Sartori: altri D$^{ti}$ cento a Giulia Bordegato: et altri D$^{ti}$ cento alla servitù di mia sorella.

Ritrovandosi nella mani degl'Ill$^{mi}$ Gabrieli D$^{ti}$ mile due cento corr. come apparisse da loro carta di mia cauzione; sono pregati riceverli in picciolo testimonio de debiti contrati dalla mia verso laloro casa a quali raccomando quanto a viva voce ho assi medemi conferito.

E perchè bramo che per quanto da me è stato di sopra ordinato e disposto, ed in progresso di sponessi restino pagate le acque cosicchè ogni beneficato vadi al possesso di quanto li lassio senz'aggravio di tale pagamento; percio voglio, che per tale effetto siano venduti li miei orecchini di diamanti filetto e altro se tali

taxe. Je veux qu'à cet effet on fasse la vente de mes pendants d'oreilles en diamant, filigrane, et autres objets, si les dits pendants ou boucles d'oreilles ne suffisoient pas; puis qu'avec le produit de cette vente on effectue le paiement de la taxe au Conseil des Eaux.

Mes commissaires, mis en possession aussitôt après ma mort de mes écrits privés signés de ma main et scellés de mon cachet, confiés également au notaire qui sera dépositaire du présent testament, exécuteront d'abord avec tout le secret et l'exactitude possible ce que j'ai prescrit et ordonné par lesdits écrits, et quant aux meubles qui resteront, je les prie de les diviser en deux parts, dont l'une sera assignée à ma sœur et l'autre aux susdites deux familles de Chiogga par portions égales : et par meubles j'entends le peu d'argenterie qu'on trouvera, les peintures et tout autre objet qui peut s'appeler meuble. De même à l'égard du capital de 3,000 ducats, valeur courante, placés sur l'hospice *degli Incurabili*, de cette ville, capital qui devra être réparti par mes commissaires en tout ce que j'ai ordonné et prescrit par les écrits privés ci-dessus cités, sans aucune obligation d'en rendre le compte le plus minime à qui que ce soit, telle étant ma volonté formelle[1].

Donc pour commissaires et exécuteurs de

orecchini non bastassero, e col ritratto resti eseguito il pagamento medemo.

Quanto al restante de mobili, che sopravanzasse, compite le ordinazioni da me fatte con carte private di mio pugno sottoscritte; quali sigillate col mio sigillo consegnerò al notaro ch' avera il presente mio testamento, accio seguita la mia morte siano prontamente consegnate alli miei commissarj, quali averanno ad eseguire con tutta secretezza e pontualita quanto in esse carte sara prescritto ed ordinato. Prego lie mie commissarj ridurre detto restante in due parti, l'una perche sy consegnata a mia sorella, e l'altra parte alle sudette due famiglie di Chioza divisa : e per mobili intendo li pocchi argenti, che s'attroveranno, pitture, et altro che col titolo di mobile possa chiamarsi; cosi pure del capitale de D$^i$ 3000 corr. che tengo investito nel pio Ospitale degli Incurabili di questa città, doverò esser eseguito da miei commissarj, quanto in una delle sopra nominate carte, che le verranno consegnate, ordino, e prescrivo, senz'obbligo di rendere minimo conto a chi che sia, tale essendo mia rissoluta volontà.

Per commissarj dunque et essecutori de

ces dispositions qui sont celles de ma dernière volonté, j'institue ma sœur sus mentionnée, je la prie de vouloir bien remplir cette charge et aussi l'Ill^me sign^r Gabriel Gabrieli.

J'adjoins à ces deux personnes, pour leur aide et leur soulagement et aussi à cause de sa proche demeure, l'Illustr^me sig^r Giambattista Fanello. Je lègue à ce dernier comme témoignage de ma reconnoissance ma tabatière d'or et de Lapis-Lazuli.

A ma très chère sœur, je laisse ma boîte de douze couverts d'Angleterre : et à l'Illus^me signor Lodovico Gabrielli comme petit souvenir, ma montre en or avec sa chaîne et mon flambeau d'argent avec ses mouchettes.

Me confiant entièrement dans la probité des susdits commissaires, lesquels exécuteront avec exactitude toutes les dispositions que je pourrois leur communiquer, même de vive voix; j'entends et je veux qu'ils ne soient nullement tenus de rendre le moindre compte à qui que ce soit, pour tout ce qui sera fait par eux, déclarant me fier à leur sage et sévère conduite.

Enfin comme héritière universelle de tout ce qui pourroit m'appartenir *quovis modo ac tempore*, en outre de ce que j'ai ordonné et disposé ci-dessus et de ce que j'ai ordonné et prescrit par les écrits sus énoncés, je veux et j'institue la susdite sig^a Angela Pellegrini, ma

questa, che intendo essere debba la mia ultima volontà, istituisco, e prego voler essere la prenominata mia sorella, e l'ill.mo sig.r Gabriel Gabrieli, a quali per maggior sollievo, e motivo di più vicina abitazione, aggiungo, e prego voler essere l'ill.mo sig. Giambattista Fanelli, a lui in attestato di gratitudine, lascio la mia tabacchiera di Lapiz Lazuli et oro : alla mia carrissima sorella, la mia corteliero di dodici possate d'Inghitterra : et all ill.mo sig. Lodovico Gabrielli la picciola memoria del mio orologio d'oro, con sua catena; et la mia lume d'argento, con sua mocchetta.

Confidando poi intieramente nel retto procedere de prodetti miei commissarj, da quali resterà con ogni pontualità esseguita ogni mia anco che avoce potessi dirle disposizione, non intendo ne voglio, che siano tenuti al minimo rendimento de conti a chi si sia persona, di quanto dalli medemi sarà fatto mentre in tutto mi affido alla loro savia e pontuale condotta.

Erede finalmente universale di tutto e quanto *quovis modo, ac tempore* potesse a me appartenere, oltre il di sopra ordinato e disposto, e con le sopra enonciate carte prescritto et ordinato voglio, et instituisco la predetta sig.a Angela Pellegrini mia sorella. E tanto sia detto,

sœur. Et ainsi que cela soit dit et fait à la gloire de Dieu, notre Seigneur, de qui tout bien procède[*].

Approuvé        Ros Alba Carriera.

Les Archives Imp. Roy. notariales L. V. de la province de Venise certifient que la présente copie, transcrite par une autre main, d'après le testament original déposé parmi les actes du notaire de Venise, Lodovico Gabrieli, conservés dans les archives I. et R., a été collationnée fidèlement et d'office.

Par le Chancelier des Archives notariales I. et R. susdites.

Venise, 30 juillet 1862.

M. Merlo, Chancelier.

et fato a Gloria del Signor Iddio, da lui procede ogni bene.

Affermo      Ros Alba Carriera.

L'Imp. Reg. Archivio notarile L. V. della prov° di Venezia certifica che la premessa copia, d'altra mano transcritta, concorda pienissamente coll'originale testamento deposto negli atti del V.to not: Lodovico Gabrieli che si conservano in questo I. R. Archivio, essendo stata fedelmente collazionata d'ufficio.

Dalla Cancelleria dell' I. R. Archivio notarile pred.to.

Venezia il di 30 juglio 1862.

M. Merlo, Cancell°.

## NOTES DU TESTAMENT.

1. Le Conseil des Eaux (*d'ell'Acque* ou *Aque*) administration pour l'entretien des canaux et aqueducs, citernes publics. Les magistrats qui le formoient portoient jadis le nom de *Proviseurs sur l'eau.* Ce conseil outre ses obligations de pourvoir à l'entretien des aqueducs et citernes étoit chargé de veiller à l'approvisionnement de l'eau douce nécessaire aux habitants de Venise, cette ville bâtie, comme on sait, sur les îlots de la mer Adriatique se trouvoit privée de sources et contrainte de se fournir d'eau presqu'artificiellement.

Le Conseil des Eaux soumis à de grandes dépenses et à une grave responsabilité, touchoit des redevances et des taxes, entr'autres celles que la loi imposait aux testaments et aux successions, comme notre Enregistrement. Le gouvernement affermait souvent les droits et s'en réservait la perception afin d'en connaître exactement les produits. Il mettait aussi ces droits en régie. Tout notaire qui recevoit un testament (et on n'en pouvoit faire que devant eux) étoit obligé de le présenter au Conseil des Eaux et de le déposer ensuite à la Chancellerie. Les héritiers males, en ligne directe, les filles pour leur dot, les frères, neveux et petits neveux du testateur, les maris et les veuves ne devoient que les frais de dépôt du testament; les autres héritiers et les femmes payoient la *dace* de cinq pour cent du montant de l'héritage au Conseil des Eaux. Cette loi datoit de 1568.

Au moment où nous écrivons, on compte à Venise cent quatre-vingts citernes publiques et près de deux mille citernes privées. Les unes et les autres sont alimentées par l'eau de la pluie ou celle qu'on apporte de la Brenta dans des bateaux affectés à ce service. Dans ces derniers temps, on a cherché à se procurer de l'eau au moyen de puits artésiens; on en compte une dizaine; malheureusement, ils ne donnent pas d'eau potable. Des conduites établies sur le grand viaduc du chemin de fer, sont destinées à en apporter à l'entrée de Venise. On voit que le côté faible de la ville des Doges a toujours été dans la difficulté de se fournir d'eau et qu'elle étoit obligée de pourvoir avec vigilance à l'approvisionnement de ses habitants. S.

2. La *Scola di San Rocco* et *le Arte de Luganegheri*.

A proprement parler, les *Scuole* étoient des associations de laïques qui exerçaient sous la direction de l'église, des œuvres de piété et de charité. Elles répondoient en quelque sorte à nos confréries de pénitants. Il y en avoit d'assez riches pour prêter de l'argent à la République. Les plus puissantes d'entre elles étoient celles de *San Marco*, située près de l'église de *San Zani-Polo*, celle de *San Giovanni* et enfin celle de *San Rocco*. Celles de *Luganegheri* ou en meilleur italien des *Luganichieri* des *charcutiers* ou plutôt des fabricants de saucissons de chair de porc hachée et introduite dans des boyaux, de Mortadelle et autres objets que l'Italie a su particulièrement perfectionner et dont elle est très-friande, ne subsiste plus, comme la plupart de ces confréries supprimées par la République française; celle de *San Rocco* reconstituée en 1806 se compose des principaux négociants et marchands de Venise, elle secoure les pauvres, particulièrement en cas de peste ou maladie contagieuse. Cette *Scuola* est située près de l'église des *Frari* (Franciscains) et de la petite église de *San Rocco* sur le campo de *San Rocco* où les peintres venoient exposer leurs tableaux en plein vent. Elle a été bâtie par les Lombards dans un style des plus remarquables, est décorée des peintures de Tintoret.

Les *Scuole* ou confréries pieuses ne doivent pas être confondues avec les corporations de métiers qui étoient tout autre chose et qui se gouvernoient d'après des statuts particuliers qu'on appeloit *Mariegole*. S.

3. *Les ducats courants* ou monnaie courante. Venise avoit plusieurs espèces de monnoie, la longue et la courte, autrement dit l'argent courant et l'argent de banque; la différence de l'un à l'autre étoit de vingt pour cent; de sorte qu'il falloit 120 ducats courants pour 100 ducats de banque. Le ducat de banque valoit primitivement 9 livres 12 sous, le ducat courant 6 livres 4 sous. Toutefois les monnoies subirent de fréquentes variations, à raison de la rareté de l'argent et à cause des refontes. De 1740 à 1755 le ducat valoit jusqu'à 8 francs et fut abaissé à 6 francs. S.

4. Les *écrits privés* et *secrets*.

Il est une pensée de Rosalba qu'il est impossible de pénétrer, puisqu'en mourant elle ne se confie d'une façon absolue qu'à sa sœur Angela et à Gabrieli, chargés d'exécuter avec *tout le secret et l'exactitude* possible ses volontés intimes. Il y a là tout un ordre d'idées qui pourroit séduire l'imagination des romanciers. Nous nous abstiendrons de chercher même à en tirer la moindre conclusion. Il y auroit beaucoup à dire en faveur de Rosalba à propos de cette forme testamentaire très en usage chez les Vénitiens.

Quant à l'ensemble de sa fortune, nous voyons dans son testament même qu'elle possédoit un *actif* assez important. En fonds placés :

| | | |
|---|---|---|
| 1° Sur *San Rocco*. . . | 12,000 | ducats. |
| 2° Sur le *Arte de Luganegheri*. . . . . . | 3,000 | — |
| 3° Sur les *Incurabili*. . | 3,000 | — |
| 4° Sur *Gabrieli*. . . . | 1,200 | — |
| Total. . . . | 19,200 | ducats. |

Or, 19 200 ducats vénitiens représentoient en 1755, au moins 120 000 francs de notre monnoie, et pour le temps où nous vivons à peu près 240 000 francs. Ce capital, sans comprendre les valeurs que pouvoit contenir les *écrits privés*, ne devoit-il pas facilement suffire à l'existence de Rosalba et d'Angela, l'une et l'autre âgées de plus de quatre-vingts ans. Du reste, l'ensemble du testament ne prouve-t-il pas clairement que si Rosalba Carriera n'étoit pas ce qu'on appelle riche, elle jouissoit au moins d'une aisance très-honorable.     S.

# OEUVRE

DE

# ROSALBA CARRIERA.

## OUVRAGES

EXÉCUTÉS PENDANT SON SÉJOUR A PARIS
EN 1720 ET 1721.

PASTELS, MINIATURES, DESSINS.

*Avril* 1720.

1. Portrait de Mme D'ARGENON [1].
2. Portrait du fils de JOHN LAW [2].
3. Portrait de l'abbé CROZAT [3].

1. Mme d'Argenon, voir p. 34 à 36
2. Payé 10 louis de 45 livres.
3. Payé 8 pistoles.

4. Deux petites têtes pour Pierre Crozat[1].

*Mai.*

(Le journal de ce mois n'a relaté que 31 mai.)

*Juin.*

4. Portrait de Mlle John Law.
5. Portrait du Roi Louis XV enfant (en petit)[2].
6. Apollon et Daphné, pour Audran.
7. Petite Flore, pour Pierre Crozat.
8 à 10. Trois dessins, pour Audran.
11 à 13. Deux petites Vénus et une Armide, pour Pierre Crozat.

*Juillet.*

(Le journal de ce mois ne s'est plus retrouvé.)

*Août.*

14. Portrait du Roi Louis XV, miniature pour la duchesse de Ventadour.
15. Portrait du Roi Louis XV, seconde mignature, destination inconnue.

---

1. Rosalba mentionne brièvement : Les trois Évêques, la Comtesse, la Religieuse, Princ... sans dire si ce sont des portraits. Voir page 33.
2. Il ne faut pas confondre *en petit*, avec *miniature*; Rosalba a bien soin de faire la distinction.

16. Portrait d'Antoine Crozat.
17. Portrait de Mme Boit¹, femme de Charles Boit, peintre en émail.
18. Portrait de M. Rousseau.
19. Portrait du jeune fils de la marquise DE LA CARTE.

*Septembre.*

20. Portrait de la marquise DE LA CARTE.
21. Une petite tête, pour un Anglais ami de Vleughels.
22. Portrait de la comtesse D'ÉVREUX, fille d'Antoine Crozat.
23. Portrait de M. CASTELLANI.
24. Une petite tête, pour Pierre Crozat.
25. Portrait de Mme SAINT-GERMAIN, femme d'un Anglais (le grand Mississipien)².

*Octobre.*

26. Portrait de la duchesse DE RICHMOND. Pastel en petit.
27. Portrait de la duchesse de la VRILLIÈRE. Pastel.
28. Portrait de Mlle SOININ³.
29. Portrait de LELC. Miniature⁴.

1. Voir p. 124.
2. Voir p. 184.
3. La très-belle et charmante fille, dit Rosalba.
4. Nous avons dit, au *Journal*, que nous ne pouvions expliquer ce nom. P. 203.

30. Portrait de MOLIGNEUX, seigneur anglais. Pastel.
31. Portrait d'une dame anglaise.
32. Portrait du Roi Louis XV. Copie au pastel [1].

### Novembre.

33. Portrait de Mme DE LOUVOIS.
34. Portrait du père JACQUES. Miniature [2].
35. Portrait de la duchesse DE BRISSAC. Pastel quatre-trois [3].
36. Portrait de JOHN LAW.
37. Portrait de Mme DE PARABÈRE. Pastel, trois.
38 et 39. Deux dessins, donnés à M. Rousseau.

### Décembre.

40 et 41. Deux dessins, pour la sœur d'Audran [4].
42. Un dessin, à M. Rousseau, à la place des deux précédents, n°s 38 et 39.

---

1. P. 103.
2. Religieux des Augustins. Il étoit de l'Académie de peinture et premier architecte du Roi, il est mort à 77 ans en 1742. V. P. 142.
3. Payé 12 louis de 45 livres. Nous avons conservé les chiffres des mesures de tableaux donnés par Rosalba sans les expliquer. Ces chiffres de convention sont maintenant perdus et remplacés par d'autres.
4. Audran, le peintre, un des maîtres de Watteau, était *concierge* du Luxembourg.

43. Portrait de Mme Antoine Crozat. Dessin.
44. Portrait du duc de la Vrillière.
45. Portrait de Mme de Parabère. Miniature [1].
46. Portrait de la duchesse de Villeroi.
47. Portrait de M. d'Argouge de Fleury [2], lieutenant civil.
48. Portrait de la marquise de Lautrec. Pastel quatre-un.
49. Portrait de la duchesse de Lorge.
50. Portrait de Mme de Prie.

### Janvier 1721.

51. Portrait de Michel Massiti, en petit, pastel de quatre-un.
52. Portrait de la marquise d'Alincourt. Pastel quatre-trois.
53. Une petite tête, donnée à M. de Julienne [3].
54. Portrait du prince de Conti.
55. Portrait d'une dame inconnue. [4] Pastel quatre-trois.

---

1. Payé 24 louis probablement pour les deux portraits.
2. Payé 10 louis de 45 livres.
3. De Julienne, à son tour, lui offrit 200 livres et un morceau d'étoffe ou de drap rare connu sous le nom de l'*écarlate* dont il étoit le fabricant.
4. Rosalba ne nomme pas cette dame.

*Février.*

56. Portrait de Mlle DE CHAROLOIS. Pastel de quatre-trois.
57. Portrait de Mlle DE CLERMONT. Pastel de trois-quatre.
58. Portrait d'Antoine WATTEAU, peintre. Pastel quatre-un.
59. Portrait de Mlle DE LA ROCHE-SUR-YON, sœur du prince de Conti.
60. Portrait de la duchesse DE la VRILLIÈRE. Copie.

*Mars*[1].

61. Une tête pour l'abbé de Maroulle.
62. Portrait d'OPPENOR[2], architecte. Pastel.
63. Portrait d'Antonio PELLEGRINI, peintre[3].

1. Le Journal de Rosalba constate qu'elle a reçu, au mois de mars, de M. Gruin, trésorier du Roi, 3000 fr. en argent, de l'abbé Perrot, précepteur du Roi, 1000 fr., puis une petite *canovetta* de vin dans le cours de l'année. Le tout probablement pour les travaux commandés par le Roi.

2. Ce n'est pas le Journal de Rosalba qui nous a révélé ce portrait. Nous l'avons reconnu dans un cabinet d'amateur à Paris, M. Walferdin. Nous pensons qu'il n'a pu être fait qu'à Paris, lors du voyage de Rosalba, et d'autant plus facilement qu'Oppenor logeait dans l'hôtel de P. Crozat. Peut-être l'a-t-elle exécuté pendant les mois de mai ou de juillet qui manquent à peu près dans son Journal, où cependant le nom d'Oppenor se rencontre plusieurs fois.

3. Voir page 593 à l'*OEuvre*.

## MUSÉE DU LOUVRE[1].

1° **Une Muse.**

Tableau de réception de l'artiste à l'Académie royale de peinture et de sculpture envoyé à Paris en 1721. Rosalba dit, dans sa lettre du 10 octobre 1721 : « Nymphe de la suite d'Apollon qui va faire présent de sa part (Rosalba) d'une couronne de lauriers, à l'Académie la jugeant seule digne de la porter et de présider à toutes les autres. »

Jeune fille blonde, le buste et les bras nus, coiffée de roses, tenant de la main gauche une couronne de lauriers. Une draperie rose entoure sa taille et son côté droit ; corsage bleu. (60 centimètres sur 54.)

2° **Portrait d'une jeune fille en costume de 1720.**

Blonde et légèrement poudrée, fleurs sur la tête, décolletée, robe à ramages, fleurs au corsage, te-

---

1. Le catalogue des dessins du Musée du Louvre de l'année 1841 a relaté les quatre pastels de Rosalba sans donner, à l'exception du premier, aucun détail sur leur origine ou sur les personnes qu'ils représentent.

nant un singe de la main gauche, et une draperie bleue prenant à l'épaule droite et laissant voir la main droite qui tient la patte du singe. (56 centimètres sur 43.)

Ce portrait, d'une toute jeune fille de douze à quinze ans, nous paroît, plutôt par induction que par preuve, pouvoir être celui de Mlle John Law, dont il est souvent question au *Journal* de Rosalba.

3° Portrait d'une jeune femme blonde.

La poitrine ouverte, robe rose, le corsage recouvert d'une gaze transparente avec petite guirlande de fleurs autour de la poitrine; draperie sur l'épaule gauche retenue par la main droite.

La facture de ces trois pastels est facile, mais manque de construction. La nature y est fardée, et diminuée. La couleur, quoique très-altérée par la lumière, est vive et claire, les demi-teintes y sont souvent transparentes, les cheveux vaporeux et cendrés, les chairs plus mattes que vivantes, les regards doux et cependant affectés, l'attitude calme et presque pensive. Nous voyons dans ces trois pastels plutôt la recherche des moyens de Velasquez que celle du Corrège; les gris, très-étudiés, y sont fins. Le tout porte un ensemble argentin qui charme et provoque l'attention.

4° Tête de jeune fille en buste. La tête sans ornements, la poitrine nue, et à la naissance de l'épaule une draperie blanche.

Ce pastel ne nous paroît pas être de la Rosalba.

## VENISE[1].

### *Academia delle belle Arte.*

1. Portrait d'un jeune patricien, provenant de la galerie Palladiana. Donné par Molin. Pastel.
2. Portrait d'une dame. Pastel [2].

### *Eglise de San Gervasio e San Protasio*[3].

La Madonna. Pastel.

### *Palais Mannin.*

Deux pastels. Le plus remarquable es une Nymphe.

### *Palais Giovanelli.*

Quatre pastels. Portraits. Ils ont été fort

---

[1]. Nous n'avons pas la prétention de donner une liste exacte des œuvres de Rosalba à Venise. Nous avons relevé seulement les peintures qui peuvent se voir presque publiquement dans la patrie de la Carriera.
[2]. Très-supérieur au précédent.
[3]. Église où Rosalba fut baptisée.

beaux, autrefois, avant d'avoir été frottés et nettoyés. *L'un* d'eux est donné comme le portrait de *Rosalba*.

### *Palais Sagrado.*

Portrait de vieille femme attribué à Rosalba. La savante construction et la puissante couleur de ce tableau nous portent à l'attribuer à un maître plus vigoureux que *Rosalba*.

### *Palais Manfrin.*

Trois portraits de femmes au pastel; malheureusement nettoyés.

# CHIOGGIA.

### CATALOGUE DE GIOVANNI D<sup>r</sup> VIANELLI[1].

1. Tête de jeune dame, de bel aspect. Cheveux blonds. Pastel.

    8 — 6.

2. Buste d'un *Generale di campo* en grande perruque. Paraît être celui du prince Eugène. Sur *carta imperiale*, dessin pierre et mine de plomb.

    9 — 7 1/2.

3. Portrait. Demi-figure d'un *Maresciallo* en

---

1. Catalogue publié en 1790, voir p. 28.

robe, avec rabat, collet blanc, draperies autour du cou, barbe courte, bague au petit doigt de la main droite. Dessin au crayon rouge d'une finesse exquise.

9 — 7 1/2.

4. Buste et portrait d'un jeune homme en veste avec un large collet, cheveux longs. Dessin sur *papier turc* au crayon de mine de plomb, rehaussé de crayon blanc.

10 1/4 — 9 1/4.

5. La *Fortuna muliebre*, une flèche dans sa main. Dessin sur *carta imperiale*, mine de plomb, copie d'un ouvrage de Raphaël qui est au palais Farnèse.

4 3/4 — 9 3/4.

6. Demi-figure. Dessin au crayon de mine de plomb, sur *carta imperiale*, d'après le Raphaël du palais Farnèse.

8 1/2 — 6 1/2.

7. Tête d'homme, finie avec la plus grande perfection, mine de plomb, sur *carta imperiale*, d'après un Raphaël du Vatican.

6 — 5.

8. Groupe de trois têtes d'anges. Crayon rouge sur *carta imperiale*, d'après Balestra, maître de Rosalba,

10 1/2 — 8 3/4.

9. Tête de la Vierge Marie, dessin au crayon rouge sur *carta imperiale*, d'après l'ouvrage de Rosalba qui se trouve à la *Scuola della Carità* de Venise.

10 1/2 — 7 3/4.

10. Tête de femme (*molto amorosa*) avec de beaux cheveux. Crayon rouge sur *carta imperiale*.

10 1/2 — 7 3/4.

11. Repos de la Vierge Marie (*Riposo di Maria Vergine*); la Vierge donne le sein à l'enfant Jésus près de saint Joseph. Paysage; dessin à l'encre sur papier, exécuté avec hardiesse (*con gran bravura*).

7 3/4 — 10 1/2.

A ce dernier numéro, Vianelli ajoute une note. Il nous apprend qu'avec ces objets il possède aussi un livre de croquis, à la plume et au crayon, de la main de Rosalba et de celles de plusieurs maîtres, qu'il a eu soin de « renfermer dans un portefeuille de parchemin à filets d'or, noué par des rubans de soie verte. » Ces croquis étoient au nombre de soixante-sept. Dix-huit de Felicita Sartori (Mme Hoffman), élève de Rosalba, parmi lesquels onze portraits à la plume, treize d'Antonio Pellegrini, beau-frère de la Carriera, dont trois d'après des statues de Rome, et six caricatures sur la manière de Salvator Rosa ; enfin, la charge très-curieuse d'un personnage de Venise qu'on nommoit *Bauta*, assis à sa table, la plume à la main.

Tous ces objets, dit-il, avec ceux décrits plus haut, sont passés dans la famille du signor chanoine Vianelli qui les tenoit des héritiers de la défunte Rosalba.

Le Catalogue de Vianelli désigne, en outre, quatre dessins de *Felicita Sartori*, élève de Rosalba, qui aurait été aussi élève de son oncle *Antonio dell' Agata*, peintre, que les livres ne citent pas. Cet artiste aurait gravé quelques têtes d'après Rosalba, sa commère (*comare*), entre autres celle de *Luiza Bergali*.

## GALERIE ROYALE DE DRESDE [1].

1. Frédéric-Chrétien de Saxe, comme prince électeur.
2. Anne-Amélie, princesse de Modène.

[1]. Le Musée de Dresde, qui répo... toujours avec la plus grande obligeance aux communic... s qui lui sont demandées, a bien voulu rechercher ... pourrait être l'origine exacte des tableaux de Ro...ba de la Galerie royale. La tradition lui a laissé ce renseignement, que le Roi Auguste III en avait transmis la plus grande

3. Un procurateur de Venise en costume.
4. MARIE-JOSEPHE, fille de l'empereur Joseph I$^{er}$, épouse d'Auguste III, roi de Pologne.
5. L'abbé SARTORIUS.
6. CHRÉTIEN VI, roi de Danemark.
7. L'abbé MÉTASTASE.
8. LOUIS XV, Dauphin [1].
9. RINALDO, duc de Modène.
10. Le cardinal d'YORK, de la maison des Stuarts.
11. Le comte PIETRO MINELLI.
12. La comtesse CAMILLA MINELLI.
13. La comtesse RECANATI [2].

partie à son successeur, mais il n'a pu nous indiquer à l'exception du n° 61 l'époque et les conditions de ces acquisitions, ni quels avaient été les précédents possesseurs des portraits. Ce silence est surtout regrettable pour les personnages historiques dont nous citons textuellement les noms copiés sur le livret du Musée de Dresde, en lui laissant la responsabilité de ces attributions. Ces pastels commencent au n° 2096 du livret jusqu'à celui 2164.

1. Ce portrait pourrait être celui que fit Rosalba, en 1720, à Paris, et que le Roi a pu donner plus tard à Auguste III, lors du mariage du Dauphin de France avec la fille de ce prince. S'il est réellement de la main de Rosalba, et d'après nature, il représente Louis XV Roi, âgé de dix ans en 1720.

2. Il est parlé des Recanati au Journal de Rosalba.

14. La comtesse Léopoldine de Sternberg.
15. Noble Vénitienne de la maison Barbarigo.
16. Henriette, princesse de Modène.
17. Anne-Amélie-Joséphine, princesse de Modène.
18. L'impératrice Élisabeth, épouse de Charles VI.
19. L'impératrice Amélie, épouse de Joseph I$^{er}$.
20. Clément-Auguste, électeur de Cologne, prince de Saxe.
21. Le comte de Villiers.
22. Portrait de la Moceniga, née Cornara.
23. Portrait de la Cocceji, ci-devant Barberini.
24. La duchesse de Holstein, ci-devant comtesse Orselska.
25. La princesse de Teschen, ci-devant comtesse Lubomirska.
26. Portrait de Faustine Hasse.
27. Une hôtesse du Tyrol.
28. Portrait de Rosalba Carriera.
29. Portrait d'une femme fort avancée en âge.
30 à 34. L'Europe, l'Asie, l'Afrique et l'Amérique, représentées par des têtes caractéristiques.
35. Clio.

36. La Vigilance, sous la figure d'une jeune personne portant un coq.
37. La Sagesse, sous la figure de Minerve,
38. La Justice, désignée par des faisceaux.
39. La tempérance, sous la figure d'une jeune fille qui verse de l'eau dans une coupe.
40. La Vérité, sous la figure d'une femme au maintien sérieux, un miroir à la main.
41. L'Instabilité et l'Éternité se tenant par la main.
42. La Charité embrassant la Justice.
43. Le Printemps, sous la figure d'une jeune fille parée des fleurs de cette saison.
44. L'Été, des épis dans sa blonde chevelure.
45. L'Automne, sous la figure d'une bacchante, une grappe à la main.
46. L'Hiver, sous la figure d'une jeune fille se chauffant les mains au feu.
47 à 49. Les Parques, Clotho, Lachésis et Atropos ; la première tordant le fil de la vie, la seconde le dévidant, la troisième sur le point de le couper.
50. L'Air, sous la figure d'une jeune fille tenant un oiseau.
51. L'Eau, sous la figure d'une jeune fille tenant des poissons au-dessus d'un vase.
52. La Terre avec ses fruits.

53. Le Feu. (Tous les quatre sont des demi-figures.)
54. La Victoire.
55. Tête du Christ.
56. La sainte Vierge.
57. Petite image de la Vierge, la tête couverte d'un drap blanc.
58. La Vierge, les yeux baissés, la main droite sur la poitrine.
59. La Vierge, tenant un livre dans ses mains.
60. Mater dolorosa.
61. Marie-Madeleine [1].
62. La même, les cheveux épars.
63. La même, dirigeant ses regards vers le ciel.
64. Le petit saint Jean.
65. La Vierge, avec une draperie bleue et un voile vert, la main gauche sur la poitrine.
66. Le Sauveur bénissant le monde.
67. Le même, les cheveux longs et pendants.
68. Saint Joseph avec son bâton en fleur.
69. Petite image de la Vierge.
70. La Vierge, les yeux baissés.

---

1. C'est la copie d'après Corrège qu'Algarotti acheta pour le roi de Pologne. Page 419.

## MINIATURES.

*Ouvrages de Rosalba Carriera qui n'ont pas été catalogués à la Galerie royale de Dresde*[1].

71. Portrait de FRÉDÉRIC CHRISTIAN comme prince électeur de Saxe. — Oval; largeur, 3 pouces 1/4; hauteur, 4 p. 1/2. Très-fini.

72. Portrait de LOUIS XIV, en perruque et en manteau bleu fleurdelisé et garni d'hermine. — Oval; larg., 3 p.; haut., 4 p. Très-fini, très-soigné[2].

73. Diane. A côté d'elle, un chien qu'elle flatte. Dans le fonds, des arbres. — Larg., 4 p.; haut., 5 p. 1/4.

74. Une jeune dame, en robe de diverses couleurs, assise devant un piano. Derrière elle un perroquet. — Oval; haut., 3 p.; larg., 4 p.

75. Apollon poursuivant Daphné. Celle-ci est nue jusqu'à la taille; le reste du corps

---

1. Nous devons cette obligeante communication à M. Julius Hubner et tout particulièrement à M. F. Schmidt, inspecteur des musées royaux de Saxe.

2. Nous répétons que nous ne garantissons pas l'attribution historique de ce portrait que nous n'avons pas vu. Il pourrait être plus exactement celui du Régent, Rosalba n'étant venu en France qu'après la mort de Louis XIV. A moins toutefois que Rosalba n'ait peint cette miniature d'après un portrait du Roi.

est couvert d'une draperie bleue. Les doigts de Daphné commencent déjà à se métamorphoser en feuilles. — Oval; larg., 3 p. 3/4; haut., 4 pouces 3/4.

76. Portrait d'un homme en habit bleu et en grande perruque. — Buste oval; larg., 2 pouces 1/2; haut., 3 p. 1/2.

77. Jeune dame, habillée en robe bleue décolletée, portant des fleurs dans ses cheveux et au sein, tenant un petit chien. — Oval; larg., 2 pouces 3/4; haut., 3 p. 3/4.

78. Buste d'un jeune homme en perruque, en robe de chambre, fond rouge à mille fleurs. — Oval; larg., 2 p. 1/2; haut., 3 pouces 1/2.

79. Buste d'une jeune fille, les bras et les seins nus; elle tient un petit oiseau. — Larg., 2 p. 1/4; haut., 3 pouces.

80. Jeune femme, en costume de jardinière italienne, tenant un panier rempli de fruits; dans le fond un paysage. — Oval; larg., 3 p. 1/4; haut., 4 p. 1/2.

81. Buste d'une dame, cheveux poudrés, robe brodée d'or et à mille fleurs, tenant un médaillon de la main gauche. — Oval; larg., 2 p. 1/2; haut., 3 p. 1/4.

82. Une jeune dame, les seins découverts, entourée d'un voile bleu, tient un livre

ouvert sur lequel on lit : *École d'amour*. Cupidon est près d'elle, montre le livre et semble lui adresser des questions. — Oval; larg., 2 p. 3/4; haut., 3 p. 1/2.
83. Buste d'une jeune femme; elle tient de la main droite une flèche et en essaye la pointe sur un doigt de la main gauche. — Oval; larg., 2 p. 1/2; haut., 3 p. 1/4.
84. Jeune fille tenant un lapin d'Angora. — — Oval; larg., 2 p. 3/4; haut., 3 p. 1/2.
85. Vénus assise; draperie blanche; elle se mire dans une glace que l'Amour lui présente. — Oval; larg., 3 pouces; haut., 3 p. 1/2.
86. Jeune femme tenant un vase. — Oval; larg., 2 p. 1/2; haut., 3 p. 1/2.

Nous nous sommes déjà suffisamment étendu sur l'examen des œuvres de Rosalba sans revenir encore sur ceux du Musée de Dresde ; nous nous bornerons à signaler les peintures qui méritent une attention toute particulière :

1° Le portrait de *Rosalba*, dont l'effet clair, vif et décidé est un de ses meilleurs pastels, quoi qu'il ait un aspect sombre et presque repoussant.

2° Le portrait de *Métastase*, buste d'une expression extrêmement fine et spirituelle.

« L'exécution participe de toutes les qualités du modèle dit un Critique allemand; elle est d'une spontanéité remarquable, » la couleur en est brillante et très-vive.

3° Le portrait de l'*Impératrice Élisabeth*, femme de Charles VI, princesse d'un aspect noble et gracieux. Des rangs de perles ornent ses cheveux et sa poitrine, une agrafe de diamants retient un manteau sur une robe d'un rouge clair.

4° Le portrait de l'*Impératrice Amélie*, femme de Joseph Ier, exécuté avec une grande délicatesse de tons.

5° Le portrait de la *duchesse de Holstein*, fille naturelle d'Auguste II, un des plus séduisants pastels de Rosalba.

## OUVRAGES DE ROSALBA CARRIERA PASSÉS EN VENTES PUBLIQUES A PARIS.

### VENTE CHARLES COYPEL.
### 1753.

Catalogue rédigé par P.-J. Mariette.

Une jeune et aimable fille portant une colombe dans son sein; copie très-exacte, faite par M. Charles Coypel, pour son étude particulière, d'un pastel de l'illustre Mlle Rosalba, qui avoit été fait pour le comte de Morville, et qui appartient à M. de Boullogne, intendant des finances. Elle est sous glace, et a 20 pouces de haut sur 17 de larges. Prix: 151 livres.

### VENTE CROZAT, BARON DE THIERS.
### 1755.

Le Catalogue rédigé par de la Curne de Sainte-Palaye est des plus curieux. C'est presque un inventaire des objets d'art du baron de Thiers. Il relate les tableaux pièce par pièce où le neveu de P. Crozat les a disposés dans son hôtel de la place Vendôme. Nous retrouvons les œuvres de Rosalba dans les endroits ci-après.

*Petit salon, à droite en entrant* (p. 71).

Sur une armoire en treillage de fil de laiton, cinq têtes, au pastel, couvertes de glaces, par LA ROSALBA.

*Petite galerie* (p. 75).

On y trouve, en entrant à droite, une tête de femme de profil; pastel de LA ROSALBA, de 11 pouces et demi de haut sur 9 pouces de large.

Et les quatre Saisons, représentées par autant de femmes qui en portent les attributs; aussi en pastel et par la même ROSALBA; tous les quatre de 9 pouces de haut sur 7 pouces de large.

De l'autre côté, vis-à-vis, un portrait de profil, au pastel, par LA ROSALBA, de 17 pouces de haut sur 11 pouces de large.

Et d'autres petits pastels, au milieu desquels est placé celui de Mme la comtesse d'ÉVREUX; pastel sous glace, par LA ROSALBA, de 16 pouces de haut sur 13 pouces de large.

Près de la fenêtre, à droite, une Vierge, au pastel, de LA ROSALBA, de 16 pouces de haut sur 13 pouces de large. Voir t. 433.

### VENTE PASQUIER [1].
### 10 mars 1755.

*Rosalba Carriera.*

Deux tableaux, peints en pastel, de 24 pouces sur 18. Ils sont traités allégoriquement, composés chacun de deux figures, vus à mi-corps, et représentant, l'un la Paix, l'autre la Justice. Ils viennent du cabinet de feu *M. le cardinal de Polignac*, qui les apporta de Rome, et peuvent être regardés comme des chefs-d'œuvre de cet habile artiste. Ils sont sous glace. Prix : 2416 livres; achetés par Godefroy pour le duc de Tallard.

### VENTE DE TALLARD.
### 1756.

La Justice et la Poésie, deux pastels (de la vente Pasquier). Prix : 2800 livres.

Ici le rédacteur du Catalogue les a désignés sous un titre que la vente Pasquier ne constatait pas.

### VENTE BABAULT.
### 1763.

Deux têtes au pastel, d'homme et de femme, provenant de la collection *Crozat*. Prix : 85 livres 15 sous.

1. Les ventes Pasquier, de Tallard, Babault, électeur de Cologne, sont extraites du *Trésor de la curiosité* de M. Ch. Blanc.

### VENTE DE L'ÉLECTEUR DE COLOGNE.
#### 1764.

Les Saisons, représentées par des jeunes filles ornées de fleurs et de fruits, pour les trois premières, et, pour l'Hiver, par une jeune femme vêtue d'un manteau rouge doublé d'hermine. Précieux pastels peints pour l'électeur de Cologne. 22 pouces de haut sur 17 de large. Prix : 3080 livres.

Nous voyons reparaître plus loin ces quatre Saisons à la vente de *Julienne*, où elles furent vendues 4000 livres, avec un portrait de femme, coiffée en cheveux, tenant un porte-crayon à la main, vendu 721 livres.

Portrait de ROSALBA CARRIERA au pastel; elle est à son chevalet, peignant un portrait d'homme, qui est sans doute l'Électeur, vêtu de bleu et décoré d'une chaîne d'or. Prix : 300 livres.

### VENTE DE JULIENNE.
#### 1767.

Catalogue rédigé par Pierre Remy pour les objets d'art, et par C.-F. Juillot pour les curiosités, les porcelaines, les laques, les meubles, etc.

*Rosalba Carriera.*

65. Les quatre Saisons, représentées chacune par une demi-figure de fille jeune et

aimable, avec les attributs qui les caractérisent; elles sont au pastel, qui est, comme tout le monde sait, un genre de peindre que cette célèbre Vénitienne possédoit supérieurement. Feu *Son Altesse électorale de Cologne* les lui a fait faire, et, par conséquent, on ne peut douter de la perfection de ces quatre morceaux. Ils sont sous glace, et portent chacun 22 pouces de haut sur 17 de large.

66. ROSALBA CARRIERA elle-même, dans un âge avancé, coiffée en cheveux; elle tient un petit crayon et une feuille de papier gris sur laquelle est représenté le portrait d'une jeune fille. Ce tableau au pastel, qui est d'un empâtement extraordinaire, vient encore du cabinet de l'électeur de Cologne; il porte 27 pouces de haut sur 21 pouces 6 lignes de large.

67. Deux bustes de femmes extrêmement gracieuses; elles ont chacune un bouquet de fleurs dans les cheveux. Ces deux morceaux fins sont sous glace; ils portent chacun 16 pouces de haut sur 12 pouces 6 lignes de large.

68. Le buste d'une dame, vue de face, et peinte en pastel, sous glace, qui porte 20 pouces de haut sur 15 de large.

69. Un buste d'homme, vu un peu plus que de profil : c'est le portrait d'Antoine PELLEGRINI de Padoue, peintre vénitien, que Carriera, sa belle-sœur, a peint à Paris en 1720; il est sous glace, et porte 11 pouces 6 lignes de haut sur 9 pouces 6 lignes de large. Ce pastel est d'une extrême beauté.

70. Le buste de Sébastien RICCI de Belluno, peint à Venise. Il est sous glace; de 11 pouces 3 lignes de haut sur 9 pouces 6 lignes de large.

71. Une femme tenant un papier de musique; elle est en buste et vue presque de face; sous glace, qui porte 16 pouces 6 lignes de haut sur 12 pouces 6 lignes de large.

72. La tête d'une jeune et agréable femme, vue des trois quarts, peinte en pastel sur papier bleu, sous un verre de 11 pouces 6 lignes de haut sur 9 pouces 6 lignes de large.

73. La tête de ROSALBA, âgée de quatre-vingts ans, peinte, en pastel, par elle-même, sur papier gris, de même grandeur que la précédente[1].

---

1. L'âge indiqué de 80 ans est impossible. Rosalba perdit la vue à 75 ans et déjà elle ne pouvait plus peindre depuis plusieurs années.

### VENTE LALIVE DE JULLY [1].
### 1770.

Portrait de WATTEAU, en buste et assis, on voit le haut de la chaise. Pastel de 12 pouces sur 10. Prix : 113 livres, acheté par Remy.

Le Catalogue Lalive de Jully fait mention de deux pastels non cités par M. Ch. Blanc :

1° Une très-belle tête de femme, vue des trois quarts, les yeux élevés : ce pastel, fait à la *presto*, sur papier petit bleu, est tout esprit et *plein de ragoût*; il porte 12 pouces de haut sur 10 pouces de large ;

2° Un autre pastel fini, sur vélin, par Rosalba ; il représente l'Hiver sous la figure d'une jeune femme en cheveux, qui s'enveloppe d'une fourrure et d'une draperie rouge. Hauteur, 1 pied 11 pouces ; largeur, 1 pied 6 pouces 6 lignes.

### VENTE CAYLUS.
### Avril 1773.

#### Catalogue rédigé par P. Remy.

Nous ne retrouvons pas à ce Catalogue la miniature que Rosalba peignit pour M. de Caylus, et qui sera signalée aux ventes Blondel de Gagny et Vassal de Saint-Hubert

1. *Trésor de la curiosité* de M. Ch. Blanc.

comme ayant paru à cette vente. Le Catalogue ne contient que des miniatures de Massé de Charlier et de Klingstett.

### VENTE DE P. J. MARIETTE.
### 1775.

Catalogue rédigé par F. Basan, graveur.

#### MINIATURES.

2. Le portrait en miniature de *Nobil Donna Foscari*, peinte à Venise en 1715, morte à la fleur de son âge : la tête en est charmante et belle, l'ajustement de corps et de tête très-galant ; elle est coiffée en cheveux, et porte une aigrette noire comme nos dames d'aujourd'hui, et a un bouquet au côté, grandeur de 3 pouces sur 2 de largeur, non compris une petite bordure en cuivre doré, couronnée d'un ruban, et enfermé dans son étui de galuchat, garni en argent. Prix : 300 fr.

3. Autre jolie femme, avec des fleurs dans les cheveux : la tête, la gorge et le bras droit, qui se voient en entier, sont peints avec des couleurs si vives et si fraîches, qu'ils font illusion à la plus belle nature ; le reste du corps est couvert d'un linge clair et transparent, et enveloppé d'une

autre étoffe bleue : pour terminer l'éloge de ce précieux morceau, 96 gros grenats enchassés en forment la bordure, 4 pouces et demi sur 3 et demi de largeur en totalité. Prix : 360 fr.

4. Autre miniature de forme ovale de 3 pouces sur 2 de hauteur, représentant la figure de *Diane* négligemment appuyée, tenant de la main droite un arc, et caressant son chien de la gauche; la tête est des plus gracieuses et la gorge découverte. Prix : 600 fr.

### PEINTURES AU PASTEL.

5. Le buste d'une jolie femme vénitienne, ayant sur la tête un petit chapeau où sont attachées des fleurs, et tenant de la main droite un masque noir, portant 13 pouces sur 11 de large. Prix : 800 fr.

6. Autre buste d'un jeune homme, la tête nue, et des plus agréables, le col de sa chemise déboutonné; il tient de la main droite une draperie bleue qui le couvre : ce morceau, de même grandeur que le précédent, est d'un précieux aussi fini et d'une conservation parfaite[1]. Prix : 350 fr.

---

1. C'est le pastel que Rosalba donna à Mariette et dont il est question dans sa Biographie.

7. Trois autres têtes de femme, et le *portrait de cette célèbre artiste* de l'école vénitienne que la mort nous enleva le 15 avril 1757, âgée de quatre-vingt-cinq ans[1].

### VENTE BLONDEL DE GAGNY[2].
### 1776.

ROSALBA CARRIERA touchant du clavecin; un homme qui joue de la flûte l'accompagne; un enfant tient un livre de musique (miniature). Prix : 280 livres.

Une femme en cheveux, et couronnée de feuilles de laurier, vue à mi-corps; elle tient une pique à la main droite et dans la gauche des fruits. Miniature remarquée dans la vente de Caylus. Prix : 124 livres.

### VENTE DU PRINCE DE CONTI.
### 1777.

Le buste d'un jeune homme, la tête nue, le col de sa chemise déboutonné. Provenant du cabinet de Mariette. Prix : 572 livres.

1. C'est encore un portrait de Rosalba par elle-même dont l'attribution ne pourroit être contestée puisqu'il a appartenu à Mariette.
2. Les indications des ventes Blondel de Gagny, prince de Conti, Randon de Boisset, Vassal de Saint-Hubert, Euller, de Ménars et la Mesangère sont extraites de l'ouvrage de M. Ch. Blanc, le *Trésor de la curiosité*.

## VENTE RANDON DE BOISSET.
### 1777.

Catalogue rédigé par P. Remy.

22. Le buste d'une femme; elle est vue presque de face, et tient un papier de musique. Ce beau et savant portrait, peint en pastel, est sous glace; il porte 16 pouces 6 lignes de haut sur 12 pouces 6 lignes de large. Prix : 601 livres.

23. Un autre beau buste de femme, vue presque de face, et ayant des fleurs qui ornent ses cheveux. Ce tableau porte 17 pouces de haut sur 13 pouces 6 lignes de larges. Il vient du cabinet de M. Lempereur, n° 23 du Catalogue de sa vente faite en 1773, rue Vivienne.

## VENTE VASSAL DE SAINT-HUBERT.
### 1779.

Une Anglaise, vue de trois quarts, ayant des fleurs dans ses cheveux, vêtue d'une robe écarlate. Pastel de 21 pouces sur 16. Prix : 1101 livres.

Buste de femme tenant des fruits. 17 pouces sur 13. Prix : 280 livres.

Une femme en miniature. Elle a des fleurs dans les cheveux; on lui voit la gorge et le bras droit; le reste du corps est couvert d'un linge clair et enveloppé d'une draperie bleue. Ce morceau est renfermé dans une bordure ornée de 96 gros grenats. 4 p. 1/2 sur 3 1/2. (C'est le n° 3 de la vente Mariette.) Prix : 199 livres.

Autre portrait de femme tenant une pique et un panier de fruits (3 pouces sur 2). 144 livres. C'est probablement la miniature des vente de Caylus et Blondel de Gagny.

### VENTE EULLER.
#### 1781.

Une belle femme blonde, robe blanche et draperie bleue, à mi-corps, rose et œillet au côté. Prix : 96 livres.

Buste de femme avec un collier de perles, robe bleue, bouquet de fleurs. Prix : 96 livres.

### VENTE DU MARQUIS DE MÉNARS.
#### 1782.

Miniature d'une Vénitienne en buste et en corset, tenant un coq. Prix : 72 livres 4 sols. Acheté par Chevalier.

### VENTE LA MESANGÈRE.
### 1831.

Six portraits, dont un de la princesse GRIMALDI, par Rosalba. Tous les six dans des bordures de cuivre. Prix : 50 francs.

### VENTE DE M. E. P.
### 31 mars 1856.

Depuis cent ans le silence s'était fait sur la personne de Rosalba, lorsque Paris, où elle avait produit un si grand éclat, se prit de nouveau à s'occuper d'elle.

Un amateur, revenu de l'étranger, apportait, disait-on, une suite de ses œuvres que *Felicita Sartori* aurait jadis rassemblée avec un soin religieux. « Leur réunion formoit un ensemble de travaux qui avait tout l'intérêt d'une vente après décès, faite à un siècle d'intervalle, » dit le Catalogue.

Le 30 mars 1856, cette collection fut exposée à l'hôtel des commissaires priseurs, et le lendemain, 31, elle fut adjugée au plus offrant enchérisseur.

Voici la copie de ce Catalogue, qui comprenait aussi des miniatures de Klingstett et de quelques autres peintres miniaturistes.

1. Portrait de l'artiste. Prix : 310 fr.

2. Portrait de Frédéric Auguste, électeur de Saxe, roi de Pologne. Prix : 250 fr.
3. Portrait de la comtesse Labbia, Vénitienne célèbre par sa beauté.
4. Portrait de femme. Prix : 820 fr.
5.       Id.       Prix : 65 fr.
6.       Id.       Prix : 180 fr.
7.       Id.       Prix : 42 fr.
8. La Gloire. Jeune femme tenant une couronne de lauriers.
9. L'Abondance. Jeune femme portant des fruits. Les deux numéros, 380 fr.
10. Tête de femme couronnée de lauriers.
11.     Id.     id.
12.     Id. avec le numéro 10, 415 fr.
13.     Id.     id.    250 fr.
14. Jeune fille tenant une pêche. 125 fr.
15. Tête de femme. Portrait.
16.     Id. avec le numéro 24, 70 fr.
17.     Id.     id.    72 fr.
18. Tête de jeune villageoise. 40 fr.
19. Tête d'homme. Portrait.
20. La Vierge et saint Joseph. Deux pastels.
21. Salvator mundi.
22. L'Amour. Étude d'après Corrège.
23. La Laure de Pétrarque, d'après le Giorgion.
24. Diane.
25. Le baiser. Étude.

26. Tête de femme. Étude vigoureuse.
27. Un Amour. Fragment de composition.
28. Petit portrait de femme.
29.        Id.
30.        Id.
31. Petit portrait d'homme.
32. Petite esquisse. La Vierge.
33.    Id.    Jeune fille, costume de la Suisse saxonne.
34.    Id.    Jeune fille, costume de la Suisse saxonne. Prix : 111 fr.
35.    Id.    Jeune fille, costume de la Suisse saxonne. Prix : 48 fr.
36.    Id.    Jeune fille, costume de la Suisse saxonne.
37.    Id.    Jeune fille, costume de la Suisse saxonne.
38.    Id.    Femme, costume de bal masqué. Prix : 47.
39.    Id.    Homme, costume de bal masqué.
40.    Id.    Femme. Tête de fantaisie.
41.    Id.         id.
42.    Id.         id.
34.    Id.         id.

**MIGNATURES.**

44. Portrait de Félicité Savelli, Vénitienne, élève de Rosalba Carriera, mariée à un

conseiller de l'électeur de Saxe, M. Hoffman; sur vélin[1].

45. Portrait de femme, sur vélin.
46. Portrait d'ANT. MARIA ZANETTI[2].
47. Jeune femme tenant une fleur. Belle miniature à l'état d'ébauche, sur ivoire piqué.
48. Porteuse d'eau vénitienne, sur ivoire.

### DESSINS.

49. Portrait du comte FÉDÉRICO DEI BOROMEI, à l'aquarelle.
50. Portrait d'homme, dessin aux trois crayons.
51. Portrait de femme à la plume et à l'aquarelle.
52. Portrait d'homme, à la plume et au bistre.
53. La comtesse SIMONETTA, dessin à la plume.
54. Cavalière inglese,     id.
55. Portrait d'homme,     id.
56. CHRIN et GADENOR, deux portraits à la plume, achetés par M. F. V. Ils font partie du Catalogue de sa vente. (Voir ci-après.)
57. Tête de femme. Étude au crayon.

1. Le Catalogue fait une erreur. C'est *Felicita Sartori*.

2. Cette miniature, que nous avons vue, n'étoit qu'une ébauche, mais très-libre et très-fine.

58. Tête de femme. Ébauche sur vélin.

Ici se terminoit cette longue énumération des œuvres de notre artiste, dont les principaux acquéreurs ont été MM. Paul Meurice, Charles Blanc, Laneuville, Pelletier.

### VENTE DE M. F. V.

16, 17 et 18 mai 1859, à Paris.

1. Portrait de femme en buste : elle a des fleurs dans les cheveux, porte une robe à ramages et un manteau bleu. Miniature sur vélin très-terminée, cadre d'ébène.
2. Femme assise, à moitié nue, tenant une fleur à la main ; sur ses genoux, un manteau bleu et d'autres fleurs. Charmante ébauche en miniature sur un couvercle de boîte en ivoire, forme ovale, avec une incrustation de cuivre ; travail vénitien, cadre d'ébène.
3. Tête de femme. Miniature sur vélin.
4. Portrait de jeune femme au crayon noir.
5. Deux portraits sur la même feuille. Un Turc, nommé Chrin, coiffé d'un turban à aigrette et tenant une tasse. — Au-dessous de l'autre personnage, le nom de Gadenor. Dessin à la plume.

6. Portrait d'homme en buste. Dessin très-terminé aux trois crayons.

VENTE EUGÈNE PIOT.

25 à 30 avril 1864.

*Rosalba Carriera.*

226. *Pastel.* Portrait de la comtesse *Labia*, dame vénitienne de la première moitié du dix-huitième siècle, célèbre par sa beauté, et dont il est question dans les lettres du Président de Brosse. Haut. 80 cent.; larg. 53 cent. Prix : 440 fr. (Déjà vue à la vente E. P. en 1856.)

La même.
227. Pastel. Portrait de femme âgée. Prix : 75 fr.

VENTE POURTALÈS-GORGIER.
Avril 1865.

*Rosalba.*

N° 330. Portrait de l'artiste peint par elle-même. Tête nue, une légère dentelle mêlée à ses cheveux poudrés et courts, des pendants d'oreille en perles. Pastel. Prix : 1750 fr.

Nous n'avons pas relevé tous les pastels de

Rosalba qui se trouvent en France et particulièrement à Paris. Toutefois nous pouvons constater que les cabinets de MM. Paul Meurice, Baroilhet, Mundler, E. Piot et Julien de la Roche-Noire renferment des œuvres de cette artiste célèbre. Le cabinet de ce dernier amateur contient huit pastels très-remarquables et un dessin, dont trois têtes allégoriques, une vénitienne en costume de bal masqué, toutes de grandeur nature, un amour très-librement copié d'après Corrège et quelques vives maquettes, colorées, pour l'aider dans l'exécution de ses portraits.

# ADDITION AUX NOTES.

Le Journal de Rosalba aux 13 juin et 10 et 24 septembre 1720, mentionne ses relations avec un M. *Baucon*. Jusqu'ici nous n'avions relevé que cette particularité assez insignifiante de la publication dans le *Mercure* d'une petite pièce de vers adressée à un M. *Boucon*, qui cherchoit à obtenir son portrait par un peintre célèbre du temps. Le poëte lui disoit qu'au lieu d'aller trouver les grands noms de l'époque il avoit à sa porte un peintre de talent, *Bouys*, qui sauroit s'en acquitter à merveille.

Au moment de mettre sous presse, nous trouvons au *Nécrologe des hommes célèbres* (Biographie de *Mondonville*) ce passage très-significatif qui fixe nos incertitudes sur le personnage dont a parlé Rosalba. Voici ce passage, que nous citons textuellement :

« De retour à Paris (vers 1747) M. de Mon-
« donville, dont la réputation augmentoit
« toutes les années, fit l'heureuse connoissance
« d'une demoiselle riche, et célèbre elle-

« même par ses talents pour la musique : elle
« lui plut et il la fit renoncer à l'espèce de
« promesse qu'elle s'étoit faite de ne pas se
« marier. Elle étoit fille de M. *Boucon*, che-
« valier des ordres de Saint-Lazare et de
« Saint-Jean de Latran, grand amateur de
« tous les arts. »

Mondonville, gendre du personnage cité par Rosalba, fut le fameux violon, et plus tard le compositeur que Mme de Pompadour opposa à Rameau ; on le considère comme un des créateurs de l'opéra comique français. Mondonville étoit aussi ami de La Tour, qui fit son portrait et celui de Mme de Mondonville. S.

# ERRATA.

Page 43, ligne 19, au lieu de 1772, lisez 1755.

A propos des *OEuvres de François Flamand Duquesnoy* (pages 86 et 87), nous avons cité ses travaux au jardin de Versailles et un enlèvement d'Orithye au jardin des Tuileries, qu'il faut attribuer à l'un des deux Anselme *Flamen*, sculpteurs, et peut-être à tous deux.

Page 106, dernière ligne, lisez 1660.

Page 146, ligne 12, au lieu de *Les Mémoires de l'Académie de peinture*, lisez *Les Archives de l'art français* publiées par M. de Chenevières.

Page 210, ligne 17, au lieu de cent cinquante-neuf, lisez cinquante-neuf.

Page 409, ligne 21, au lieu de 1721, lisez 1719.

# TABLE

DES MATIÈRES CONTENUES DANS CE VOLUME.

## A

Académie royale de peinture et de sculpture, 65, 211 à 213, 226, 234, 235, 236, 250, 255, 258, 374, 375.
Académie royale de musique, 250.
Academie delle belle arte (de Venise), 513.
Affo (le père), 215.
Agata (Antonio dell'), 519.
Alains, 288.
Albani (le Cardinal Alessandro), 443, 444, 445.
Albret (hôtel d'), 278.
Alençon (d'), 242.
Alexandre III, Pape, 139.
Alexandre, 107.
Algarotti, 286, 419, 446, 451, 523.
Alfieri, 446.
Alincourt Camille de Neuville Villeroi (Marquis d'), 269.

Alincourt Marie-Joseph de Boufflers (marquise d'), 9, 269, 294, 299, 321, 325, 328, 353, 467, 511.
Alluye (Mlle d'), 90.
Amélie, Impératrice d'Allemagne, 97, 433, 521, 527.
Ancourt (Mlle d'), 347.
Angeli, 445.
Angiviller (d'), 62.
Anguier, 142.
Anselme (Père), 44.
Antier (Mlle), 288, 290, 291.
Antin (duc d'), 323, 327, 335.
Antoine, joueur de flûte, 195.
Antonio de Trente, 220.
Antrechau (d'), 152.
Anna-Maria des Hospitalettes, 173.
Anne d'Angleterre (la Reine), 95.
Anne d'Autriche, 276.
Apelles, 167.
Arcinto (les comtes), 226.
Aretin, 131.
Argenon (Mme d'), 33, 34, 35, 36, 178, 195, 199, 320, 429, 447, 448, 507.

Argental (d'), 48.
Argenville (d'), 208.
Argouges de Fleury, 260, 281, 295, 297, 326, 511.
Arlaud Jacques-Antoine, 120, 174, 225, 231.
Arlaud (Mme), 120.
Arpino (Giuseppe Cesari), 123.
Arte de Luganegheri (Le), 490, 504, 506.
Artois (comte d'), 27.
Artois (hôtel d'), 82.
Artois (Van), 361.
Arundel (Lord), 204, 220.
Asfeld (Maréchal d'), 142.
Attilio (le P.), 323, 339.
Audran (Gerar. 205, 277.
Audran le jeune (Claude), 54, 56, 177, 209, 219, 257, 264.
Audran (la sœur de Claude), 540.
Audran fils, 275.
Auguste III, roi de Pologne, électeur de Saxe, 97, 347, 393, 394, 419, 440, 441, 466, 519, 527, 540.
Augustins (Couvent des), 119.
Aumont (Duc d'), 289.

## B

Babault, 529.
Bachaumont, 48, 157.
Badin, 275, 276.
Badini, 180.
Bagnolet (Château de), 208, 213.
Bailly, 61, 62.
Baldauf (Mlle), 450, 451.
Baldinucci, 122.
Balestra, 391, 471, 517.
Ballet du Roi, 262, 294, 295, 305.
Balon, 288.
Balthasar, 37.
Banbury (Comte de), 138.

Banque (la), 50, 53, 74.
Baptiste, 254.
Barbarigo, 521.
Barberini (Cardinal), 282.
Barbier, 79, 126, 255, 279, 281, 305, 344.
Baroche, 399.
Barcilhet, 446.
Baron, 251.
Barrois, 237.
Basan, 42, 165, 391, 534.
Baucon, 54, 178, 188, 547.
Baucusin, 149.
Bauta, 519.
Bavière (Électeur de), Maximilien-Emmanuel-Marie, 305.
Beauvais (Manufacture de), 276.
Bellamont, 291.
Belle, 275.
Belluci, 89.
Belzunce (Henri de), 152, 304.
Bencovich (Federico), 29, 391.
Benoît XIII, Pape, 365, 366.
Bentivoglio (Cardinal), 78.
Berchon, 436.
Bergalli (Luiza), 88, 421, 422, 434, 436, 519.
Bernard, 152.
Bernardo Belotto, 445.
Bernouilli (Jean), 155.
Berry (Duchesse de) fille du Régent, 210, 211.
Bertani (Domenico), 431, 475.
Bertoli, 243.
Bethune (Comte de), 46.
Bethune (Marquis de), 46.
Bignon (Abbé), 50.
Biondetti, 460.
Biron (duc de), 134.
Biron-Lauzun, 44, 45, 128.
Bissy (Cardinal de), 241.
Blanc (Charles), 478, 530, 534, 537, 544.
Blanchard, 254.
Blin de Fontenay, 253.
Blois (Mlle de), 335.
Blondel de Gagny, 147, 537.
Blondi (Mlle), 289.

# TABLE.

Blount, 185.
Boërio (Giuseppe), 21, 388.
Boileau (Abbé), 294, 303.
Boilly (Jules), 455, 478.
Boisseau, 283.
Boit (Charles), 124, 229, 509.
Boit (Mme), 117, 118, 120, 124, 259.
Bononcini, 178, 180, 189.
Bordigato (Marco), 486.
Borelli (Château), 186.
Borghèse (Princesse), 125.
Boromei (Federico dei), 543.
Bossuet, 142, 366.
Bottari, 11, 12, 39, 136, 214, 221, 223, 235, 284, 350, 352, 455.
Botticher, 145, 306.
Bouchardon, 164, 354.
Bouchotte, 28.
Boucon, 547, 548.
Boudin, 476.
Boufflers (Duc de), 269, 288.
Boufflers (Duchesse de), 269.
Boufflers (Amélie de), Duchesse de Lauzun-Biron, 270.
Boulongue (Louis), 107, 192, 229, 255, 375.
Boulongue (de), Secrétaire d'État, 272, 528.
Bourbon (Cardinal de), 154.
Bourbon (Connétable de), 359.
Bourbon Louis Henri (le Duc de), 59, 115, 134, 154, 251, 274, 301, 304, 329.
Bourbon Louise Françoise de Bourbon (Duchesse douairière de), 174, 200, 224, 324, 326, 329, 353.
Bourdon (Sébastien), 74, 107, 150.
Bourg (du), 66.
Bourgeois, 282.
Bouys (André), 231, 548.
Boyer d'Eguilles, 164.
Brancas (de), 288.
Brays (de), 347.
Brice (Germani), 26, 137, 336.
Brillat-Savarin, 436.
Brion (Palais), 66, 207.

Brissac (Duc de), 240, 321, 322, 329.
Brissac (Duchesse de), 227, 239, 257, 510.
British Museum, 457.
Broglie (de), 315.
Broglie (Maréchal de), 46, 128.
Broglie (la Maréchale de), 44.
Brosse (Président de), 173, 306, 438, 439.
Bruant (Libéral), 192.
Brühl (Comte de), 441.
Brun, 118, 140.
Bruné (Milady), 216.
Brunet, 134.
Bullant (Jean), 157.
Bullion (Claude de), 229, 254.
Bullion-Fervacque (Marquis de), 254.
Buonarotti (Michel-Ange), 72, 151.
Bubulcus (Caïus), 30.
Bulet, 128.
Bury (Mlle), 288.
Busching, 65, 71, 122, 135, 137, 147, 205, 309.
Byron (Lord), 306.

## C

Cabinet ou Galerie du Roi, 53, 60.
Cabinet du Régent (duc d'Orléans, 74.
Cadogan (Lord), 96, 409.
Cagliostro, 184.
Callot, 214, 215.
Campbell d'Argyle (Jeanne), 175.
Canaletti, 445.
Cangé (de), 210.
Camillac (de), 315.
Capretta, 446.
Caravage, 107.
Carignan (Prince de), 157, 324, 346.
Carli, 226.

Carmeli (le Père), 237.
Carlisle (Lord), 96.
Carmélites (Couvent des), 148.
Carrache, 53, 72.
Carré (Jacques), 476.
Carriera (Andrea), 18, 21, 385, 387, 389, 391, 409.
Carriera (Alba di Angelo Foresti), 18, 21, 57, 58, 119, 175, 242, 318, 385, 433.
Carriera (Rosalba), 3 à 13, 17, 18, 20, 22, 23, 34, 58, 66, 67, 69, 71, 76, 82, 87, 88, 90, 92, 93, 96, 103, 105, 108, 114, 117, 125, 130, 132, 140, 141, 143, 145, 147, 166, 167. — Notice, 168 à 170, 171, 172, 173, 176, 182, 184, 190, 193, 174, 195, 202, 204, 205, 206, 207, 213, 214 215, 217, 220, 221, 230, 231, 234 à 236. — Admission de Rosalba à l'académie de peinture, 235 à 237, 240, 252, 258, 265, 266, 267, 270, 272, 283, 284, 291, 300, 327, 337, 349, 360, 364, 365, 367, 371, 374, 375, 376, 378, 380, 384, 386, 388, 390, 393, 394, 395, 402, 403, 406, 409, 414, 416, 418, 419, 423, 425, 428, 434, 444, 445, 449, 451, 452, 455, 456, 459, 460 et suivantes. — Testament 484. — Portrait de Rosalba, 475, 516, 521, 526, 529, 530, 531, 532, 536, 544. — OEuvres, 507.
Carriera (Angela), 18, 19, 22, 58, 93, 94, 95, 98, 108, 117, 168, 200, 257, 259, 260. — Notice 264 à 266. — 296, 355, 371, 384, 389, 406, 408, 431, 454, 456, 458, 467, 468, 486, 490, 498, 506. — Voir Pellegrini (Antonio).
Carriera (Giovanna), 18, 56,
56, 58. — Notice, 87 à 90, 109, 117, 120, 171, 180, 181, 199, 202, 242, 339, 357, 389, 406, 407, 431, 433, 434, 459, 467, 468, 475, 479, 490.
Cartaud, 24, 231.
Carte (Marquis de la), 158.
Carte (Marquise de la), 120, 121, 158, 176, 177, 178, 202, 229, 258, 259, 260, 293, 323, 357, 509.
Carte (le fils de la Marquise de la), 120, 179, 509.
Carvalho (Jeanne), 175.
Casotti (Co. Gio. Ba.), 108, 425.
Castellani, 180, 193, 509.
Caulet (Abbé de), 304.
Cavalier, monnaie (le), 363.
Cavaud, 266.
Cavoy, 246.
Caylus Marguerite de Villette Murçay (Mme de), 351.
Caylus (le Comte de), 35, 146, 195, 200, 232, 296, 259, 322, 324, 325, 328, 348, 350 à 353, 426, 427, 453, 534, 537, 539.
Cayot, 237.
Chaban de la Fosse, 176.
Chabon, 360.
Champaigne (Philippe de), 64, 150.
Chanal, 275.
Chantelou (de), 72, 280.
Chapelain, 149.
Chardin, 463.
Charenton, 118, 129, 133, 134, 135.
Charles IX, 85.
Charles I$^{er}$, 285.
Charles II, 285.
Charles VI, Empereur d'Allemagne, 97, 149.
Charles VI, Électeur palatin, 97.
Charles XII de Suède, 424.
Charlemagne (Lycée), 151.
Charlier, 535.

Charmois (Martin de), 66.
Charpentier, 254.
Charolois (Mlle de), Louise-Anne de Bourbon-Condé, 9, 135, 224, 253, 322, 326, 329, 330, 332, 340, 344, 348, 349, 356, 357, 367, 512.
Chartres (Louis d'Orléans, duc de), 289, 290.
Châtillon, 91.
Chausse (de la), 41.
Chauvelin (abbé), 48.
Chenevières (de), 146, 154, 155, 165.
Cheron (Mlle), 376.
Chiaretta de la Pitié, 473.
Chiari (Giuseppe), 403.
Chioggia, 386, 466, 546.
Chiverny, 359.
Choiseul-Stainville (le Duc de), 26, 46, 128.
Choiseul (Mme de), 26, 27, 43, 44, 46.
Chrétien VI, roi de Danemark, 520.
Chrin, 543, 544.
Christine de Suède, 71, 74.
Cignani (Carlo), 193, 338.
Cittadinanza de Venise, 387.
Clément XI, 443.
Clément XII, 404, 432.
Clément de Genève, 219.
Clément de Ris, 44, 140, 141.
Clermont (Mlle de), Marie-Anne de Bourbon-Condé, 9, 224, 322, 324, 325, 332, 348, 353, 356, 367, 512.
Clève (Van), 183, 192, 237.
Cocceji Barberini, 521.
Cochin (Nicolas), 60, 137, 166, 192, 456, 457.
Cochut, 76, 274, 279.
Coigny (de), 330.
Coisevox, 244.
Colbert, 60, 275, 309.
Coleti, 20.
Collalto (Comte), 89.

Colle, 396, 397, 398, 403.
Cologne (Clément-Auguste, Électeur de), Prince de Saxe, 521, 530, 531.
Comans (Charles), 275.
Compagnie des Indes, 75.
Compiègne, 247.
Condé (Henri de), 359.
Condé (le grand), 151.
Condé (Louis de Bourbon), fils du grand Condé, 151.
Conseil des Eaux, 486, 494, 496, 502.
Contarini Amoré), 494.
Conti (Louis-Armand de Bourbon, Prince de), 9, 296, 298, 299, 312, 320, 356, 366, 536.
Conti (Princesse de), fille de Louis XIV, 141.
Conti (abbé), 35.
Corneille (Pierre), 141.
Corrège, 53, 70, 72, 76, 166, 171, 271, 272, 399, 420, 446, 449, 463, 464, 514.
Cosme (Saint-) et Saint-Damien de Venise, 226, 234, 235.
Cotte (Robert de), 141, 275.
Cour du Dragon, 129.
Courci (Hugues de), 360.
Cousin (Jean), 64, 149.
Coustou (Nicolas), l'aîné, 142, 237, 268.
Coustou (Guillaume) le jeune, 142, 144.
Coypel (Noël), 68, 192, 327.
Coypel (Antoine), 53, 67, 68, 141, 151 à 164, 180, 198, 199, 207, 208, 209, 211, 226, 235, 237, 253, 256, 261, 293, 354, 356, 373, 374, 465.
Coypel (Mme Antoine), 207, 261, 373.
Coypel (Charles), 54, 80, 81, 149, 164, 198, 199, 203, 227, 237, 271, 287, 295, 309, 371, 372, 373, 422, 423, 528.
Crébillon, 141, 150.

Créqui (Duc de).
Crespi (Giuseppe), 402, 403.
Crespy, 232.
Croisic (de), 178.
Cromwell, 285.
Crozat (Généalogie des), 44.
Crozat (Antoine), 10, 26, 40, 44, 117, 119, 126, 127, 128, 129, 147, 177, 183, 184, 302, 334, 371, 467, 509.
Crozat (Pierre), 9, 14, 18, 22, 23, 24 à 28, 33, 34, 39, 40, 41, 42, 47, 55, 56, 60, 71, 73, 74, 83, 87, 110, 111, 130, 136, 143, 150, 164, 171, 172, 181, 194, 195, 200, 214, 217, 218, 224, 227, 228, 229, 231, 232, 235, 257, 261, 267, 270, 272, 293, 300, 302, 320, 322, 327, 337, 340, 355, 360, 361, 364, 371, 373, 408, 410, 412, 414, 416, 433, 446, 454, 466, 467, 508, 509, 512, 529.
Crozat (abbé), 33, 39, 53, 54, 57, 83, 109, 118, 140, 225, 507.
Crozat (Mme Antoine), 45, 74, 111, 117, 129, 130, 177, 184, 268, 514.
Crozat du Chatel, 26, 43, 45, 46, 56, 109, 118, 164, 184, 355, 360.
Crozat du Chatel (Mme), 45, 109, 111.
Crozat de Thiers, 43, 45, 46, 110, 137, 164, 528.
Crozat de Thiers (Mme), 46.
Crozat (Joseph-Antoine), conseiller au Parlement, 45, 47.
Crozat (Marie-Anne), comtesse d'Évreux, 9, 45, 179, 183, 191, 202, 297, 311, 322, 334, 335, 467, 509, 528.
Crozat (Antoinette-Eustache), duchesse de Gontant-Biron, 45.
Crozat (Louise-Honorine), duchesse de Choiseul-Stainville, 26, 27, 43, 44, 46.
Crozat (Louise-Thérèse), marquise de Béthune, 46.
Crozat (Louise-Augustine, Salbigothon), duchesse et maréchal de Broglie, 46.
Crozat (Antoinette-Louise-Marie), comtesse de Béthune, 46.
Crozat (hôtel d'Antoine), 126, 128, 356.
Crozat (hôtel de Pierre), 24 à 28, 36.
Crozat (Géographie de), 184.
Crussol (de), 288.

D

Dacquin, 40.
Damville (hôtel de), 150, 207.
Dapché, 161.
Daphnis et Chloé (édition du Régent), 208 à 211, 219.
Dati (Carlo), 16.
David (Louis), 63, 66.
D'Aguesseau (Henri-François), chancelier, 278, 296, 298, 309.
D'Aguesseau (Mme), 310.
D'Aguesseau de Valjouan, 319.
D'Alembert, 311.
De Brosse ou Desbrosses, 149.
Decoulmiers (abbé), 135.
Denon, 481.
Dervest. Voy. Du Revest.
Derrand (le Frère), 161.
Deshoulières (Mme), 142.
Des Jardins, 79.
Desmarest, 142.
Desplaces, 208.
Desportes, 237.
Des Rotours, 275.
Diamantini, 391, 471.
Diderot, 248, 352, 463.
Dietrichstein (le Comte), 461.
Dodart, 176.

Dolce (Lodovico), 131.
Dominiquin, 419.
Donini, 54, 82, 118, 121, 142, 178.
Donjon du petit Mont-Louis, 233.
Doublet (Mme), 47, 48, 84.
Dresde (Galerie royale de), 394, 465, 519 et suivants.
Drevet (Pierre), 283.
Dubois (Cardinal), 72, 73, 142, 227, 234, 239, 240, 241, 258, 267, 302, 315, 414.
Dubois de Saint-Gelais, 60, 69.
Ducange, 208.
Ducerceau, 65.
Duclos, 351.
Duguesclin (Connétable), 359.
Dujardin, 413.
Dumonstier, 399.
Dumont, 237.
Dumoulin, 288.
Dupré, 254.
Dupré (Mlle), 289.
Duquesnoy (François), 86, 87, 548.
Durameau, 62.
Duras (Duchesse de), 290.
Durer (Albert), 72, 150.
Duret de Chevri (Charles), 76.
Du Revest, 176, 282, 294, 305.
Du Revest (Mme), 121, 225, 226, 227, 229, 322.
Du Revest (les demoiselles), 257.
Dyck (Van), 76, 105, 285, 419.

E

Edelinck (les), 296, 312, 401.
Egerton (fonds), 457.
Electeur palatin, 190, 405.
Elisabeth, Impératrice d'Allemagne, 443, 521, 527, 433.
Elysée-Bourbon, 128.
Enen. Voy. Henin.
Epernon (hôtel d'), 266.
Epicure, 366.

Epinois (Mme d'), 311.
Espagne (Marie-Anne-Victoire, Infante d'), 147.
Est. Voy. Modène.
Estrées (Maréchale), 292.
Eugène de Sainte-Eugénie (le Père), 107.
Eugène de Savoie (le Prince), 165, 214.
Euler, 539.
Evreux (Comte d'), 191, 128, 334.
Evreux (Comtesse d'). Voyez Crozat (Marie-Anne).

F

Fabius, 19, 29, 30.
Fagon, 138.
Falcon, 178, 188.
Falconnet (médecin), 188, 264.
Falconnet (Etienne-Marie), 48, 257, 264.
Falconnet, sculpteur en albâtre, 264.
Faldoni (Antonio), 221.
Falesani (Mme), 258.
Faleso (Mme), 260.
Fanello (Gin-Bª), 486, 498.
Farnèse (Palais), à Rome, 517.
Faustina, cantatrice, 265, 434.
Fénelon, Archevêque de Cambrai, 183, 282.
Fénelon (le Chevalier de), 291.
Ferté (Duc de la), 193.
Ferté (la Duchesse de la), 180, 192, 193, 202.
Filles Saint-Thomas, 49, 54.
Flamand. Voyez Duquesnoy (François).
Flamen (Anselme), 55, 86, 87, 117, 120, 125, 158, 547.
Flipart, 480.
Florence (Galeries de), 466.
Florence (Mlle), 304.
Florent-Lecomte. Voy. Lecomte Florent.

Fleurian, Comte d'Armenonville, 266.
Fleurian, Comte de Morville, 267.
Fleuriot, 360.
Fleury (Abbé), 143.
Fleury (Cardinal de), 241.
Fontenay (de), 315.
Fontenelle, 141.
Foresti (Sebastiano), 120, 173, 174.
Fortunato Venanzio, 466.
Foscarini (Marco), 108.
Foscari, 535.
Fouilloux (Mlle du), 90.
Fouquet, 205.
Fournier (Édouard), 26.
Fragonard, 5.
France (Diane de), 152.
France (Henriette de), 285.
Francia, 72.
François Iᵉʳ, 64, 275.
François Iᵉʳ, Empereur d'Allemagne, 394.
François III de Modène, 449.
Frankland, 397.
Frappaz, 284.
Frari (les), de Venise, 504.
Fratellini (Giovanna), 401, 404.
Frédéric IV, roi de Danemarck, 404.
Frédéric le Grand, 366, 424.
Fromaget, 282.
Fuessen (ville de Souabe), 372, 374.

### G

Gabrieli (Lodovico), 457, 459, 484, 488, 490, 498, 505, 506.
Gabrielli (Gabriello), 54, 55, 56, 79, 119, 120, 136, 170, 180, 226, 258.
Gabrielli (Santolo Carlo), 135, 174, 226, 295, 318, 398.
Gaburri (F. M.), 166, 168, 220, 221, 350.
Cachet (Em.), 123.
Gadenor, 543, 544.
Galoche, 107, 328.
Gambarare (ville), 387.
Ganay (le Président de), 149.
Gemont (Princesse de), 262, 286.
Geoffrin (Mme), 352.
Georges-Guillaume, Électeur, 96.
Gérard, 215.
Germain (Thomas), 159, 160.
Germain (François-Thomas), 160, 161.
Germain Brice. Voir Brice (Germain).
Gersaint, 43, 146, 308.
Gervais (Saint), 120, 149.
Gervasio e Protasio (SS.) 465, à Venise, 515.
Ghezzi (Giuseppe), 404.
Giffard, 237.
Gillot, 237.
Giolito, 131.
Giordano (Lucas), 200, 214.
Giorgio, 120.
Giorgion, 76, 266.
Giovanelli (Palais), à Venise, 515.
Girardon, 40.
Giustina, 118, 136.
Giustiniani (Palais), 53, 70.
Giustiniani (Dames), 119, 143.
Gluck (Jean), 307, 309.
Gobelins (Manufacture des), 184, 258, 259, 274, 277, 309.
Godefroy, 530.
Goldoni, 446.
Goldschmidt, 285.
Goncourt (MM. Edmond et Jules de), 146, 352.
Condé, 180.
Gondrin (de), 288.
Gontaut-Biron (Mme de), 26, 44, 45.
Gori, 249.
Gouffier-Boisy, 45.
Gouvernet (de), 43.
Gozzi (Gasparo), 422, 436.

Grammont (Duc de), 328.
Grand Prieur (voy. Orléans).
Grebber (Pieter), 284.
Grimani (Pietro), Doge, 440.
Grimaldi (Princesse), 540.
Grimm, 352.
Groan, voy. Gruin.
Gruin, 358, 512.
Guardi, 445.
Guarenti (Pietro), 440.
Guénon, menuisier du Roi, 232.
Guerardini, 151.
Guiche (Comte de), 328.
Guiche (Duc de), 324.
Guide (le), 53, 64, 76, 147, 148, 151, 221, 399, 403, 404, 419.
Guillaumot, 275.
Guise (Duc de). Voy. Guiche.
Gustave-Adolphe de Suède, 71, 74, 424.
Guyot (Mlle), 289.

Hérold (Comtesse d'), 38.
Hervard (d'), contrôleur général, 205.
Hesse Cassel (Prince de), 96, 356.
Hœverman (Marguerite), 375, 376.
Hoffman (de), conseiller du Roi Auguste III, 421.
Hoffman (Mme de). Voy. Sartori (Felicita).
Holbein (Hans), 72.
Holstein (duchesse de), 521, 527.
Hôpital (L'), 359.
Houasse, 68.
Hubner (Julius), 463, 524.
Hucquier, 43.
Huet, évêque d'Avranches, 151, 304.
Humblot (A.), 157.
Huysmans (Corneille), 360, 361.

## H

Hallé, 237.
Hampton-Court, 478.
Hanovre (Mme d'), 170.
Haranger (l'Abbé), 308.
Harcourt (Maréchal d'), 269.
Harcourt (Duc d'), 142, 269.
Harcourt (Duchesse d'), 269.
Harlay (Président de), 72, 359.
Hasse (Faustine), 524.
Hasselt (Van), 424.
Haussonville (M. d'), 352.
Hay (le), 376.
Heilly (Marquis de), 45.
Hénault (le traitant), 316.
Hénault (Président), 336.
Hénin, 195, 197, 202, 308, 322, 323, 333.
Henri II, 64, 137.
Henri III, 85.
Henri IV, 122, 123, 129, 148, 191, 194, 250.

## I

Incurabili (hospice de), 496, 506.
Invalides (hôtel des), 179, 205, 363.
Isle (d'), 275.

## J

Jabach, 40, 64.
Jacques (le Père), 119, 142, 225, 295, 510.
Janet-Clouet, 399.
Jeaurat, 132.
Jésuites (couvent des), 120.
Julliot (C. F.), 530.
Joblot, 237.
Josepin (le). Voy. Arpino (Giuseppe-Cesari).
Joullain, 43.
Jouvenet, 91, 192.

Julienne (François de), 307, 308.
Julienne Jean (de), 43, 146, 195, 275, 295, 307, 308, 511, 530.

## K

Kenel (Mme), voy. Nesle (de).
Klingstett, 535, 540.

## L

La Barre (de), 254.
Labat, 358.
Labbia (Comtesse), 544, 545.
Laborde, 26.
Laborde-Méréville, 73.
Lacombe, 65, 105, 130, 285, 287.
La Curne de Sainte-Palaye, 528.
La Fage, 40.
Lafont de Saint-Yenne, 63.
La Fontaine (Jean de), 266.
Lafosse (Charles de), 35, 36, 107, 192, 231, 232, 233.
Lafosse (Mme Charles de), 35, 298, 319, 428, 429.
Lainez, 142.
Lalande, 287.
Lalive de Jully, 534.
Lambert (hôtel), 281.
Lamberti, 494.
Lamoignon, 359.
Lamothe (de). Voir Mothe (de la).
Lamotte, 288.
Lancastre (Duchesse de), 285.
Lancelot, 97.
Landi (Comte de), 234.
Langlois, 184.
Lanjuinais, 176.
La Noue, 40.
Lansdowne (Milady), 296, 310.
Lapeyrouse, 175.
La Planche (Raphaël de), 275.

Largillière Nicolas, 5, 152, 161, 228, 229, 231, 237, 241, 242, 253, 293, 297.
Lariboisière (hôpital), 194.
Lassay (Marquis de), 301.
La Tour (Quentin de), 6, 43, 211, 451, 452, 546, 547.
Laü, 242.
Lauriston (baron de), 174, 175.
Lautrec (Marquise de), 263, 292, 297, 311, 313, 321, 323, 326, 356, 511.
Lauzun-Biron, 44, 45.
Lauzun-Biron (Duchesse de), 270.
Laval (Mlle), 289.
Lavallière (Mlle de), 141, 148, 285.
Lavergne (Mlle), 450.
Lavocat, 275.
Lavrillière (de). Voir Vrillière (de la).
Law (John), 10, 19, 34, 36, 37, 38, 39, 51, 54, 75, 76, 78, 79, 114, 115, 127, 133, 141, 152, 157, 177, 181, 189, 194, 201, 218, 225, 227, 230, 239, 256, 259, 260, 273, 274, 278, 280, 282, 283, 296, 300, 305, 306, 312, 316, 317, 318, 360, 409, 410, 412 à 416, 467, 507, 510.
Law (Mme John), 115, 118, 138, 139, 258, 259, 273, 283, 317, 414, 415.
Law (William), 174, 175, 176, 317.
Law (Mme William), 121, 175.
Law (fils de John), 33, 36, 38, 39, 115, 227, 283.
Law (Mlle John), 10, 54, 78, 115, 183, 257, 259, 261, 317, 508, 514.
Law (André), 175.
Law (Robert), 175.
Law (Hugues), 175.
Law (Jean), Baron de Lauriston, 175.

Law (Jean-Guillaume), 175.
Law (Auguste-Jean Alexandre), Marquis de Lauriston, 175.
Law (Alexandre-Louis-Joseph), Marquis de Lauriston, 176.
Lazari (Antonio), 41, 391, 471.
Le Beau, 352.
Leblanc (Secrétaire d'Etat de la guerre, 134.
Leblanc (Sébastien), 135.
Leblond (abbé), 203, 296, 301, 364, 356.
Lebouteux, 256.
Lebrun Charles, 5, 59, 61, 66, 92, 148, 231, 275, 401.
Le Comte (Florent), 230, 360.
Lecouvreur (Adrienne), 81.
Lefèvre, peintre, 107, 161.
Le Fevre, intendant des menus, 278, 308.
Le François (Abbé), 335.
Legendre (Abbé), 48.
Legros (Pierre), 25, 232.
Lele, 198, 203, 509.
Lemercier (Jacques), 141.
Lemoine (François), 308, 321, 327, 328.
Lemonnier, 275.
Lemontey, 73, 153, 413.
Lempereur, 164, 538.
Lenfant (Jacques) 108, 109.
Lennox, 201.
Lenoir (Alexandre), 148.
Lenormand d'Etioles, 28.
Le Notre, 231 233, 250.
Leon (Princesse de), 336.
Lepautre, 205.
Lépicié, 97, 480.
Leremberg, 149.
Lescure (de), 252, 253.
Lesdiguieres (Duc de), 142.
Lesueur (Eustache), 64, 105, 150.
Letellier (Michel), 150.
Liberi (Pietro), 169, 391, 392, 463.
Ligny (de), 288.
Liotard (Jean-Etienne), 450, 451.

Listené, 296, voy. Listenois.
Listenois, 296, 314.
Locatelli, 466.
Lodé (les Dames), 228, 261, 262.
Loudonderry (Lord), 184, 413.
Lorge (Duc de), 278.
Lorge (Duchesse de), 278, 313, 314, 511.
Lorrain (Claude), 72.
Lorraine (Charles comte d'Armagnac de), 346.
Lorraine (princesse de), fille du duc de Noailles, 341.
Lorraine (chevalier de), 72, 343.
Lucienne, 146.
Lucrèce, 366.
Louis (Saint), 150.
Louis XII, 61.
Louis XIII, 129, 141, 149, 150, 192, 277.
Louis XIV, 37, 60, 61, 65, 68, 90, 91, 106, 126, 127, 129, 138, 139, 150, 192, 201, 245, 248, 250, 275, 276, 281, 287, 329, 335, 360, 389, 468, 470, 524.
Louis XV, 9, 49, 50, 51, 54, 55, 59, 61, 62, 79, 82, 98, 117, 119, 122, 130, 133, 134, 135, 138, 142, 143, 147, 150, 159, 164, 170, 180, 185, 192, 193, 200, 201, 204, 207, 211, 214, 227, 228, 234, 244, 253, 255, 261, 278, 286, 288, 289, 290, 297, 298, 319, 385, 378, 467, 469, 508, 510, 520.
Louis XVI, 62, 139, 160.
Louis XVIII, 64.
Louis-Philippe, 64, 137.
Louis de Noailles (le), monnaie. 363.
Louvois (Abbé de), 302.
Louvois (Mme de), 55, 103, 121, 176, 225, 230, 258, 323, 540.
Louvre (Musée du), 465 513.

Lully, 107, 250, 254.
Luxembourg (Maréchal de, duc de) 260, 269, 284.
Luxembourg (château de), 232.

# M

Magnier, 192.
Maine (duc du), 310.
Maine (duchesse du), 311.
Maintenon (Mme de), 90, 138. 351.
Malvasia, 41.
Manchester (duc de), 95.
Mancini, (Philippe-Jules de), 77.
Mancini (Jacques-Hippolite de) 104.
Manfrin (Palais), 516.
Mannin (Palais), à Venise, 515.
Mansart (François), 151, 207.
Mantegna (Andrea), 76, 399.
Mantz (Paul), 146.
Marais (Mathieu). 126, 251, 289, 291, 301, 302, 303, 344, 345, 413.
Maratte (Carle),, 4, 403.
Marcel (Mlle), 289.
Marcello (Alessandro), 117, 125, 126.
Marcello (Benedetto), 126.
Maréchal, 176.
Marguerite de Valois, Reine 148.
Margarita des Médicanti, 173.
Marie-Antoinette (la Reine). 139.
Marie-Thérèse, Impératrice d'Allemagne, 450.
Marie Josephe, Reine de Pologne, femme d'Auguste III. 520.
Marieschi, 445.
Mariette père et grand-père, 162.
Mariette (Pierre-Jean), 10, 11, 24, 25, 40. 41, 42,

43, 59, 70, 80, 81, 89, 96, 102, 120, 132, 140, 146, 159, 161, 164, 165, 166, 167, 171, 179, 180, 182, 186, 191, 195, 198, 217, 218, 232, 236, 271, 283, 284, 350, 354, 361, 372, 378, 79, 380, 384, 390, 391, 408, 412, 416, 417, 419, 422, 426, 427, 428, 429, 433, 437, 447, 449, 450, 451, 452, 454, 455, 464, 466, 528, 534, 535, 536.
Marigny ou de Vandières (de), 62, 160, 186, 456.
Marina Capitana, 442.
Marius (maison de), 365.
Marli, 242.
Marly, 228.
Marmontel, 352.
Maroulle (Abbé de), 195, 372, 379, 422, 423, 428.
Marseille (peste de), 152.
Martel-Ange (le Frère), 151.
Martini (Antonio), 246.
Martin, 277.
Mattei (Paolo), 183, 335.
Massé, 55, 91.
Massei, 234.
Massillon, 294, 302.
Massiti (Michel), 294, 301, 511.
Maulevrier (de), 288.
Maupertuis, 141.
Maurepas, 345.
Mazarin (Cardinal), 61, 72, 76.
Mazarin (Palais), 50, 75, 281.
Mazarin de la Meilleraye, 77.
Mazis, 268.
Mecklembourg (Christian-Louis, duc de), 145, 434.
Mecklembourg-Strelitz (Gustave-Caroline), 145.
Medicis (Catherine de), 86, 137, 157.
Medicis (Marie de), 92, 122, 123, 151.
Medicis (Léopold de), 400.

Ménage, 151.
Menars (Marquis de), 539.
Mengs (Ismaël), 449.
Mengs (Raphaël), 392, 449.
Mengs (Thérèse), 450.
Merian, 225, 234.
Merlo (Chancelier), 500.
Merry (Saint-), église, 119, 148.
Mesangère (la), 540.
Mesme (Jean-Antoine, le premier Président de), 115, 238, 278, 292, 297, 310, 313, 322, 329.
Mesme (hôtel de), 51.
Mesme (Le bailly de), 197, 202, 297.
Metastase, 433, 446, 526.
Metsis (Quentin), 151.
Meudon (Château de), 254.
Meulen (Van der), 360.
Meurice (Paul), 544, 546.
Meusnier, 237.
Meyssonier, 159.
Michelet, 214.
Mignard (Pierre), 40, 66, 141, 143, 200, 205, 206, 259, 266, 275, 276.
Mignard d'Avignon, 148.
Minelli (Camilla), 520.
Minelli (Pietro), 520.
Minimes (Couvent des), 120, 151.
Miramons ou Miramont, 118, 136.
Modène (Ville de), 394.
Modène (Duc de), 72.
Modène (Renaud, duc de), 418, 443, 520.
Modène (François III, duc de), 419.
Modène (Princesses de), 417, 418, 430, 443.
Modène (Charlotte-Aglaé d'Orléans, Duchesse de), 418.
Modène (Anne-Amélie, Princesse de), 520.
Modène (Anne-Amélie-Joséphine), 521.
Modène (Henriette, Princesse de), 521.

Mol (Van), 132.
Molière, 82.
Molyneux, 198, 202, 203, 510.
Monceniga (née Cornara), 521.
Mondonville (de), 546, 547.
Mondoteguy (Jacques), 376.
Monerot, 205.
Montaiglon (de), 67, 82, 146, 465.
Montarsis, 40.
Montespan (Mme de), 285, 329, 335.
Montigni, 177.
Montluc (Blaise de), 359.
Montmorency (Village de), 200, 225, 226, 231.
Montmorency (Duc de), 288.
Mortemart (Duc de), 289.
Morus (Thomas), 72.
Morville (Le Comte de), 226, 233, 257, 258, 266, 270, 272, 337, 423, 424, 426, 427.
Moore, 306.
Mothe-Houdencourt (Le Maréchal, duc de la), 90, 192, 262.
Mothe-Houdencourt (La Maréchale de la), 90.
Mothe-Houdencourt (Marquis de la), 262, 285, 361.
Mothe-Houdencourt (Louis Charles, comte de la), 286, 290.
Mothe-Houdencourt (Comtesse de la), 356, 361.
Moustier (Abbé du), 304.
Mozelli, 44.
Mundler (Otto), 546.
Mussinot (Abbé), 242.

## N

Nanevi (de), 72.
Nanteuil (Robert), 295, 306, 400, 401, 463.
Natoire, 188.
Nattier, 333.

Naudé (Gabriel), 77.
Nesle (Mme de), 29, 304, 312.
Nesle (Les Demoiselles de), 204.
Nesle (hôtel de), 157.
Nevers (hôtel de), 54, 77.
Niebuhr, 30.
Nicolini (Ferdinando), 402, 403.
Nivernois (de), 187.
Noailles (Cardinal de), 244.
Noailles (maréchal duc de), Adrien-Maurice, 262, 297, 319, 341, 363.
Noailles (Mme de) 104.
Nocé (de), 283, 297, 215.
Noël-Araignon, 347.
Nostre (Le), 141, 142.
Nourry, 43.

O

Occhiali (Carle degli), 41.
Odescalchi (Livio), 71, 74.
Odieuvre, 480.
OEuvre de Rosalba Carriera, 507.
Olivet (d'), 107.
Oppenor (Gilles-Marie), 24, 118, 136, 137, 207, 267, 321, 512.
Orlandi, 71, 130, 136, 215, 327, 397.
Orléans (Elisabeth-Charlotte, Palatine de Bavière, Duchesse douairière d'), mère du Régent, 25, 38, 39, 255, 304.
Orléans (Philippe d'), Régent, 9, 19, 53, 68, 69, 71, 73, 80, 94, 96, 98, 101, 115, 124, 127, 133, 134, 135, 136, 138, 139, 154, 158, 164, 181, 194, 200, 205, 207, 208, 209, 219, 229, 234, 239, 251, 254, 266, 273, 274, 277, 278, 283, 289, 296, 301, 303, 309, 314, 330, 336, 467, 524.

Orléans (Louis d'), Duc de Chartres, fils du Régent, 43, 135, 208, 209, 288, 289.
Orléans (Charlotte-Aglaé), Duchesse de Modène, 418.
Orléans (Louis-Philippe-Joseph d'), 27, 44.
Orléans (le Chevalier) Grand-Prieur, 303, 361.
Orléans (Cabinet du Duc d'), Régent, 207.
Orphée, 171.
Ossone (duc d'), 147.
Otreck (Maréchale), voy. Lautrec (Marquise de).

P

Pache, 28, 360.
Pacini, 195.
Pagano ou Pagnano (Paolo), 95.
Palatine (Princesse), Elisabeth Charlotte Palatine de Bavière duchesse d'Orléans, voy. Orléans.
Palese (Carlo), 29.
Paliarini, 34, 39.
Pallavicini, 243.
Panini (Jean-Baptiste), 132, 365.
Parabère (Le comte de), 251.
Parabère (Mme de), 9, 228, 229, 254, 259, 263, 283, 286, 290, 293, 294, 296, 297, 314, 316, 355, 357, 358, 467, 510, 511.
Paris, md. de tableaux, 242.
Paris danseur, 288.
Paris Duvernet, 128, 152, 360.
Parmesan, 220, 215, 224.
Parocel, 107.
Pasqualino (Andrea), 21, 386, voy. aussi les Carriera.
Pasquier, 530.
Pastel, 4, 6, 229, 272, 398 à 401, 423, 424, 425, 462,

463 et suivantes.
Passerini (Abbé), 234.
Passignano, 154.
Passinelli (Lorenzo), 41.
Pater, 308.
Paul (Saint-), église, 154.
Pecoil (Claude), 239, 329.
Pedrotti (famille), 386, 393, 438, 490, 492, 496.
Pedrotti (Giovanna et Angela), 29, 57, 458.
Pellegrini (Antonio), 18, 19, 22, 39, 76, 78, 93, 94, 95, 102, 107, 117, 119, 168, 200, 213, 218, 224, 265, 293, 294, 297, 302, 305, 317, 372, 377, 388, 389, 407, 408, 409, 414, 465, 512, 518, 532.
Penautier, 127.
Penna (Ascanio della), 41.
Penon (Mme), 225, 231.
Penzo (famille), 386, 438, 458, 492, 496.
Pereau (Abbé), 192.
Perrin del Vaga, 76.
Perrot (Abbé), 119, 143, 227, 228, 260, 294, 296, 304, 321, 355, 357, 512.
Person, 130.
Pesne, 132.
Petion, 360.
Petits-Augustins, 148.
Petits-Pères (Couvent des), 56, 106, 117, 142, 178, 264.
Petrina (Comte), 84.
Petty (William), 310.
Peyronie (de la), 176, 345.
Pézé (Marquis de), 133, 135.
Piazetta, 446.
Picard (Bernard), 208.
Pierre le Grand de Russie, 424.
Pierre, 141, 275.
Pierre (Saint-) aux Bois, 148.
Piganiol de la force, 137, 205, 208, 243.
Piles (de), 40.
Pinaigrier, 140.
Pio, 41.
Piot (Eugène), 28, 545, 546.

Piron, 48.
Pisani, 243.
Pitteri, 479.
Plessis (l'Abbé du), 242.
Poggio (Le Poge), 108.
Poilly, 183, 208.
Polignac (Cardinal de), 241, 356, 364, 530.
Polnitz (Baron de), 330.
Pomer, 55, 56, 87, 119, 229.
Pomersfelden (galerie de), 476, 477.
Pompadour (Mme de), 28, 128, 186, 456, 547.
Pompone (Abbé de), 104.
Pompone (Mme de), 55, 104.
Pons (Prince de), 336.
Pontchartrain (de), 344.
Porbus, 148.
Portail, 92.
Portsmouth (Duchesse de), 204.
Pourtalès-Gorgier (galerie de), 477, 545.
Poussin (Nicolas), 61, 72, 73, 105, 266, 271, 280.
Pradel (du), 241.
Prat (Cardinal du), 359.
Prevot (Mlle), 288.
Prie (Mme de), 9, 192, 274, 293, 300, 344, 467, 511.
Prié (de), 279.
Properce, 203.
Prouyen, 189.
Prussan, 294, 298.

Q

Quesnel (Abbé), 40.
Quinault (Mlle), 352.
Quintin (de), 430.

R

Ragot de la Coudraye, 343.
Rameau, 547.

32

Ramelli (Felice), 94, 179, 190, 396, 397, 432.
Ranc (Jean), 104.
Randon de Boisset, 537, 538.
Rang, 55. Voyez Ranc.
Raoux, 333.
Raphael Sansio, 41, 53, 59, 72, 74, 76, 83, 105, 347, 392, 517.
Rapparini (Giorgio), 22, 173.
Ravagan, 394.
Rebel, 195.
Recanati (Giov. Bat.), 56, 57, 107, 108, 109, 119, 120, 179, 286.
Recanati (Comtesse), 520.
Récollets de Versailles, 250.
Régnard, 25.
Rector (Duchesse de). Voy. Roquelaure, 323.
Rembrandt, 72.
Remy (Pierre), 530, 534, 538.
Renard, 142.
Rennequin Sualem, 244.
Retz (Duc de), 268, voy. aussi à Villeroi.
Retz (Duchesse de), Marie-Renée de Montmorency-Luxembourg, 268.
Ribeira (l'Espagnolet), 107.
Riccardi (Palais), 214.
Ricci (Sébastien), 40, 338, 419, 445, 533.
Richelieu (Cardinal de), 72, 123, 232.
Richelieu (Duc de), 268, 287, 301, 320, 343, 348, 349.
Richmond (Duchesse de), 197, 201, 509.
Rigaud Hyacinthe, 5, 38, 55, 104, 105, 142, 161, 176, 229, 231, 237, 261, 268, 282, 284, 296, 412, 462.
Rimonta (la), 466.
Riparini (Giorgio), 405.
Robert, 42.
Rocca Colonna, 420.
Roch (Saint), 118, 141.
Roche noire (J. à la), 846.
Roche-sur-Yon (Mlle de la),

Louise-Adelaïde de Bourbon-Conti, 9, 226, 337, 353, 512.
Rodomonte (Antonio), 21, 385.
Roettiers (Robert), d'Anvers, 375.
Rohan (Cardinal de), 42, 241.
Rohan-Chabot (Duc de), 336.
Roland d'Aubreville, 53, 57, 259, 270, 294.
Romain (Jules), 59, 72.
Romanelli, 281, 282.
Romanello, 103, 261.
Roque (Antoine de la), 307.
Roquelaure (Duchesse de), 323, 339.
Rosa (Salvator), 472, 519.
Rose (Chevalier), 153, 156.
Rossi (Quirico), 417, 446.
Rossi (Ventura), 440.
Rousseau, 119, 120, 229, 256, 257, 509, 510.
Rousseau (Jacques), 143.
Rousseau (Jean-Jacques), 232, 270.
Rousseau (Philippe), 143.
Rubens (Pierre-Paul), 62, 64, 92, 117, 122, 123, 124, 131, 266, 271.
Rupelmonde (de), 288.

S

Sagredo (Palais) à Venise, 516.
Saint-Albin, 304.
Saint-Aubin, 166.
Saint-Cloud, 200, 205, 213.
Saint-Denis, 237.
Saint-Florentin (de), 288.
Saint-Germain en Laye, 245.
Saint-Germain (le Grand Mississipien), 181, 184, 197.
Saint-Germain (Mme), 509.
Saint-Germain (foire), 361, 362.
Saint-Laurent (foire), 194.
Saint-Lazare (Missionnaires de), 250.

Saint-Martin (la), 226, 237, 238.
Saint-Necterre, 136, 158, 229, 254.
Saint-Simon, 90, 128, 158, 194, 240, 245, 303, 313, 346, 367.
Saint-Sulpice (Veret de), 341.
Saint-Sulpice (Mme de), 324, 343.
Sampellegrini, 432.
Santa Croce, 41.
Sante-Bartoli, 164.
Santerre, 253.
Santolo Gabrielli, 118, 119, 120, 121, 135, 226.
San Gervasio et San Protasio, 385, 515.
San Rocco de Venise, 386, 490, 504.
San Vito e San Modesto de Venise, 459, 460, 490, 492.
Saponello (Giacomo), 486.
Sarto (Andrea del), 72, 76, 151, 266, 271.
Sartori (Felicità), 217, 421, 450, 458, 467, 518, 519, 439, 541.
Sartorius (Abbé), 520.
Sarrazin, 66, 254.
Sarrober, 279.
Sauval, 361.
Saxe (Frédéric-Chrétien), 519.
Scarron, 150, 290.
Schelling (van der), 41.
Schiavone, 70.
Schmidt, 38.
Schmidt (F.), 524.
Scilla (Agostino), 41.
Scola della Carità, 518.
Scola di San Marco, 504.
Scola di San Giovanni, 504.
Scola di San Rocco, 490, 504, 506.
Scuole, voy. Scola.
Sébastien (le Père), 238, 239.
Seignelay (de), 72, 77.
Serre (Michel), 153, 154, 155.
Sery (Mlle de), 91, 361.
Shelburne, 310.
Simonetta (Comtesse), 542.

Smith (Joseph), 338, 420, 421, 445, 451, 478.
Soinin (Mme), 197, 201, 202, 199, 509.
Soissons (hôtel de), 120, 156, 204, 205.
Sole (J. J. del), 221.
Sommers (Lord), 40.
Somond (Mme), 227, 239.
Soufflot, 275.
Soulavie, 332.
Soulié (Eudore), 138, 140.
Stairs (Lord), 188.
Stella, 40.
Sterberg (Léopoldine, comtesse de), 521.
Steve (Jean), 170, 390.
Stuart (cardinal d'York), 520.
Surugne, 208.
Suse (de la), 288.
Sylvestre (Israël), 232.

T

Tallard (duc de), 300, 529.
Tardieu (Nicolas), 208.
Tempesta (Domenico), 401.
Teschen (Princesse de), 521.
Thésu (Abbé de), 304.
Thevenart (Adam), 274.
Thomassin, 153, 208, 333.
Tiepolo, 445.
Tingri (Prince de), 263, 281, 291.
Tintoret, 347.
Tiraboschi, 190.
Titien, 53, 72, 76, 107, 231, 392, 420.
Titus, 365.
Tocqué, 92.
Todeschini, 488.
Tomitana, 28.
Toulouse (Comte de), 335.
Tournières, 328.
Trémoille (Duc de la), 288.
Trianon, 118, 139.
Triest (Antoine), 41.

Troy (François de), le Père, 120, 164, 237.
Troy (Jean-François de), 153, 155, 164, 178, 185, 186, 187, 188, 258, 293, 296.
Tubeuf (Jacques), 76.
Turenne (Prince de), 288.
Turin (galerie de), 466.

## U

Ugo da Carpi, 220.
Ulysse, 171.

## V

Val de Grâce, 259, 276, 277.
Valdobiadène, 466.
Valois (Mlle de), 418, 440.
Vandières (de), voy. Marigny.
Vanloo (Louis-Michel), 105.
Varin (Quentin), 148.
Vasari (Giorgio), 40, 220.
Vassal de Saint-Hubert, 533, 537.
Velasquez, 514.
Vendôme (Duc de), 72, 126.
Vendôme (Prince de), grand Prieur, 78.
Ventadour Levis (Duc de), 90.
Ventadour (Duchesse de), 55, 90, 91, 117, 122, 180, 192, 193, 378.
Verdier, 105.
Verdun (Président de), 359.
Vermandois (Mlle de), 348.
Vermeulen (Corneille), 41.
Vernet (Joseph), 64.
Vernezobre, 230, 256.
Véronèse (Paul), 61, 71, 72, 76, 120, 131, 266, 271.
Versailles, 118, 228, 244, 247, 250, 467.
Vianelli (Giovanni), 7, 8, 10 à 13 17 à 19, 20, 28, 29, 86, 93, 103, 130, 137, 148, 172, 176, 184, 191, 193, 203, 204, 211, 217, 223, 235, 242, 264, 274, 278, 280, 281, 282, 284, 286, 287, 292, 301, 302, 306, 309, 314, 349, 363, 371, 372, 380, 383, 384, 385, 388, 393, 396, 409, 411, 434, 438, 443, 472, 516, 518.
Vianelli (Andrea), 29.
Viardot, 424.
Vidal, 209.
Villeneuve-Bargemont, 152.
Villeroi (Généalogie des), 268.
Villeroi (Maréchal de), 84, 85, 86, 90, 134, 135, 143, 180, 193, 228, 258, 289, 299.
Villeroi (Duc de), 262, 268, 321.
Villeroi (Duchesse de), 9, 259, 260, 263, 294, 355, 356, 511.
Villeroi (Marquis de), duc de Retz, 290; voir aussi à Maréchal de Villeroi, 198, 204.
Villeroi (Marquise de), Duchesse de Retz, 253.
Villio (Comte), 440.
Villot (Frédéric), 65, 123, 544.
Vinci (Léonard de), 72, 392, 399.
Vio (San), à Venise, 484.
Virsburg, Évêque de), 96.
Viti (Timoléon), 41.
Vitry (hôtel de), 151.
Vittoria, 41.
Vivien, 177, 182, 183, 211, 226, 401.
Vivier (du), 237.
Vleughels (Philippe), 131.
Vleughels (Nicolas), 22, 93, 117, 144, 130, 131, 132, 169, 178, 189, 198, 199, 228, 237, 259, 279, 295, 297, 321, 394, 509.
Voisenon, 48.
Voland (Mlle), 250.
Voltaire, 242, 351.
Volterre (Daniel de), 154.

Vouet (Simon), 154, 254).
Voyez, 465.
Vrillière (Duc de la), 201, 259, 260, 263, 273, 294, 305, 511.
Vrillière (Duchesse de la), 197, 201, 202, 292, 509, 512.

## W

Wagner, 446, 478, 479.
Walferdin, 512.
Walpoole, 27, 465.
Walter, 58.
Watteau (Antoine), 10, 35, 82, 119, 132, 143, 144, 145, 146, 147, 195, 202, 232, 307, 308, 322, 323, 333, 351, 353, 393, 467, 480, 510, 512, 533.
Wauvermans, 364.
Webb, 203.
Wille, 93.
Wilson, 37, 38.
Winckelman, 450.

## X

Xaupi (Abbé), 48.

## Y

York (Cardinal de), 520.

## Z

Zabetta des Incurables, 173.
Zanetti (Antonio-Maria), 168, 170, 178, 200, 292, 295, 206. — Notice, 214 à 224. — 236, 260-267, 280, 380, 384, 385, 390, 411, 419, 428, 431, 438, 440, 445, 447, 448, 452, 453, 454, 542.
Zanetti (Antonio-Maria dit Alessandro), 21, 93, 94, 106, 216 223, 224, 380, 391, 431, 470, 471, 472.
Zanetti (Girolamo Francesco), 223, 224, 226.
Zani-Polo (San), à Venise 504.
Zanotti, 402.
Zeno (Apostolo), 89, 97, 108, 422.

IMPRIMERIE GÉNÉRALE DE CH. LAHURE
Rue de Fleurus, 9, à Paris.

www.ingramcontent.com/pod-product-compliance
Lightning Source LLC
Chambersburg PA
CBHW072019240426
43667CB00044B/1495